HERMES

在古希腊神话中,赫耳墨斯是宙斯和迈亚的儿子,奥林波斯神们的信使,道路与边界之神,睡眠与梦想之神,亡灵的引导者,演说者、商人、小偷、旅者和牧人的保护神……

西方传统 经典与解释 **HERMES**
Classici et Commentarii

古希腊肃剧注疏
Tragicorum Graecorum
cum commentariis

刘小枫◎主编

欧里庇得斯
及其对雅典人的教诲

Euripides and the Instruction of the Athenians

〔美〕格里高利 Justina Gregory | 著

罗峰 | 译

华夏出版社

古典教育基金·蒲衣子资助项目

"古希腊肃剧注疏"出版说明

古希腊肃剧源于每年一度的酒神祭（四月初举行，通常持续五天）。酒神祭表达大地的回春感（自然由生到死、再由死复生的巡回），祭仪内容主要是通过扮演动物表达心醉神迷、灵魂出窍的情态——这时要唱狂热的酒神祭拜歌。公元前600年时，富有诗才的科林多乐师阿瑞翁（Arion）使得这种民俗性的祭拜歌具有了确定的格律形式，称为酒神祭歌（διϑύραμβος = Dithyrambos），由有合唱和领唱的歌队演唱。古希腊肃剧便衍生于在这种庄严肃穆的祭歌之间有情节的表演，剧情仍然围绕祭神来展开。

我国古代没有"悲剧""喜剧"的分类，只有剧种的分类。我们已经习惯于把古希腊的Tragedy译作"悲剧"，但罗念生先生早就指出，这一译名并不恰当，因为Tragedy并非表达"伤心、哀恸、怜悯"的戏剧。的确，trag-的希腊文原义是"雄兽"，-edy（ή ώδή［祭歌］）的希腊文原义是伴随音乐和舞蹈的敬拜式祭唱，合拼意为给狄俄尼索斯神献祭雄兽时唱的形式庄严肃穆的祭歌，兴许译作"肃剧"最为恰切——汉语的"肃"意为"恭敬、庄重、揖拜"，还有"清除、引进"的意思，与古希腊Tragedy的政治含义颇为吻合。古希腊的Com-edy的希腊语原义是狂欢游行时纵情而又戏谑的祭歌，与肃剧同源于酒神狄俄尼索斯崇拜的假面歌舞表演，后来发展成有情节的戏谑表演，译作"喜剧同样不妥,恰切的译法也许是"谐剧"——"谐之言皆也。辞浅会俗,皆悦笑也"。肃剧严肃庄重,谐剧戏谑浅俗,但在歌队与对白的二分、韵律及场景划分等形式方面,肃剧和谐剧基本相同。约定俗成的译法即便不甚恰切也不宜轻举妄动,但如果考虑到西方文明进入中国才一百多年光景,来日方长,译名或术语该改的话也许不如趁早。

古希腊戏剧无论严肃形式(肃剧),抑或轻快的形式(谐剧),均与宗教祭祀相关。从祭仪到戏剧的演化,关键一步是发明了有情节的轮唱:起先是歌队的领唱与合唱队之间的应答式轮流演唱,合唱队往往随歌起舞。尽管轮唱已经可以展现情节,但剧情展示仍然大受限制,于是出现了专门的演员,与合唱歌队的歌和舞分开,各司其职。从此,合唱歌队演唱的英雄传说有了具体的人物再现。起初演员只有一个,靠不同的面具来变换角色、展开戏剧情节。演戏的成分虽然增多,但合唱歌队的歌和舞仍然起着结构性的支撑作用。

僭主庇西斯特拉图(Peisistratus,约前600—前528年)当政(公元前560年)后,把狄俄尼索斯祭拜表演从山区引入雅典城邦,搞起了酒神戏剧节,此时雅典正在加快步伐走向民主政制。创办戏剧节对雅典城邦来说是一件大事——有抱负的统治者必须陶铸人民的性情,为此就需要德育"教材"。从前,整个泛希腊的政治教育都是说唱荷马叙事诗和各种习传神话。如今,城邦诗人为了荣誉和奖赏相互竞赛作诗,戏剧节为得奖作品提供演出机会,城邦就有了取代荷马教本的德育教材。剧场与法庭、公民大会、议事会一样,是体现民主政制的制度性机制——公民大会有时就在剧场举行。总之,古希腊戏剧与雅典城邦出现的民主政制关系密切,通过戏剧,城邦人民反观自己的所为、审查自己的政治意见、雕琢自己的城邦美德——所有古代文明都有自己的宗教祭仪，但并非所有古代文明都有城邦性质的民主政制。古希腊肃剧的内容，明显反映了雅典城邦民主制的形成、发展和衰落的过程，展现了民主政制中雅典人的自我认识、生活方式及其伦理观念的变化。追问中国古代为什么没有肃剧，与追问中国古代为什么没有演说术，同样没有意义。把古希腊戏剧用作一种普遍的戏剧形式来衡量我们的古代戏曲并不恰当，我们倒是应该充分关注雅典戏剧的特殊性，并关注它所反映的民主政制与传统优良政制之间的尖锐矛盾。

古代戏剧的基本要素是言辞（如今所谓"话剧"），戏剧固然基于行动，但行动在戏台上的呈现更多靠言辞而非如今追求的演技。由此引出一个问题：如何学习和研究古希腊戏剧。结构主义人类学兴起以来，古希腊肃剧研究不再关注传世的剧作本身，而是发掘戏剧反映的所谓历史文化生态和社会习俗，即便研读剧作，也仅仅是为了替人类学寻找材料。亚里士多德在《论诗术》中说，肃剧作品即便没有演出，也值得一读——人类学的古典学者却说，要"看戏"而非"读戏"，甚至自负地说，亚里士多德根本不懂肃剧。然而，后世应当不断从肃剧作品中学习的是古希腊诗人在民主政制时代如何立言……"不有屈原，岂见《离骚》"——没有肃剧诗人，岂见伟大的传世肃剧！不再关注诗人的立言，而是关注社会习俗，我们失去的是陶铸性情的机会。按照亚里士多德的教诲，即便如今我们没有机会看到肃剧演出，也可以通过细读作品，"洞性灵之奥区，极文章之骨髓"。

幸赖罗念生、周作人、缪灵珠、杨宪益等前辈辛勤笔耕，至20世纪末，古希腊肃剧的汉译大体已备，晚近则有张竹明、王焕生先生的全译本问世（译林版2007）。"古希腊肃剧注疏"乃注疏体汉译古希腊肃剧全编，务求在辨识版本、汇纳注疏、诗行编排等方面有所臻进,广采西方学界近百年来的相关成果,编译义疏性专著或文集,为我国的古希腊肃剧研究提供踏实稳靠的文本基础。

古典文明研究工作坊
西方典籍编译部乙组
2005年1月

目 录

译者前言 …………………………………………… 1

致　谢 ……………………………………………… 1

导　论 ……………………………………………… 1

第一章 《阿尔刻斯提斯》…………………………… 22

第二章 《希珀吕托斯》……………………………… 63

第三章 《赫卡柏》…………………………………… 108

第四章 《发狂的赫拉克勒斯》……………………… 154

第五章 《特洛亚女子》……………………………… 200

结　语 ……………………………………………… 236

缩　写 ……………………………………………… 241

参考书目 …………………………………………… 243

译者前言[*]

美国知名古典学学者格里高利（Justina Gregory）在近著中开宗明义指出，尽管关于古希腊教育理论和实践的历史记录寥寥，但这毫不影响古希腊人对教育的深刻理解：

> 关于教育的基本假设、语境、教育者和受教者、方法、限度，以及对教育过程最丰富、最具洞见的描述，皆出现在史诗和戏剧文本中。[①]

的确，希腊古风时期和古典时期的文学饱含了对教育问题的深切关注。在古希腊，诗人作为城邦教育者的身份也得到广泛接受。[②]在《蛙》中，阿里斯托芬写下"学校的老师教导孩子，诗人教导成人"，[③]不仅一语中的道出诗人的公民教化角色，还通过让新旧两代

---

[*] 本文刊发于《思想与文化》2022年第29辑，题为"试析古希腊诗教传统与公民启蒙"，收入本书以代译者前言，文字略有改动，特此说明。

[①] Justina Gregory, *Cheiron's Way: Youthful Education in Homer and Tragedy* (Oxford: Oxford University Press, 2019), xiv–xv. 她在这部近著中延续了本书的基本观点，但从更加宏阔的文学视野梳理了古希腊从荷马史诗到肃剧一以贯之的诗教传统。

[②] Sophie Mills, "Affirming Athenian Action: Euripides' Portrayal of Military Activity and the Limits of Tragic Instruction," in David M. Pritchard ed., *War, Democracy and Culture in Classical Athens*, Cambridge: Cambridge University Press, 2010, p. 165; Croally, N. T., *Euripidean Polemic: The Trojan Women and the Function of Tragedy*, Cambridge: Cambridge University Press, 1994, p. 17.

[③] 阿里斯托芬，《蛙》，罗念生译，收于《阿里斯托芬喜剧六种》，上海：上海人民出版社，2004，行1054–1055。

肃剧诗人（埃斯库罗斯与欧里庇得斯）同台竞技，检审了诗人的职责。在《理想国》中，柏拉图对荷马等诗人提出质疑，但并未否弃诗教，而是提出修正。无论如何，荷马以降的希腊诗教传统，的确对古希腊社会的文化及公民品质的塑造产生了深远影响。

一　古风诗教与伦理

作为西方文明的一大源头，古希腊诗文对西方思想影响深远。可以说，由荷马和赫西俄德等人开启的诗教传统奠定了西方的文教基础。伍德伯利（L. Woodbury）就指出，

> ［希腊］早期、古风时期和古典时期的诗歌中有一个重要因素，我们不妨称之为"教育性"或"文化形塑"（culturally formative）要素。举几个例子，荷马、赫西俄德、梭伦（Solon）、色诺芬（Xenophanes）、忒俄格尼斯（Theognis），都或多或少声称自己在教育或劝导他们的观众。①

希腊古风时期最重要的诗人是荷马和赫西俄德。两位诗人都以古希腊传统神话为基础，以朴素而动人的笔触描述社会的既定价值及其伦理原则。在荷马的世界里，人与人之间的权利和义务是规约性的。人们之间的权利和义务，以及每个个体在共同体中

---

① L. Woodbury, "The Judgment of Dionysus: Books, Taste and Teaching in the *Frogs,*" in M. Cropp et al. eds., *Greek Tragedy and Its Legacy: Essays Presented to D. J. Conacher*, Calgary: University of Calgary Press, 1986, pp. 248-249.

扮演的角色都十分明确。[①]而这种权利和义务的分配和规约不仅奠定了个体间的基本正义观,也是维系政治共同体正义的基石。以此为基础形成的扶友损敌伦理,是荷马史诗中众英雄行事的主导性原则。在《伊利亚特》中,令阿喀琉斯怒而退战的导火索,正是希腊首领阿伽门农首先违反分配原则,激起了他的义愤。当希腊联军因阿喀琉斯退战蒙受重创之时,荷马又暗示了杰出个体对共同体的潜在威胁,由此导向了对个体的自我意识与共同体利益关系的进一步思考。在《奥德赛》中,荷马延续了对优秀个体自我认识的思考,转而通过描述奥德修斯的十年艰难返乡之旅,让最智慧的奥德修斯在历经磨难中重新认识自我,以及个体与政治世界的关系。

显然,无论在荷马史诗还是赫西俄德的教谕诗中,智慧的来源都不是个人,而是神。不难发现,无论荷马史诗还是赫西俄德,均以吁请缪斯女神开篇。荷马在《伊利亚特》一开始就吁请缪斯女神关注阿喀琉斯的"致命愤怒"。[②]在赫西俄德《神谱》(*Theology*)中,缪斯女神不仅赋予诗人象征权威和力量的权杖(行30),她们本身还是统治者的保护神。[③]通过把诗人的言说与神性来源关联在一起,诗歌就等同于来自神的真理,由此也奠定了诗人的权威和合法性。

古希腊人视诗人为"智慧"来源的传统,始于公元前6世纪:民众不仅可以从诗人那里学到大量关于人名、地名、宗谱等"事

[①] 朱琦,《古希腊的教化:从荷马到亚里士多德》,成都:西南交通大学出版社,2014,页19。

[②] 荷马,《伊利亚特》,罗念生、王焕生译,上海:上海人民出版社,2004,1.1-2。

[③] 吴雅凌,《神谱笺释》,北京:华夏出版社,2010,行80-103。

实性知识"(factual knowledge),欣赏纯熟的专门知识(技艺),最重要的是传统诗歌呈现了古希腊文化中延绵不断的智慧和价值,以格言和神话故事的方式传达给民众。[1]忒俄格尼斯、梭伦的诗作及品达的竞技凯歌,都是典范之作。[2]古希腊人也惯于从传统诗人那里寻找生活的凭据。荷马和赫西俄德还特别关注"教谕君王"(Instruction of Princes)。荷马的《奥德赛》(8. 166-177)和赫西俄德的《神谱》(行79-93)都提到缪斯对君王的教诲。[3]赫西俄德一段名为"喀戎的教诲"(Instructions of Cheiron)的著名残篇,再度重申了这个主题。由荷马和赫西俄德开启的诗教传统,在后世作家笔下得到延续。

在《伊利亚特》中,不仅特洛亚战争的爆发因神的纠纷而起,这场战争的发展态势和最终解决也由诸神左右。这似乎在一定意义上表明,无论人类多具智谋胆识,个人意志在神意面前也黯然失色。但在荷马史诗中,杰出个体因其超凡的德性和能力而与常人区分开来。在荷马笔下,最卓越的英雄甚至具有某种神性,是"神样的人"。不过,通过描述最杰出的个体智慧的欠缺,荷马又划定了

---

[1] Mark Griffith, and Donald J. Mastronarde eds., *Cabinet of the Muses: Essays on Classical and Comparative Literature in Honor of Thomas G. Rosenmeye*, Atlanta: Scholars Press, 1990, pp. 188–189.

[2] 详见费格拉、纳吉,《诗歌与城邦:希腊贵族的代言人忒俄格尼斯》,张芳宁、陆炎等译,北京:华夏出版社,2014;Emily Katz Anhalt, *Solon the Singer: Politics and Poetics*(Maryland: Rowman & Littlefield Publishers, Inc., 1993);娄林:《必歌九德:品达第八首皮托凯歌释义》,上海:华东师范大学出版社,2015。

[3] 学界还因此就这两部作品创作的先后顺序长期争论不休。详见Richard P. Martin, "Hesiod, Odysseus, and the Instruction of Princes," in *Transaction of the American Philological Association*, vol. 114, 1984, pp. 29-48.

人神之间的鲜明界线。在《伊利亚特》开篇，通过吁请缪斯女神关注阿喀琉斯的愤怒，荷马引人关注英雄人物的血气问题。可以说，《伊利亚特》的一个重大主题就是通过描述古希腊神话故事中最杰出的战士阿喀琉斯的血气消长及其原因，探问个体与共同体利益的复杂关系。尽管荷马没有在柏拉图的意义上对血气问题展开论述，但是他通过栩栩如生的描述，质朴而不动声色地提出了每个共同体都必然面对的根本问题，由此触发了如何教育公民和王者的问题。荷马最早意识到英雄个体与政治共同体的张力。作为古希腊战士伦理的基本原则，扶友损敌是每个战士应遵守的首要原则。然而在现实政治中，该原则通常以成问题的方式呈现：个体受到不公正待遇时，如何把控血气，处理好与共同体的关系，最终涉及灵魂问题。

在赫西俄德的作品中，分配同样涉及正义问题。在《神谱》中，通过描写几代神族由混沌初开到最终奠立秩序过程中的几番更迭，赫西俄德表明，即便于神族而言，依据正义原则分配诸神职分，同样至关重要。鸿蒙初辟，诸神混战，暴力横行，直到宙斯出现，凭胆略终结混乱，重新为神界立法，为奥林波斯诸神分配职分，才最终奠定神族秩序。赫西俄德笔下的宙斯不仅为神族立法，还为人类的生活树立了正义的准则。以传统神话为基础确立的礼法，为古希腊人构筑伦理观念提供了重要的凭据。赫西俄德《神谱》的重要性，不仅在于它确立了传统诸神统治及其对人世生活规约的正当性，还系统地解释了古希腊的宗教观。[1]赫西俄德通过宙斯勾连起神族与人类的关系，为现实政治提供了参照。

这种现实观照在赫西俄德的《劳作与时日》中表现得更为直

---

[1] Kurt A. Raaflaub and Hans van Wees eds, *A Companion to Archaic Greece*, Oxford: Blackwell Publishing Ltd, 2009, p. 92.

接。诗人开门见山挑明了他创作这首诗歌的意图：规劝不义的兄弟靠劳作过上正义的生活。赫西俄德描写了五个人类种族的神话，将人类的幸福与诸神关联在一起，从而确立了劳作与正义的关系。正是在这部作品中，赫西俄德切实地让神通过给人类赋予劳作的正义重新确立了人类的秩序。黄金种族的人类最初过着神样的生活，不用劳作便能自动获得一切。然而，不事劳作的人类由此变得肆心妄为，最终遁入由无边的暴力和肆心主导的黑铁时代。人要获得德性，需付出辛劳，一旦取消劳作，人间正义也无从保障。事实上，赫西俄德通过诉诸劳作，让诸神为人类的正义立法，由此确立了"日常的受苦"和劳作在人生中的意义。①

希腊古风时期的诗人对个体与世界、个体之间的关系乃至个体灵魂进行了深入的思考。以荷马、赫西俄德为代表的古风时期的诗人着眼于公民高贵品质的涵养，虚构神话和英雄故事，为古希腊人奠定了最初的正义、德性、善恶等伦理观念。他们的诗作也成为希腊宗教、政治和社会伦理的载体。赫西俄德的教谕诗比荷马史诗更自觉地担起诗教的责任。在《神谱》和《劳作与时日》中，赫西俄德为人世奠定了秩序、劳作以及正义的基本原则和伦理。

二 诗人与公民教育

荷马与赫西俄德虽出身不同，但都敏锐地觉察到社会剧变造成了日益扩大的社会差异，社会地位基于财富和声望，愈发凸显了不义。面对这种趋向，两位诗人提出的应对措施也相似得惊人：除了

---

① 刘小枫，《诗人的"权杖"》，收于《古典诗文绎读》（西学卷·古代编），北京：华夏出版社，2008，页43。

诉诸传统诸神,他们都强调个人品质与公共舆论的重要性。[1]诉歌诗人忒俄格尼斯(Theogonis)接续了荷马与赫西俄德的传统。忒俄格尼斯身处民主制开始取代贵族制的纷乱时代,他的诉歌表达了对这种社会剧变的忧虑。出生于墨伽拉的忒俄格尼斯对雅典人的独特意义在于,他通过呈现贵族制城邦之于日益崛起的民主制城邦的优越性,表明其诉歌是"名副其实的政治之诗,析明了在城邦中应当如何检审生活"。[2]忒俄格尼斯认为,在他之前的民众品质淳朴、心智健全,随着崇尚自由的民主制的到来,领导者们为了一己私利败坏了民众的心智,"低劣之辈总以肆心为乐,败坏民人、作出不义判决,只为他们自己的利益与权力……"(行44-46)。

  首领的肆心和不义带来了民众的败坏。为了给这个纷乱的时代重建秩序,忒俄格尼斯寄望于诗歌。忒俄格尼斯自觉把自己视为民众的立法者,对邦民提出忠告。为了把罹乱的城邦带回正轨,诗人在纷乱中重建秩序,充当立法者的角色。这一点尤其体现在诗人独特的"封印"意象中。诗人通过给自己的诗歌打上封印,不仅使他的诗歌带上了泛希腊的普遍性质,还确保了诗歌的"政治品质和贵族政治的立场"。[3]诚如立法者创立的法典具有恒定不变的特点,"封印"也宣示了诉歌恒远的法典属性。在《劳作与时日》开篇,赫西俄德诉诸宙斯的审判,劝说兄弟珀耳修斯(perseus)遵从正义:

  ……住在天顶的宙斯

---

[1] Kurt A. Raaflaub and Hans van Wees eds, *A Companion to Archaic Greece*, p. 97.

[2] 费格拉、纳吉,《诗歌与城邦:希腊贵族的代言人忒俄格尼斯》,前揭,页4、页7。

[3] 同上,页106。

> 听哪，看哪，让审判总能公正！
> 来吧，我要对珀耳修斯述说真相。（行8–10）[1]

忒俄格尼斯却在诉歌中直接以法官自居："我必须做出这个判决……"（行543）面对现实城邦中高贵者与卑贱者的错位（行679）、正义颠倒、肆心妄行，忒俄格尼斯的解决之道是呼吁公民效仿城邦中优异之人的品质。然而，蕴含古老价值的劝谕语言同样遭到破坏，诗人不得不借助一种蕴含了高贵谎言的古老教化方式。忒俄格尼斯诉歌的独特教诲在于，通过强调城邦正义和良序的重要性，在纷乱时代重新唤起人们对高贵品质的重视。

为了使荣耀、德性和财富不偏离正义，使城邦和公民重返秩序，忒俄格尼斯指向了诗歌的教化作用，尤其是在会饮的场景之下，因为会饮提供了向高贵者学习的良机。在会饮中，通过与高贵者交谈，观察并模仿他们的言行，人们（尤其是年轻人）的灵魂可以向德性高的人汲取养分。会饮不仅提供了向高贵者学习的机会，也是考察个人品质（尤其是节制）的试金石。因为饮酒很容易不节制，由此也再度强调了"切勿过度"的教诲。事实上，忒俄格尼斯笔下的会饮与城邦形成了一种对应关系。作为城邦生活的一部分，会饮无疑是共同体社会的缩影。柏拉图在《法义》一开始也充分讨论了作为城邦中唯一共餐事例的会饮场景，这为建立现实中最好的城邦提供了参照，赓续的正是由忒俄格尼斯开启的政治会饮的传统。

忒俄格尼斯教导在内乱中保持高贵的品质，公元前7世纪的斯巴达诗人图尔泰俄斯（Tyrtaeus）则主张，最好的人应是对外战争中的勇士。在一首题为《赞勇士》的诉歌中，图尔泰俄斯首

---

[1] 吴雅凌，《劳作与时日笺释》，北京：华夏出版社，2015。

先否定了几种不能称为德性的能力：无论摔跤和赛跑体现的力量、美貌，还是财富或至高无上的权力，都不是真正的德性。真正的德性是勇敢，"战斗的勇气"。[1]图尔泰俄斯提及的七种德性，无疑皆为属人的德性：于常人而言，拥有财富、权力、美貌、长寿便是幸福，而死亡最可怕。但在图尔泰俄斯看来，这些属人的德性与勇敢德性存在明显的次第：勇敢居于首位。[2]随后，图尔泰俄斯通过强调公民与共同体休戚相关，重新定义了"德性"：有德性的人即英勇之人，能在战争中扶友损敌、维护共同体的福祉。公民获得崇高荣耀的唯一途径就是为共同体"不懈战斗"。尽管图尔泰俄斯的战士伦理脱胎于荷马，但其中也暗含了对荷马个体英雄的否定：荷马笔下的孤胆英雄固然拥有勇敢德性，但图尔泰俄斯却不以为然——勇敢德性唯有在共同体中才有效。[3]这一点对深陷对外战争中的斯巴达至关重要。图尔泰俄斯通过强调一种基于共同体的勇敢德性，为战乱中崛起的斯巴达打造了一种勇于为城邦福祉（而非个人荣耀）献身的勇士精神。作为诗人，图尔泰俄斯强调诗人的使命应与斯巴达的利益关联在一起。

歌颂个体英雄及其不朽功绩是荷马史诗的常见主题。这个主题在古风时期长盛不衰（萨福、忒俄格尼斯等）。图尔泰俄斯却把诗人使人（个体英雄）不朽的权力让渡给了共同体。图尔泰俄斯主张，脱离共同体的个人毫无德性可言，因为公民的价值在于

---

[1] 外国文学名著丛书编辑委员会编，《古希腊抒情诗选》，水建馥译，北京：人民文学出版社，1988，行1-9。

[2] 参见林志猛，《诗艺与德性：柏拉图评析古希腊诗人》，载《文艺理论研究》2019第1期，页125；H. James. Shey, "Tyrtaeus and the Art of Propaganda," *Arethusa*, Vol. 9, No. 1, 1976, p. 8.

[3] Theodore A. Tarkow, "Tyrtaeus, 9D: The Role of Poetry in the New Sparta," *L'Antquilité Classique*, 52, 1983, p. 53.

对共同体的贡献。《赞勇士》开篇表明了诗人对人类行为的评判标准：某种突出的德性（能力）能给个人带来私利，却不一定有益于共同体的善。因此，共同体优先于个体，也唯有共同体能赋予个体荣耀和不朽地位。图尔泰俄斯用具有共同体意识的武士取代了荷马笔下为个人荣耀而战斗的个体英雄，在古希腊文明史上具有划时代的意义。① 图尔泰俄斯让共同体赋予勇士（及其家人）在世的荣耀和死后的不朽，唤起了人们崇高的荣誉感，从而用对不朽的追求取代了对死亡天然的厌恶。从这个意义上，图尔泰俄斯用为共同体而战的勇士取代了荷马笔下为个体荣耀战斗的英雄，形塑了一种基于城邦利益的苦乐感，为崛起中的斯巴达打造了一种新的公民德性。②

在这种价值观照下，个体获取德性的唯一途径就是为共同体利益而战。③ 为此，图尔泰俄斯甚至弱化了诗人在公民教育中的权威：诗歌（或诗人）本身不能赋予任何人不朽，其职责仅仅在于激发公民为共同体献身。这与品达竞技凯歌形成鲜明对比。另一位斯巴达诗人阿尔克曼（Alcman）也想通过作诗为自己赢得不朽，④ 图尔泰俄斯却与之相反，他把评判不朽的权威交给了城邦，或者说由"每个人"组成的共同体（《赞勇士》，行43）。事

---

① H. James. Shey, "Tyrtaeus and the Art of Propaganda," p. 8.

② 培养恰切的苦乐感对于公民德性教育极为重要。参见罗峰、林志猛，《柏拉图论立法与德性教育》，载《北京大学教育评论》2018第3期，页137–138。

③ Theodore A. Tarkow, "Tyrtaeus, 9D: The Role of Poetry in the New Sparta," pp. 61–62.

④ 在一首《无题》诗中，阿尔克曼宣称无需缪斯的灵感："缪斯声高亢，塞壬声悠扬，我不需要她们感召……"参见外国文学名著丛书编辑委员会编，《古希腊抒情诗选》，前揭，页70。

实上，图尔泰俄斯的诗歌开篇就表明了诗人的职责："我不会纪念，也不会去叙述这种人。"（行1）毕竟，再杰出的个体若不节制，都可能滋生肆心。通过强调个体从属于城邦，图尔泰俄斯不仅对荷马史诗中的英雄人物做出了修正，也对诗人作为公民教育者的职责做出了修正：与诗人们笔下充满肆心的人物一样，诗人也应警惕自己的肆心——通过赞美真正值得赞美的人物和行为，贬斥应受贬斥的人物和行为，形塑共同体成员真正值得模仿的对象，才是诗人的德性和职责所在。这似乎符合柏拉图对诗人提出的要求。

图尔泰俄斯对荷马式英雄伦理的修正，的确指出了荷马史诗在公民教育上的不足。在《理想国》中，柏拉图就批评荷马等传统诗人的诗作可能败坏城邦中最优秀的人。诗人不加节制地描写诸神乱伦，英雄人物过分沉溺于悲伤、愤怒，无异于向灵魂中的卑下部分浇水施肥。但图尔泰俄斯提倡的勇士是否就是最好的公民典范呢？在《法义》中，柏拉图对图尔泰俄斯的批评表明，像斯巴达那样着眼战争，对勇敢德性推崇备至，只是低级立法者的行为（630d）。在柏拉图看来，勇敢在四重德性中位列最低。最优秀的立法者和公民应拥有智慧、节制、正义和勇敢这些健全的德性。真正的勇敢不仅包含战时克敌制胜的能力，还有平时对欲望和快乐的节制等。

三　公民的启蒙

在《欧里庇得斯及其对雅典人的教诲》中，格里高利开门见山，挑明了古希腊肃剧与政治的密切关系。她表示，无论最早的肃剧评论家亚里士多德，还是谐剧诗人阿里斯托芬，均指向古希腊肃剧与雅典城邦教育的天然联系。①古希腊肃剧的兴衰与雅典民主制的发展同步。肃剧深植于雅典民主制沃土,又以近乎全民参与的方式影响城邦,对城邦起着潜移默化的教育作用。如果说雅典是希腊的学校,剧场无疑可谓雅典人的学校(页6)。肃剧作为城邦的教育手段,不仅在于它获得了城邦的高度参与,还因它关涉"道德、政治、宗教等基本城邦事务"。②在这种背景下的肃剧竞技赛,与其说是一场技艺之争,不如说是"智慧"的权威之争。有抱负的肃剧诗人们通过展示高超的技艺和智慧,不仅为了赢得"关注、权威和荣誉",更旨在赢得城邦的教育权。③

在古希腊的三大肃剧诗人中,欧里庇得斯与民主政治的关联最为紧密,对公民的启蒙也至为深远。亚里士多德认为诗歌有古今之别。④亚里士多德何以认定,诗歌之别在于言说政治还是修辞呢?欧里庇得斯的剧作大量触及战争、礼法、正义、奴役与自由、幸福,甚至公然谈论何为好公民与好王,他难道不是在言说政治吗?⑤若果真如亚里士多德所言,欧里庇得斯所谈并非"政治",又该如何理解政治?

---

① See Justina Gregory, *Euripides and the Intsruction of Athenians*, Ann Arbor: The University of Michigan University, 1991, p. 1. 以下凡引此书均随文标页码,不再另行作注。

② Richard Seaford, "The Social Function of Attic Tragedy: A Response to Griffin," in *Classical Quarterly*, 50.1, 2000, pp. 31-32.

③ Donald J. Mastronarde, *The Art of Euripides: Dramatic Technique and Social Context*, Cambridge: Cambridge University Press, 2010, p. 45, p. 48.

④ 亚里士多德,《诗学》,罗念生译,收于《罗念生全集》(卷一),上海:上海人出版社,2007,1450b。

⑤ 罗峰,《酒神与世界城邦:〈酒神的伴侣〉义疏》,北京:商务印书馆,2020,页13。

欧里庇得斯显然认为自己在言说政治。在阿里斯托芬笔下，欧里庇得斯表明了教育邦民的抱负："把他们训练成更好的公民。"（《蛙》，行1010-1022）阿里斯托芬以得天独厚的内行视角，为新旧两代肃剧诗人的论辩设立了一个共识："肃剧必须服务于城邦的善。"①两位诗人的分歧在于他们对好公民（政治）的理解不同，主要体现在内容和呈现的方式上。埃斯库罗斯认为，受人尊崇的诗人要有所择取，通过描写高贵之人为公民树立典范，俄尔甫斯、赫西俄德、荷马等均属此列（行1031-1036）。肃剧诗人应向高贵的诗人前辈学习，通过描写可供公民模仿的好人，提供有益的教诲。欧里庇得斯却认为，培养好公民的关键不在树立榜样人生，而在于教给他们"聪明"（行1011）。为此欧里庇得斯坚持"民主原则"（$δημοκρατικόν$，行952），让"我的女角色说话，奴隶也有许多话，还有主人、闺女、老太婆，大家都有话说"（行950），宣示了与埃斯库罗斯的分歧（行1059-1061）。

　　欧里庇得斯似乎认为，通过教会民众"智慧"地言谈论辩，就能造就好公民。这种看法与教授"智慧"（牟利）的智术师显得如出一辙。"智术师"（$σοφιστής$）一词由sophos/sophia［智慧］而来，最初指某种技艺，后来指"某种智慧的践行者或教授者"。②公元前5世纪中叶，雅典城邦迎来了一类宣称教授"智慧"和德性的新教师。在《普罗塔戈拉》中，智术师普罗塔戈

---

　　① Richard Seaford, "The Social Function of Attic Tragedy: A Response to Griffin," p. 31.

　　② Christopher Lyle Johnstone, *Listening to the Logos: Speech and the Coming of Wisdom in Ancient Greece*, Columbia: The University of South Carolina Press, 2009, p. 90.

拉就宣称,学习政治术能使人成为好公民。[1]智术师虽非特定的学派,亦非"无差异群体",[2]但智术师中不仅有无视道德的卡利克勒斯、忒拉叙马科斯之流,更不乏以"质疑传统教育价值"吸引雅典青年之辈,严重挑战了由传统诗人形塑的宗教观和道德观。[3]智术师运动的兴起和修辞术的大行其道及其对传统的怀疑和拒斥,改变了公元前5世纪雅典城邦的智性环境。[4]从柏拉图的众多对话中可见,这些以兜售智慧牟利的专业智识人,如何深刻且广泛地影响了雅典人的生活:他们不仅深谙语词辨析,还切实教授诉讼技艺必备的修辞术,助长了雅典人好讼的风气。

尽管欧里庇得斯剧与智术师关系错综复杂,[5]但这位肃剧诗人无疑深陷这场智性革命。据第欧根尼·拉尔修的记载,欧里庇得斯与当时名噪一时的大智术师过从甚密。[6]欧里庇得斯的肃剧创作也带有明确的"启蒙"意图。[7]他的"颠覆性""启蒙"立场,贯

---

[1] 柏拉图,《普罗塔戈拉》,收于《柏拉图四书》,刘小枫编译,北京:生活·读书·新知三联书店,2015,318e-319a。

[2] Willam Allan, "Euripides and the Sophists: Society and the Theatre of War," *Illinois Classical Studies*, Vol. 24/25, 1999, p. 146.

[3] Geoffrey Kirk, *Periclean Athens and the Decline of Taste*, New Orleans: The Graduate School of Tulane University, 1979, p. 20.

[4] Geoffrey Kirk, *Periclean Athens and the Decline of Taste*, p. 19.

[5] 详见科纳彻,《欧里庇得斯与智术师:哲学思想的戏剧性处理》,罗峰译,北京:华夏出版社,2023。

[6] 第欧根尼·拉尔修,《名哲言行录》,徐开来、溥林译,桂林:广西师范大学出版社,2010,IX.51-55。

[7] Gilbert Norwood, *The Riddle of the Bacchae: The Last Stage of Euripides' Religious Views*, Manchester: University Press of Manchester, 1908, p. 16.

穿戏剧创作始末。[1]欧里庇得斯剧中对传统诸神和礼法的质疑比比皆是。智术师公然把神话中的赫拉克勒斯石称为"磁石"，[2]欧里庇得斯在《法厄同》中也将太阳称为"金色的土块"。在《蛙》中，埃斯库罗斯就称欧里庇得斯为"诸神的仇敌"（938）。荷马和赫西俄德等传统诗人的诗作，为雅典民众建构了一种基于神性的礼法。希腊传统神话为这些礼法奠定了民众安身立命的正当性。智术师却公然用理性质疑神性，切断了礼法的神学根基。礼法成为可供理性讨论的话题，变得成问题，从而带来了伦理的相对主义——人取代传统诸神成了万物的尺度。普罗塔戈拉公然发表题为《论诸神》的小册子，因此遭雅典城邦驱逐。在后来雅典社会引发热议的自然（physis）与礼法（nomos）之争中，安提丰（Antiphon）不仅认为自然优于礼法，还主张个人采取双重标准。他认为，在有人看到之时依据礼法行事，无人瞧见之时依自然行事。在其晚期剧作《酒神的伴侣》中，欧里庇得斯借先知-智术师忒瑞西阿斯之口，表明了礼法之于自然的无效（行314-316）。

阿里斯托芬清楚地看到，欧里庇得斯的肃剧暗藏败坏公民的危险。通过指出欧里庇得斯用理性教育取代德性教育的危害——诡辩、礼法的崩塌及伦理相对主义，阿里斯托芬否定了欧里庇得斯是负责任的城邦教育者。启蒙非但没有带来好公民，还使雅典的道德危机和社会危机日益深重："我们的城邦充满了下等官吏和蛊惑人心的卑鄙猴子。"（行1087-1088）欧里庇得

---

[1] Pietro Pucci, *Euripides's Revolution under Cover*, Ithaca and London: Cornell University Press, 2016, p. 191, p. 197.

[2] 柏拉图，《伊翁》，王双洪译疏，上海：华东师范大学出版社，2008，533d4。

斯声称，通过教会公民说理和"智慧"就能培养"能观察一切、辨别一切"的公民（行975-976）。事实却证明，他毫不节制地运用"智慧"，只能令人深陷智性混乱的漩涡，甚至颠覆生活的常识。在一部散佚剧作的残篇中，欧里庇得斯甚至模糊了生与死原本判然的界限："谁知道生其实是死，而死被视为地下的生呢？"（*Polyidus* 638N2）格里高利富有灼见地指出，在《阿尔刻斯提斯》（*Alcestis*）中，通过别出心裁地呈现必死性，欧里庇得斯彻底颠覆了对死亡的传统看法：死亡不再"无从避免、不可挽回、难以预料"，从而由一个"自然问题"变成了一个欲求平等主义的政治问题（页45）。

欧里庇得斯对自由和创新的追求，取代了对公民道德的关切，导致其戏剧创作的不节制。

戴维森（John Davidson）认为，欧里庇得斯虽无疑是诗教大传统的一部分，却是荷马"任性的"（petulant）子孙。[1]欧里庇得斯一贯"特立独行"地借肃剧表达"激进"观点。[2]与智术师高尔吉亚《海伦颂》对海伦的辩护一样，欧里庇得斯的《海伦》选取了颠覆性的传说版本，彻底改编了荷马笔下的海伦形象：由海伦引发的特洛亚战争，其实是一场由海伦"幻影"引发的无妄之战。与埃斯库罗斯坚持高贵的语言和高贵的思想的写作原则不同，欧里庇得斯往往独具感染力地呈现各种离经叛道之事。这与他的写作策略紧密相关：欧里庇得斯剧作几乎总把大胆的启蒙思

---

[1] John Davidson, "Euripides, Homer and Sophocles," *Illinois Classical Studies*, Vol. 24/25, 1999–2000, p.128.

[2] Matthew Wright, "The Tragedian as Critic: Euripides and Early Greek Poetics," *Journal of Hellenic Studies*, 130, 2010, p. 165.

想与令人怜悯的场景糅合在一起。①在《酒神的伴侣》开篇,欧里庇得斯就让酒神指控赫拉对死于非命的凡人母亲塞墨勒的"肆心",巧妙地确立了另一种正义标准。②

格里高利看出了欧里庇得斯的"自由主义和理想主义心性"(页188)。较之埃斯库罗斯和索福克勒斯,欧里庇得斯更倾向自由和民主。譬如:三人都触及奴隶问题,且都将其与自由对举,但埃斯库罗斯和索福克勒斯仅仅点出二者有别,欧里庇得斯却不仅认定自由优于奴隶,而且极力鼓励人(奴隶)追求自由。③在一部描写"才女"墨拉尼佩的著名残篇中,欧里庇得斯就让笔下人物表示,"多少奴隶要好过自由民"(*Melanippe* 511N2)。在《伊翁》中,我们同样看到,"只有一样东西令奴隶蒙羞:奴隶这称号"(行854-855)。在《海伦》中,老奴甚至就此进行了高尔吉亚式的名实之辩:"我虽无自由人的名义,却有一个自由人的思想。"(行730)从文脉来看,言说者还试图暗中改写荷马笔下"高贵的奴隶"。在《奥德赛》中,荷马通过刻画两类奴隶,暗示了好奴隶应与主人利益一致。但对欧里庇得斯而言,好奴隶应拥有自由的灵魂(《海伦》,行730-731)。这种看法显然与传统观点大相径庭。④欧里庇得斯所谓的自由,还牵涉到决断的权

---

① 德·罗米伊(Jucqueline de Romilly)详细分析了欧里庇得斯如何精妙地将看似悖谬的说理与怜悯模式结合在一起,并最终使之服务于激发观众怜悯的目的。参见《欧里庇得斯的现代性》,方晖、罗峰译,北京:华夏出版社,2022,页137-160。

② 详见罗峰,《酒神与世界城邦:〈酒神的伴侣〉义疏》,前揭,页13-25。

③ Justina Gregory, "Euripides as Social Critic," *Greece & Rome*, Vol. 49, No. 2, 2002, pp. 153-154.

④ 比较荷马《奥德赛》(17.322-323)、忒俄格尼斯诉歌(行535-538)和希罗多德《历史》(4.3.20-22)。

力。无论《海伦》(行728-733)中经过理性思考做出自由行动的老奴,还是《赫卡柏》(行342-378)中沦为战俘的珀吕克塞娜(Polyxena)在被献祭前经理性论证后的自由选择,其实都指向了欧里庇得斯对个体自由灵魂的强调。

莱特(Matthew Wright)一针见血地指出了欧里庇得斯创新的关键所在。他表示,所谓的创新,必然意味着对某种原有模式的舍弃。欧里庇得斯对传统模式的否弃源于求"真":[1]

> 欧:难道我描写的斐德拉的故事不是真事吗?
> 埃:是真事,可是一位诗人应该把这种丑事遮盖起来,不宜拿出来上演……
> 所以我必须说有益的话。(《蛙》,行1053-1057)

作诗的技艺归根结底是一种编织的技艺。梭伦尝言:"诗人多谎话。"欧里庇得斯对真实性的追求超越了(舍弃了?)对好坏的考量。欧里庇得斯似乎相信,通过启民智,教给公民说理和论辩,就能造就好公民。与欧里庇得斯同时代的索福克勒斯借《俄狄浦斯王》表达了截然相反的看法:过分执着于追求真相,最终可能祸国殃民。在《悲剧的诞生》中,尼采也评论了欧里庇得斯过度追求"日神精神"。[2]意味深长的是,在《理想国》中,尽管柏拉图对诗人多有非难,但他从未批评诗人说谎。相反,诗人之所以受到批评,恰恰因为他们编织的故事不够高贵。阿里斯

---

[1] Matthew Wright, "The Tragedian as Critic: Euripides and Early Greek Poetics," p. 180.

[2] 尼采,《悲剧的诞生》,赵登荣译,桂林:漓江出版社,2007,第12节。

托芬就暗示，欧里庇得斯宣称他的肃剧旨在提升城邦，实际上却败坏了雅典公民。①

亚里士多德在《尼各马可伦理学》开篇指出，任何技艺都以某种"善"为目的，譬如医术的目的是健康、战术的目的是取胜。②但具体技艺都统摄于最高的善，即关乎"高贵和正义"的政治学（1094b）。因此，作为一种独特技艺的肃剧，其终极目的也应服务于城邦的最高善，亦即政治学。由此不难理解，何以无论柏拉图还是亚里士多德，均将诗艺纳入城邦教育的视野。在他们看来，诗人，尤其是面向全体城邦公民的肃剧诗人，天然地应担起型构政治共同体伦理德性的重任。从这个意义上讲，阿里斯托芬对欧里庇得斯肃剧的批评，与其说指出了这位诗人道德感的缺失，不如说归根结底是其政治感（正确认识高贵和正义的意识）的缺失。阿里斯托芬所谓的诗人应致力于"城邦的提升"，是伦理意义而非修辞意义上的。也正是在这个意义上，肃剧才是"政治的"（页2）。

毋庸置疑，真正好的肃剧作品，并不排除对价值的"存疑"。肃剧诗人的公民教育，并非意味着不质疑城邦共同体的价值，而恰恰是通过呈现城邦内部的紧张，为公民教育、城邦提升留出余地。索福克勒斯笔下的安提戈涅依据掩埋亲人的古老神法质疑权威，就是具有独立判断力的好天性的表现。有学者注意到，埃斯库罗斯和索福克勒斯虽也不乏对雅典社会的批评，但欧里庇得斯

---

① Pietro Pucci, "Euripides and Aristophanes: What does Tragedy Teach?" in Chris Karus et al eds., *Visualizing the Tragic: Drama, Myth, and Ritual in Greek Art and Literature*, Oxford: Oxford University Press, 2007, pp. 105–106.

② 亚里士多德，《尼各马可伦理学》，廖申白译，北京：商务印书馆，2004，1094a。

对时弊和传统的批评却格外突出。[1] 面对传统神话中的前后矛盾，若不关心背后的意图，而是毫不节制地质疑，最终可能带来价值的虚无。[2]

肃剧与城邦的关系并非单向的。肃剧不仅折射出雅典城邦政治生活的百态，也对城邦产生深远影响。肃剧诗人与民众之间的对话，始于狄俄尼索斯剧场的"公共性"：肃剧的观众主体涵盖广泛，既有街头巷尾和广场聚谈政务的民众，也有坐拥重大政治决策权的官员。雅典公民（包括剧作家）参与政治活动是"职责"。在雅典城邦特殊的语境里，肃剧对城邦的影响广泛而深远。因此，如何以"负责任的批评"方式参与对城邦的型构是诗人必须思考的问题。[3]

结　语

古希腊优秀诗作或多或少承担了城邦教育的功能。在荷马史诗滋养下，传统神话蕴含的英雄伦理激励着一代代优秀之人追求卓越，超拔自我。赫西俄德的神话诗则形塑了古希腊人朴素的正义观。面对深陷内乱的城邦，忒俄格尼斯试图通过让公民坚守高贵的贵族品质，应对社会的分崩离析。图尔泰俄斯身处斯巴达在与外邦争战中崛起的时期，通过高扬为共同体献身的勇敢德

---

[1] Matthew Wright, "The Tragedian as Critic: Euripides and Early Greek Poetics," p. 165.

[2] Pietro Pucci, "Euripides and Aristophanes: What does Tragedy Teach? ," p. 110.

[3] Heinrich Kuch, "Continuity and Change in Greek Tragedy under Postclassical Conditions," in Alan H. Summerstein et al eds., *Tragedy, Comedy and the Polis*, Bari: Levante Editori, 1993, p. 547.

性，不仅为斯巴达奠定了日后闻名的勇士精神，也暗中批评了荷马式英雄个人主义对城邦的潜在威胁。到了古典时期，古希腊肃剧成为公民教育的最佳手段。古希腊社会脱胎于一种高度竞技的文化。肃剧本身就是戏剧节的竞技项目：有抱负的诗人竞相争夺公民的教育权。然而，公元前5世纪中叶涌现的智术师们也宣称，他们能教育"好公民"。

阿里斯托芬和柏拉图都指出，传统诗歌不节制地描写诸神和英雄人物暗藏败坏公民的危险。在《蛙》中，阿里斯托芬让两代肃剧诗人展开对驳，从而暗示了，在公民教育问题上，肃剧诗人有所欠缺。柏拉图随后在《理想国》中进一步展开了对传统诗教的通盘检审：作为音乐教育的重要组成部分，荷马对诸神的丑陋描述会败坏儿童和护卫者，也无益于夯实城邦正义和宗法的根基。柏拉图对形形色色的智术师的批评，不仅表明了他对有智性追求的青年的关切，而且示范了何为恰当的公民教育。

本书翻译过程中所涉希腊文本，凡有中译本者皆引现有中译，据古希腊原文略有改动（含既有剧名），无中译本者皆为笔者自译。所参中译本皆在首次出现时以译注形式标明，此后随文注行码，不再另注。

2023年3月修订
春意盎然的杭城

致 谢

本书第一、四和五章曾以论文形式刊发于 *Hermes* 107, 1979（"Euripides' *Alcestis*"）, *Yale Classical Studies* 25, 1977（"Euripides' *Heracles*"）及 *Eranos* 84, 1986（"The Power of Language in Euripides' *Troades*"）。衷心感谢 *Hermes* 出版方 Franz Steiner Verlag 和 *Yale Classical Studies* 出版方 Cambridge University Press, *Eranos* 主编鲁德伯格（Stig Y. Rudberg）准许重印，一并致谢。

史密斯学院（Smith College）为我免除了1986年至1987年的教学任务，并给予我安德鲁·梅隆基金会（Andrew W. Mellon）的资助。感谢莱恩（Audrey Ryan）和多伊奇（Anne Deutsch）为我打印书稿。我要特别感谢尼尔森图书馆（Neilson Library）馆际互借负责人格莱夫（John Graiff）给我提供的帮助！

本书责编——密歇根大学出版社（University of Michigan Press）的鲍尔勒（Ellen Bauerle）给了我很多帮助和建议。爱丁堡大学（University of Edinburgh）古典学系热情接待，并让我使用馆藏资源。

我还要感谢阿诺德（Paula Arnold）、伯尔斯（Victor Bers）、迪莫克（George Dimock）、夏纳（Richard Garner）、卡勒斯－马克思（Lisa Kallet-Marx）、科瓦克斯（David Kovacs）、米切利尼（Ann Michelini）、温斯顿（Krishna Winston）及几位匿名评审的启发、评议和指正。书中若有错讹和误见，笔者理当自负文责。

献给帕特里克（Patrick）

导 论

[1]我们现有的对肃剧的最早评述，一个出自公元前4世纪的哲人，另一个出自公元前5世纪的谐剧诗人，这两者证明了肃剧与雅典城邦存在有机联系。当然，亚里士多德只是点到为止。亚里士多德在《诗术》（*Poetics*）[1]中谈及肃剧的"思想"要素，他声称，古代诗人（亦即公元前5世纪的肃剧家）让他们笔下的人物政治地（politikōs）言说，而他同时代的诗人却让笔下人物修辞地（rhētorikōs）言说。[2]亚里士多德虽未详细展开这个引人入胜的观点，却在《尼各马可伦理学》（1093a27-1094b11）中称诗术为"政治"（political）学科，涵括伦理学和公共政策，关乎共

---

① ［译注］《诗术》旧译《诗学》。关于亚里士多德书名 Περὶ ποιητικῆς 中译名的讨论，参见刘小枫近著《巫阳招魂：亚里士多德〈诗术〉绎读》，北京：生活·读书·新知三联书店，2019，页156-158。

② ［译注］《诗术》中译本参见陈明珠，《〈诗术〉译笺与通绎》，北京：华夏出版社，2020。这段话提出了两个相关问题：亚里士多德所说的古代（archaioi）诗人有哪些，政治与修辞（politikōs/rhētorikōs）的对立又隐含了什么？鉴于年代和风格，此处及1453b27的"古代诗人"肯定包括欧里庇得斯，Denniston（1929）阐明了这一点。Else 1957和Lucas 1968都倾向于把欧里庇得斯排除出古代诗人的行列，虽然他们都援引了Denniston的观点，并承认他的观点有说服力，这就表明了这个观点在19世纪影响广泛：欧里庇得斯与埃斯库罗斯和索福克勒斯不是一路人

同体的道德教育。①倘若（似乎确有可能）亚里士多德在两段话中使用的"政治"一词含义相同，那么他的话就初步表明，古希腊肃剧的政治要素和伦理要素紧密相关。

另一方面，阿里斯托芬则直接且充分地考察了肃剧的政治作用。《蛙》（Frogs）的高潮是发生在冥府由酒神狄俄尼索斯主持的一场对驳（agōn）或者说诗歌竞技赛。埃斯库罗斯和欧里庇得斯的幽魂将要角逐最佳肃剧家。冥府（Hades）显得与雅典出奇相似：肃剧家们在雅典的狄俄尼西亚城（City Dionysia）角逐头奖。正如在雅典，公共捐助人在公民大会会场（Prytaneum）享受免费餐食并尊享上座，在冥府，胜出者也将"挨着冥王普鲁托（Pluto）在公民大会会场进餐"（《蛙》，行764-765）。

欧里庇得斯在证明自己有理时宣称，他成功地把肃剧从对手偏爱的拖沓晦涩的舞台语言中解放出来。欧里庇得斯解释说，他代之以一种更简明、结构更紧凑的"民主"形式（行952）。这种形式贴近观众的日常生活，也为观众的鉴赏力和评判力留出余地。埃斯库罗斯随即诘问："我们依据什么赞美一位肃剧［2］诗

（Else 418，注释19，Lucas对1453b27的笺释）。Lucas 在注解1453b27时表示，政治"意味着不能只计较说服力和输赢"，他还特别指出，欧里庇得斯特别"会修辞"——这一界定有助于我们理解他为何倾向于把欧里庇得斯归入新诗人（neoi）。不过Lucas也承认，"政治"与"修辞"这两个分类有重叠。换言之，Lucas似乎承认，对古代诗人而言，政治性内容与修辞性表述不可分割——这其实是三位肃剧诗人都面临的情形。关于"思想"要素与修辞论证的关联，参见Halliwell 1986，页154-155，及1987，页96。

① 关于这点的讨论和亚里士多德在别处的提及，参见Else 1957，页265-266和Maceleos 1982，页132。

人?"①欧里庇得斯毫不迟疑地答道:

> 依据他的技艺和忠告,
> 因为我们让城邦的民众变得更好。(行1009-1010)

埃斯库罗斯没有质疑这点。在肃剧的教化功能上,他与欧里庇得斯看法一致:

> 学校的老师教导孩子们;
> 诗人教导成人。(《蛙》,行1054-1055)

肃剧公认的目标是教导何为好和有益(chrēsta,行686、1056,比较行1035、1421)。但两位诗人在何为恰当的教导方式上分道扬镳。埃斯库罗斯认为,他通过创作"充满阿瑞斯"的肃剧激励雅典人勇敢行动(行1021以下),欧里庇得斯却让人变得更坏,而非更好,因为他笔下人物暴露的道德缺陷引发观众效仿。埃斯库罗斯虽承认对手的刻画贴近生活,却认为肃剧的要义是道德教化,而非追求真实。埃斯库罗斯表示,

> 诗人应隐藏坏的东西,
> 不去描述或呈现它。(行1053-1054)

动词"呈现"(didaskein)也含"教导"之义。阿里斯托芬是

---

① [译注]阿里斯托芬《蛙》,参见罗念生译中译本,收于《罗念生全集》(第四卷),上海:上海人民出版社,2007。

在用日常用语佐证他的主张：剧作家也是老师。①

诗歌与教育的关系是《蛙》中一再重现的主题。歌队致辞（parabasis）开门见山地指出，歌队应"向城邦"提出"好的建议和教诲"（chrēsta tei polei xumparainein kai didasein，行686-687）。稍后，埃斯库罗斯把自己给人激励和教诲与一群杰出前辈的做法相提并论：俄尔甫斯（Orpheus）、缪斯女神（Musaeus）、赫西俄德（Hesiod）及荷马（行1032-1036）。埃斯库罗斯摆出充分的历史证据，证明诗人是实践智慧和道德智慧的源头：

> ［希腊］早期、古风时期和古典时期的诗歌中有一个重要因素，我们不妨统称之为"教育性"或"文化形塑"要素。举几个例子，荷马、赫西俄德、梭伦、色诺芬、忒俄格尼斯，都或多或少声称自己在教育或劝导他们的观众。②

不过，阿里斯托芬考虑的比文化形塑更具体。在两位对手竞技的过程中，提升城邦（improvement of the polis）成了诗人教导的目标。在阿里斯托芬看来，肃剧正是在这个意义上向政治靠拢。我们已然看到，歌队向这个城邦（to the city）提出好的建议，欧里庇得斯则声称，肃剧诗人应使城邦中的（in the cities）

---

① 行1026更清楚地表明了这点，在那里，阿里斯托芬在一句台词中同时使用了didaskein的两重含义。

② Woodbury 1986，页248-249。他注意到，阿里斯托芬最先有意把诗歌与didaskein［教导］一词相关联，并探讨了"教导"与"教师"概念的变化，这两个语词与智术师的活动相关，他们的活动可能引发了这种改变。关于后世归于荷马的教师角色的传统，以及荷马文本中可见的若干明显教导性要素，参见Verdenius 1970。对希腊传统中诗歌与教导富有见地的综述，参见Blundell 1989，页12-15。

民众变得更好。在反驳埃斯库罗斯对自己的指[3]控时,欧里庇得斯愤而质问,他笔下充满激情的女主人公怎么就损害了这座城邦(行1049)呢?狄俄尼索斯最终告诉两位肃剧家,他打算把"你俩中能给这座城邦(the city)提出点好建议的那个"带回阳间(行1420-1421)——两位诗人都要竭尽所能完成这项任务。

对于这些戏段提出的假设,现代读者可能会觉得吃惊,两位竞技者却认为理所当然。可以推想,它们反映了公元前5世纪对诗人和诗歌的设想。那时没人会担心,审美目的和政治目的会相互掣肘,人们反而认为,艺术技巧与劝诫同心协力(行1009-1010)。那时的人们并不认为,私人生活领域与公共生活领域截然分开。两位剧作家就一致认为,(比如)性行为可能会摧毁城邦。两位诗人也认识到,身为剧作家,他们肩挑两副重担:他们不仅应帮助雅典人成为更好的公民,自身也必须堪当大任,做治邦者的典范。两人都认为,肃剧的上演会引发观众模仿。当然,埃斯库罗斯用最荒诞(因为最刻板)的方式简单化地呈现了这个观念:他展现了雅典女人效仿欧里庇得斯的人物原型自杀,有钱的公民穿得跟欧里庇得斯笔下的国王一样破烂,成功逃避公民职责(行1050-1051、1065-1066)。欧里庇得斯不承认自己笔下的人物带来了危害,但他也没有质疑肃剧会引发观众模仿这个基本前提。我们已经看到,两位诗人的分歧仅仅在于哪种方式更有利于共同体:是将冲突与激情和盘托出,还是纯然理想化地描述人性。

很难想象,还有谁会比阿里斯托芬更适于评论肃剧的社会功能。作为索福克勒斯和欧里庇得斯的同时代人,作为一名自身就是剧作家的雅典公民,阿里斯托芬拥有得天独厚的内行视角。因此,他对肃剧教化功能和政治目标的描述容易引起重视。但我们也要牢记,阿里斯托芬首先是谐剧作家,性好戏仿、夸张和天方夜谭。《蛙》中对肃剧旨在教化的呈现恐怕当不得真。

以下几点可以反驳这种看法。首先，笑话要成功，需有一定程度的文化共识。达成[4]共识的笑点才最可能引人发笑。"教化说"（didactic theory）可能不过是个便利的工具，供阿里斯托芬来展现埃斯库罗斯与欧里庇得斯的竞技，展现他精心设计的舞台动作，以及他对两位剧作家恶作剧式的夸张描述。①不过，观众必须接受肃剧的确教育人这个基本观点，才会因阿里斯托芬随后对这一观点的可笑运用而觉得好笑。

没有理由认为，谐剧诗人不能（和现代漫画家一样）"一本正经地……搞笑"。②其实，《蛙》中的歌队就热切期望能两全其美（行389-390）。阿里斯托芬创作肃剧时似乎就兼具两者，他在毫不留情地戏仿、丑化肃剧从业者的同时还让肃剧扮演对社会负责

---

① Heath贬义地称呼"教化说"（Didactic theory），1987；Heath援引亚里士多德，认为戏剧的首要目的是怡情（页9-10及各处）。Heath的著作纠正了以下倾向（我不敢说自己已经摆脱了这种倾向）：把戏剧当成知识分子的论文来分析，而无视戏剧的情感效果和视听效果。他的纠正具有重要意义。但在为他的"怡情诗学"（hedonistic poetics）建立文学谱系时，Heath似乎滥用了证据：他表示，赫西俄德笔下的缪斯，统合了怡悦与虚构（页5-6）。为了攻击"教化说"，Heath必须越来越牵强地区分剧作家设想的非教导性意图与剧作确定无疑所具有的教育效果（页44-47、72-78）。Heath本人对他试图推翻的那种理论的总结（页39-44）表明，那种理论在古代广泛为人接受。最后，亚里士多德的《诗术》可以说考虑了道德（或教导）因素（参见Halliwell 1986）。Heath的观点没有说服我。他认为，剧作家同时运用智识和情感手段，并非为了传达教诲。

② 关于此处的引文和类比，参见de Ste Croix 1972，页357。亦参Forrest 1985，页231。

的角色。[①]最后，我们若以肃剧演出的社会背景和历史背景对参阿里斯托芬，信手翻阅就会发现众多迹象表明他所言不虚。

社会背景和历史背景

肃剧是雅典特有的文类。肃剧的发展，同步于雅典城邦蜕变为一个强国和民主制的快速发展。[②]公元前5世纪以抵御波斯的战争开启。这场战争让雅典跻身希腊诸邦前列，取代斯巴达成为新的霸主。随后建立的德洛斯同盟（Delian-League）巩固了雅典的霸主地位。雅典严密控制盟邦，核定岁赋，挫败一切反叛图谋。其他盟邦很快发现，他们与其说是雅典的盟邦，不如说是雅典的属邦。雅典与斯巴达不断上升的紧张态势，导致公元前461年战事爆发。双方于公元前445年缔结了一项和平协议，这项旨在维持三十年和平的协定并未持久：公元前431年，雅典与斯巴达战事又起。这场战争一直持续（中间仅数次短暂停火）到公元前404年。

雅典在多条战线发起武力进攻的同时，城邦内部的民主政体加速确立。在前一世纪，克雷斯忒涅斯（Cleisthenes）已为雅典民主制奠定了基础：他把全体公民重组为新的政治单位，切断了以区域、宗教习俗、血统和阶层为基础的传统关系。厄菲阿尔特斯（Ephialtes）推行的变革削弱了[5]贵族法庭的权威，增强了平民的法律和政治权威。伯里克勒斯（Pericles）推行陪审员（很可能还有担任其他公职的公民）薪酬制，实现了广泛参政。

---

① 从他对谐剧的评论中，Taplin富有见地地推断出阿里斯托芬对肃剧的看法，参见Taplin 1983。

② Meier 1988，页31及下强调了肃剧的快速发展及肃剧的持续影响。

剧场虽非民主制的产物，但到了公元前5世纪，剧场已与民主城邦的公共生活高度一致。每年在城邦资助的酒神节上演的戏剧，把民主制最有特色的一些实践融入演出。[①]表演剧目由一位城邦官员即名年执政官（eponymous archon）选定，演出要么由称为leitourgia［公共事务出资人］的富人赞助，要么由负责装备战舰及资助体育赛会的同一个公共服务部门赞助。[②]为了体现民主制的责任（accountability）原则，节后召开的会上将借机审查与节庆有关的所有违规行为。

歌队的构成、裁判和观众共同营造了民主的氛围。雅典平民（当然，他们的歌舞才能不凡）组成歌队，奖项由一组抽签（民主制最青睐的方式）决定的裁判颁发。伯里克勒斯设立基金补贴门票后，观众看戏能享受城邦津贴。官方为了进一步鼓励看戏，邦务在戏剧节期间暂停。

酒神节既是宗教场合也是公民场合，吸引了大量选民，这同一批选民还参与了众多其他构成雅典历法的宗教节日。[③]完全有理由相信，剧场观众涵括了社会各大阶层：男人、女人和孩子；贵族、平民和奴隶；穷人和富人；城镇居民和乡下人；公民、外邦

[①] 对演出情形的完整描述，参见 Pickard-Cambridge 1968，页79-99。Rösler 1980（页8及下）强调了肃剧与民主制背景的关系，亦参 Longo 1990。

[②] 色诺芬，《雅典政制》（*Ath. Pol.*）1.13把这三种宗教仪式放在一起讨论。

[③] 关于这些节日的描述，参见 Cartledge 1985；亦参 Burkert 1985，页225-46。除了那些涉及全民参与的"身份颠转节日"（festivals of inversion, Burkert，页231。他把斯基拉节［Skira］、阿勒弗里亚节［Arrephoria］和地母节这些属于女性的节日，以及属于奴隶的科洛尼亚节［Kronia］也纳入此类）。

侨民和外邦人。①

剧场的"民主性"(democratic)已接近其现代含义——剧场就像公民大会和法庭一样包罗万象,其他重要的政治集会场所则不然。②这种情形为剧作家们提供了独一无二的机会,向全民的代表挑明他们如何看待那些不仅事关个体,也事关他们宣誓效忠的各种团体的事务。

[6]修昔底德笔下的伯里克勒斯声称(Thuc. 2.41.1),若说雅典是希腊的学堂,那么剧场不愧为雅典的学堂。不过,他指的应该不是(现代语境中可能)由当权者指定喉舌向一群任人摆布的民众灌输教条。雅典的社会政策是自觉的(而非灌输的)自由。观众各持己见、各执一词、众说纷纭。他们在酒神节上不仅学到了怀疑和警示,也学到了恭维和赞美。③

---

① 关于观众的构成问题,学界莫衷一是:仍有学者认为(譬如Wilson 1982,页158-159),女性和奴隶不能进剧场看戏。然而,古代文献并没有说女性和奴隶不能看戏,反倒至少有一处明白无误地表明,他们可以看戏(《高尔吉亚》[Gorgias] 502d6,在那里,柏拉图表示,剧场是"一类针对民众(dēmos)的修辞,既包括妇孺和男人,也包括自由民和奴隶")。Pickard-Cambridge收集并讨论了这个例证,1968,页263-266。当然,花费是不是按各类人口比例出,不得而知。Rösler 1980认为,观众大多是(男性)城镇中产公民。Meier 1988,页8及下强调了肃剧与(男性)公民主体(citizen body)的特殊关联。Winkler 1985认定,男性青年公民既是歌队也是目标观众,但他的观点要想成立,就必须模糊戏剧的原初形式与它形成于公元前5世纪的形式。

② 关于演说的听众与肃剧的观众的区别,参见Ober and Strauss 1990,页238-239。

③ 关于雅典的自由主义,参见修昔底德,《伯罗奔尼撒战争史》2. 73. 2,2. 39. 1-2。关于对观众的引导,参见Pickard-Cambridge 1968,页272-273。关于戏剧家传达的教诲,参见阿里斯托芬,《蛙》,行1009-1010。

教诲的特征在酒神节开幕式上已清晰可辨。这些典礼可谓"公民思想"（civic ideology）的有力宣言。[1] 酒神节于每年三月末举行，正值冬季暴风雨过后开海远航，是德洛斯同盟成员向雅典进贡的日子。[2] 贡赋陈列于剧场，此情此景意在激发雅典人的自豪感和爱国心。而酒神节开始的另一特征是一场穿越狄俄尼索斯剧场（Theater of Dionysus）的游行，参加游行的是公费抚养的战争孤儿——这个仪式同样不遗余力凸显了雅典帝国的牺牲和重担。[3] 开幕式上勾勒的公民思想并不单纯。

以上虽只是旁证，我们却有理由认为，在这种框架内上演的戏剧与公民教育的计划有关。不过，除了酒神节开幕盛典隐含的政治关切，肃剧本身也能传达更普遍的政治关切，也能更复杂、更微妙、更多样化地处理这些问题。

肃剧的政治贡献

学界现已普遍认定，肃剧具有某种政治性。但至于肃剧究竟

---

[1] 这是Goldhill 1987使用的其中一个术语。Goldhill没有给"ideology"下定义，但他似乎和Ober（1989，行38-40）及Henderson（1990，页277-278）一样用这个词代指"非官方的信仰体系"，Ober给出了几个初步定义。

[2] 关于酒神节的背景，参见Pickard-Cambridge，页58-59；亦参Goldhill 1987，页60-61。

[3] Goldhill 1987认为，开幕的那些仪式（除了陈列贡品和战争遗孤游行，还有十名将领向酒神奠酒，以及为城邦赞助者佩戴花冠），简直把"一场实力展示"（61）与戏剧带来的迥异的质疑和"僭越"要素结合在一起了。我认为Meier的分析（1988，页69-70）更精准：他让我们注意，开幕式暗中强调了献祭和权力。

能发挥多大作用，学界仍莫衷一是。[①] 而今鲜有人认为，肃剧的政治意识体现在直指具体时事。[②] 肃剧结构本身就与这种做法互生龃龉：有别于谐剧，肃剧没有歌队致辞（parabasis）搁置行动，打破戏剧错觉的特征，而更多是直接向观众言说。[③] 这其实也就否认了肃剧是在讨论时事（只有一个例［7］外），现存剧作的人物和情节皆源自传说世界、荷马和史诗系列的诗歌。[④] 若说这些取材于英雄时代的传说涉及公元前5世纪雅典的问题，也只可能是间

[①] 参见 Meier 1988，页 242 的评述，他认为，众多对肃剧进行"政治性"解读的特点，是寻找对时事的影射，这种做法很肤浅，他还认为，维尔南学派（school of Vernant）的概述太过宽泛，也过于深奥。Meier 本人的观点令人信服，他认为，肃剧在"法理学认识"（nomological knowing）意义上起作用（他在1983，页154及下简要提出，1988，页43及下作了进一步阐发），虽然他本人对埃斯库罗斯和索福克勒斯单个肃剧的分析仍相当宽泛。他没有评论欧里庇得斯。

[②] 参见 Taplin 1986，页 167：

> 我强烈地认为，希腊肃剧在这个意义上完全是政治的：希腊肃剧与社会（城邦）中的男女生活密切相关。但这个具体的关联并不一定表明，肃剧直接影射了雅典观众在某个具体时间直接从事了政治活动。

Delebecque 1951 和 Goossens 1962 小心翼翼地把后面那种假说精妙地用来解读欧里庇得斯的剧作。在一个更精妙但（依我之见）同时无法支撑这个观点的修正中，di Benedetto 1971 认定，欧里庇得斯的情感发展与伯罗奔半岛战争的进程直接相关。

[③] Taplin 1977（页130–134）和 1986 探讨了肃剧与谐剧的这些及其他结构性差异。

[④] 埃斯库罗斯的《波斯人》无疑是例外。这是唯一一部传世的历史肃剧。因此剧让观众过于伤感，埃斯库罗斯显然很快就放弃了这种尝试。至少，在描述弗律米科斯（Phrymichus）《俘虏米勒托斯》（Capture of Miletus）的上演情况时，希罗多德表明，正是这个原因（6.21.2）导致此剧禁演，剧作家被处以罚金。

接采用影射和比较的方式。肃剧对当代的影射是"普遍的而非具体的，客观的而非个人的……内在于全剧的超现实"。①

这种明显悖谬的看法打开了一条更有希望的进路：肃剧的政治影响，恰恰源自其毫无看头的结构和题材。按照这种解释，肃剧考察内含于古今之别中的张力。肃剧并置传说中的人物与公元前5世纪的城邦世界，为的是聚焦传统文化与新社会秩序的不同价值。②

希腊的伦理词汇在贵族制背景中形成，德性等同于出身和财富，对个人主张和成就的奖掖胜过集体努力。这种社会看重的是结果，意图微不足道，成王败寇。社会声望（而非任何内在品质）决定个人价值。这种贵族准则为战时社会的成功运转做出了贡献：阿里斯托芬指出（《蛙》，行1036），《伊利亚特》中描述的那种社会，由"战线、英勇行为和男人的武装"主导。③

---

① 参见Zuntz 1955，页5。他的《乞援女》和《赫拉克勒斯的儿女》研究仍是典范。

② 这段话总结了Vernant 1970（页283）提出的富有启发、影响深远的观点。

③ 很明显，这段总结基于Adkins 1960，页57及各处；亦参1972，页10-21及各处（Garner1987，页11指出，Adkins的观点则基于E. R. Dodds的著作）。Adkins对荷马到亚里士多德文献中体现的"竞技"与"合作"标准相互作用的研究遭到了批评，理由是Adkins忽略了这两个系统的重合（Long 1970，页123-125），Adkins对单个语词的分析，也没有充分参考语境（Dover 1983，页38-40）。不管怎样，Adkins的标准（以这样那样的面相呈现），构成了过去25关于希腊伦理思想大多数讨论的基础，其中有Vernant和Vidal-Naquet的人类学方法，这种研究方法的风头大大盖过了Adkins的语词分析（参见Vernant 1970，页283, 探讨了"两种价值体系的冲突"）和Ober的社会学方法（参见Ober/Strauss 1990，页243，探讨了"竞技价值与共识价值的冲突"）。我们应该肯定Adkins对学界继续探讨希腊价值的贡献。我认为，他的区分依然有用，只要谨慎运用，就可以成为分析的基础。

这些标准甫一挑明就开始改变，以满足变化的社会需求。《奥德赛》已经反映了一系列截然不同的情形，下一个世纪的抒情诗人们还将化用荷马的语言以挑明他们自己的时代特有的问题。[①]某种保守而恭敬的冲动确保了这些改变润物细无声。伦理词汇本身并未改变，但传统语词换了语境，从而获得了别的含义，虽然这些语词保留了先前的含义或者显得与之具有延续性。[②]

民主时期的雅典引入的那些影响深远的（社会和政治）创新，似乎引发了全盘调整贵族准则的呼声。克雷斯忒涅斯（Cleisthenes）建立的社会结构，鼓励雅典人将自己定义为社会群体关系中的成员：本地人、族人的和邦民，他们的需［8］求不一定会相互妥协，也不一定会与看重个人荣誉的传统标准妥协。[③]另一个克雷斯忒涅斯机制即陶片放逐法（ostracism），似乎专门为了应对某个杰出个体可能对共同体造成的威胁：假设有六千公民出席某个特定的集会，大多数人都在陶片上划出这人的名字，那么此人就可能被逐出雅典十年，而无需任何明确的控罪（关于这种政制，参见亚里士多德，《政治学》22）。造就古风英雄卓越的那些品质，到了民主时期的雅典这样的社会里，可能显得成问题。民主时期的雅典之所以能成功运转，不是基于杰出个体的成就，而是基于大多数公民的共同努力。

政治权威的分配也发生了天翻地覆的改变。贵族虽垄断了最

---

① 关于这两首荷马颂诗所蕴含的不同道德准则，参见 Reinhardt 1960，页 14-15。关于抒情诗对荷马的改编，参见 Murray 1980，页 126-131。

② 关于希腊人清楚这种语义转化的过程，参见修昔底德，《伯罗奔尼撒战争史》3. 82. 4-83. 6；亦参欧里庇得斯，《赫卡柏》，行 608 和柏拉图，《理想国》560e。

③ 关于克雷斯忒涅斯，参见 Meier 1983，页 91-143。对雅典社会组织的探讨，参见 Vickers 1973，页 106-109 和 Fisher 1976，页 5-30。

高军事职位,却不得不与平民分权。公共决策就由这些平民在公民大会上投票拍板。这些人供职于法庭,负责为(奠定城邦实力的)舰船配置船员。① 这种社会不认可自然的差序,出身和财富也不再是品质的可靠标志,杰出的成就倒可能被视为对集体的威胁。沿袭下来的贵族准则与当代的社会现实相扞格。不过,社会变化虽翻天覆地,传统权威却依然强有力。雅典人仍重视那些庄严地载入神话和诗歌典范的标准,依然把过去视为求证的来源。

在这个关头,整个社会都需要传统智慧的来源,亦即诗人的指导。贵族和平民都能从这套价值中获益:它保留了英雄过往的魅力和权威,不仅能被时人理解,还合乎时宜。正是为了满足这一要求,肃剧(包括欧里庇得斯的肃剧)才展开其政治维度。②

我们可能会吃惊,一个通常被认为在文学和社会上具颠覆性

---

① 参见色诺芬,《雅典政制》1.2。作者指出,正是这些在海军服役的人撑起了城邦,他进而表示,民众(dēmos)明智地没去图谋掌控最高军职(1.2)。由于将领和骑兵统帅由选举(而非抽签)决定,公元前5世纪和4世纪的文学性证据和铭文证据均证实,这些职位由贵族家族掌控(参见 Davies 1981,页122-124)。古今评论家都质疑,真正的权力是否确乎由民众掌握(相关讨论,参见 Ober 1989,页20-21)。但不容否认,民众在雅典民主制下享有的权力,远超其他古代政体。Sinclair 1988(页221)有力地断定,这种制度之所以能运转,就在于它的

> 制衡和思考方式……雅典人……似乎满足于掌权,也满足于能以这种方式行使权力:他们既能让有抱负的个体施展才能,又能严密监察他们的首领……

Ober 的研究(虽集中在公元前4世纪)表明了演说家的公共演说对维持这种平衡的帮助。

② Meier 1988,页7及下强调(甚至夸大)了雅典人对肃剧的迫切需求。

的诗人，怎可能怀有如此积极向上的意图。[①] 20世纪的评论家有力地证实了对欧里庇得斯的这种看法。这位艺术家与他的社会格格不入的形象，令这些评论家感同身受、心有戚戚焉。[②] 这一形象本身当然源自古代——阿里斯托芬揶揄欧里庇得斯的谐剧令人难忘。人们把这些揶揄当真，再拼凑上欧里庇得斯剧作的主题，就有了[9]传记传统中的欧里庇得斯形象：一位落落寡欢的隐士，不满自己的私生活，还不受公民同胞待见。[③]

后来，欧里庇得斯的这一形象又被融入19世纪宣扬的肃剧进化理论，至今影响广泛。在维多利亚时期的德国学者看来，埃斯库罗斯代表肃剧的开端，索福克勒斯代表顶峰，欧里庇得斯则代表肃剧的式微。[④] 这一次序假定了一种简单的次第，而古代观

[①] 对这种倾向的精彩评论，参见Kovacs 1987，页9及下。Kovacs强调，"正统地"（straight）阅读欧里庇得斯并把他的关切与肃剧地其他传统关联在一起，这点很重要。尽管我不认同他把欧里庇得斯视为绝不反讽，总是一板一眼的艺术家，在具体解读上也跟他看法不同（见第二、三章注释中的详述），但我同意他的总体进路。

[②] Reinhardt 1957因提出与社会格格不入的欧里庇得斯这一广为接受的看法名噪一时。参见de Romilly 1986，页5-17和页221-226，从欧里庇得斯本人的时代和现代的视角明晰地探讨了欧里庇得斯的"现代性"。

[③] 关于谐剧和欧里庇得斯肃剧对传记传统的影响，参见Lefkowitz 1979。

[④] 参见Behler 1986，他表明，这种评价源于施勒格尔兄弟的写作，而Henrichs 1986则归因于尼采。Michelini 1987有洞见地阐述了19世纪和20世纪欧里庇得斯研究的几大趋向，但Michelini本人不自觉地将索福克勒斯与欧里庇得斯对标（页54-55及各处）。我们根本不能说，欧里庇得斯还在创作剧作期间就违反了尚在成形中的传统标准。欧里庇得斯本人对这种传统的形成功不可没，他甚至比埃斯库罗斯和索福克勒斯更具决定性地影响了肃剧的后续发展。

众却能看出三位诗人在文学和时间顺序上错综复杂、纠缠不清的相互关系。索福克勒斯不仅与埃斯库罗斯和欧里庇得斯同时期创作肃剧,他也影响了欧里庇得斯,同时受其影响(索福克勒斯更长寿)。此外,埃斯库罗斯死后他的剧作在重新上演,与此同时,索福克勒斯和欧里庇得斯都在创作成熟的作品。[①]

我们若要恢复希腊人对欧里庇得斯的些许看法,就必须尽力摆脱现代思维习惯,包括对进化论及孤芳自赏的艺术家(alienated artists)的偏爱,还要不断对参古代证据以验证这些分类和假定。当然,古代的证据也有不同解读。但毋庸置疑,亚里士多德和阿里斯托芬都把埃斯库罗斯、索福克勒斯和欧里庇得斯三人视作有别于其他剧作家的一体,认为他们大同小异。[②] 考察欧里庇得斯剧中的政治要素,将有助于再次确定这个古代同盟,因为我们将要集中关注的欧里庇得斯肃剧的那些特点,与埃斯库罗

---

① 关于埃斯库罗斯,参见阿里斯托芬,《阿卡奈人》(Acharnians),行10-12,在那里,狄开俄波利斯(Dicaeopolis)描述了他观看埃斯库罗斯戏剧时的感受,古注家们也确定,埃斯库罗斯的肃剧重新上演;亦参《蛙》,行868-869,埃斯库罗斯在此宣称,他本人的诗歌没有随他离世消亡,欧里庇得斯的诗歌却在他死后消亡了。

② Halliwell 1987,页4,注释3注意到这一经典组合,援引了《蛙》,行785-794。亚里士多德也倾向于把三位肃剧家(尤其是索福克勒斯和欧里庇得斯)关联在一起:参见《诗术》,1453b28-31、1454b31-36、1455a18、1456a25-32(这并非要否认,亚里士多德偏爱索福克勒斯而非欧里庇得斯,而只是指出,他倾向于把两者放到一处讨论。关于《诗术》中古代诗人[hoi archaioi]身份的难题,参见本文注释1)。Halliwell(1986,页10)断定,亚里士多德显得

> 对埃斯库罗斯的作品不大感兴趣……却对公元前5世纪的另两大肃剧家赞赏有加(他认为欧里庇得斯更称职,也更深刻)……

斯和索福克勒斯的剧作一致。[①]当然也会有人反对说,这样揭示出的不过是欧里庇得斯的扁平面相,我们若关注欧里庇得斯戏剧创作的其他要素,无疑会得出截然不同的结论。尽管如此,只要能够纠正对欧里庇得斯常见的现代描述,把他重新放回与肃剧同行共同经历的历史背景,本研究就能达成目的。

欧里庇得斯剧中的政治要素

我们可以看出欧里庇得斯剧中对政治的三种思考,虽然我们会发现,三者其实往往缠绕在一起。最明显(也最常研究)的是他再现了民主政制和民主实践。

[10]尽管公元前5世纪的民主政治理论不成体系,大量传世文献却共同表明,雅典邦民了解民主政体的特征,并无比自豪于民主制带来的好处。[②]对那些符合其苛刻的公民身份要求的人而言,雅典的极端民主制保障了自由和平等——这些抽象的概念意味着拿到了参政的敲门砖,能保障言论自由,得到法律不偏不倚的保护。这些特征成为公元前5世纪颂扬雅典的重要内容,最著名的要数修昔底德笔下伯里克勒斯的葬礼演说。[③]这些特征在肃剧中也有体现,埃斯库罗斯的《乞援女》和欧里庇得斯的《赫拉克勒斯的儿女》(*Children of Heracles*)及《乞援女》就将之纳

---

① 对埃斯库罗斯和索福克勒斯剧中政治要素的分别探讨,参见Macleod 1982和Knox 1983。

② A. H. M. Jones 1957(页42)注意到这种体系的缺失,他进而依据对民主制现有的不友好分析,重构了这个体系。Farrar 1988试图依据修昔底德及阿纳克萨戈拉和德谟克利特的残篇描述早期民主思想。

③ Thuc. 2. 35–46。对民主制传统主题(topoi)的扼要阐述,参见Loraux 1986,页181。

入了戏剧行动。正是欧里庇得斯的这两部剧,以及其他提出了鲜明的爱国主义或民主观点的一个个肃剧戏段,构成了我们探讨欧里庇得斯政治思想的主体。[①]有学者分析了《伊翁》对地生性(autochthony)和雅典殖民伊奥尼亚(Ionia)这两个主题的处理,也有人注意到《俄瑞斯忒斯》和《赫卡柏》中的政治集会。[②]不过,一个社会的政治要义并不仅仅体现在制度和实践上。少数几部剧,远未穷尽欧里庇得斯剧作的政治意蕴。

雅典与外部世界的关系变动不居,对于政治上的这个方面,欧里庇得斯那代人深有体会。欧里庇得斯生于公元前484年。他在依然沉浸于意外打败波斯之喜的城邦中长大成人。公元前455年,欧里庇得斯首次在狄奥尼西亚城(City Dionysia)竞技诗坛。未几,约于公元前454年,德洛斯同盟便把国库由德洛斯迁至雅典。传统上认为,这次迁移标志着雅典与盟邦的关系步入新阶段,也标志着这个起初一致抵御波斯的联盟从此成了雅典权力的工具。

这个自豪于其民主政制的城邦,以一套截然不同的政治原则推行对外政策。[③]就是这些乐享内部自由的雅典公民,毫不犹豫

[①] 关于这些片段的名录,参见 Butts 1947,页171-175。关于《乞援女》,参见 Zuntz 1955,Collard 1975 A,和 Burian 1985。关于《赫拉克勒斯的儿女》,参见 Zuntz 1955 和 Burian 1977。

[②] 《伊翁》研究最好的文献是 Walsh 1978 和 Loraux 1981B。Euben 1985关注了《俄瑞斯忒斯》中政治败坏的主题,Kovacs 1987则讨论了《赫卡柏》里的"王者与民主分子"。见 De Ste Croix 1972,页356,注释1,作者精选了欧里庇得斯笔下的"政治性"戏段。除了上文提及的那些剧作,他还列举了《腓尼基少女》中对平等的赞颂,《厄勒克特拉》中对财富能否表明价值的探讨,以及《安德罗玛刻》中的反斯巴达观点。

[③] De Ste Croix 1972,页16-17讨论了修昔底德谈及内政和外交事务时隐含的不同伦理标准。

地强行统治他人。他们非但不觉得这有什么矛盾，似乎还把雅典帝国视为雅典独立自主的保障。修昔底德笔下的阿尔喀比亚德告诫雅典邦民，统治他人是为了确保他们免于被人统治（6.18.3）。修昔底德稍后还评论说，要让[11]雅典人失去自由很难，因为自从驱逐了雅典的僭主，他们就已然习惯于"不仅不受人统治，[其实]多数时候还想统治他人"（8.68.4；比较7.75.7）。剧作家们遵循肃剧的劝谕功能，不断质疑雅典的帝国主义。阿里斯托芬散佚的谐剧《巴比伦人》（*Babylonians*），就讥讽地呈现了"民主制对盟邦的影响"。① 在《俄狄浦斯王》中，索福克勒斯影射雅典是僭主的城邦（参见Knox 1957，页53-77的经典讨论）。权力的道德也成为欧里庇得斯《赫卡柏》的一大主题。

欧里庇得斯剧中最常见的政治要素也最难单拎出来处理。他用独特的调性传达了那些受到持续（确切说是普遍）关注的主题。这种调性并不仅限于具体戏段，而是响彻每一部剧作。欧里庇得斯的取材一点儿也不新颖。他的主题印证了文学传统，也内在于肃剧这种文类。生与死的关系、节制的性质、呼吁正义、高贵的定义、语言和智识的运用，都是欧里庇得斯《阿尔刻斯提斯》《希珀吕托斯》《赫卡柏》《发狂的赫拉克勒斯》及《特洛亚女子》的显著主题。我会尽力表明，经欧里庇得斯之手，这些传统主题带上了同时代的政治维度，每个主题（侧重点不一）都成了民主思想的载体。

这种说法无从证明，而只可能不断（我希望）通过阐发变

---

① 见《阿卡奈人》，行642。Norwood 1930指出，依据散落各处的一星半点儿古代证据就认定，《巴比伦人》（*Babylonians*）把盟军刻画成了打了烙印的奴隶，这种做法太轻率。不过，《阿卡奈人》行500-503暗示，这部谐剧尖锐地批评了雅典对待盟军的态度。

得越来越有说服力。最好通过细致解读每一部剧的文本来证实——这种方法既能避免脱离文脉讨论单个语词的危险，也能避免对"希腊肃剧"中隐含的思想一概而论。在单部肃剧中，我们可以看清，那些由精神面貌和范例生动揭示的问题，对这些问题的挑战和质疑，是希腊戏剧结构固有的成分。"民主思想"（democratic ideology）这个相当模糊的概念，就在每部剧特有的题材中脱胎成型，而文本本身就避免了没有道理的样板化。

常有人抱怨，没法对欧里庇得斯盖棺定论。有人说，欧里庇得斯的作品不变的只有变幻莫测（Whitman 1994, v.）。没人敢轻率地断言他选出了欧里庇得斯的"代表性"剧作。但本书挑出来解析的五部剧，[12]表明了欧里庇得斯的一系列政治思想。尽管每部剧的政治背景不一，但我们会看到，这五部剧表明的观点若合符节，我们不妨将之视为欧里庇得斯本人的观点。

这几部剧在主题上也大体一致。各剧讨论的起点不仅极为传统，也完全吻合肃剧这种文类的特征：遭遇必然性（Anankē）。[①]必然性也可以说是机运（Tychē）冷峻的一个侧面，它令人闻风丧胆，摧毁凡人的计划和期望。[②]如果说机运完全捉摸不定，那么顾名思义，必然性则令人生厌。起码，必然性牵扯到强迫，最糟糕的时候，必然性把可怕的苦难和丧故强加于人。不过，欧里庇得斯之所以热衷以必然性为起点，并非只是看中其情感潜能，还因为必然性为我们反思伦理创造了条件。因为人类在志得意满之时根本不会质疑助其成功的行为标准，不幸却能让人反思，往往

---

① 关于机运和必然性作为希腊肃剧的主题，参见 Arrowsmith 1959，页54，Conacher 1967，页3–4。

② 对柏拉图、亚里士多德及肃剧家道德思想中机运（tychē）的广泛研究，参见 Nussbaum 1986。

还能让人改变观点（就算受害者不会，见其受苦的观众也会）。

于欧里庇得斯而言，必然性的要害就在于有死性本身，这就是《阿尔刻斯提斯》的主题。另外还有战争（《赫卡柏》《特洛亚女子》）和神的敌意（《希珀吕托斯》《发狂的赫拉克勒斯》）。欧里庇得斯以必然性为起点并置伦理与政治，向雅典人传达了一系列教诲（以肃剧一贯的间接方式影射）。欧里庇得斯把一套适于民主时代的标准融入肃剧。本书就旨在揭示诗人处理的方法。

第一章 《阿尔刻斯提斯》

［19］生与死的关系似乎一再受到欧里庇得斯关注。《珀吕伊多斯》（*Polyidus* 638N2）的一段残篇表示：

> 谁知道生其实就是死，
> 而死被视为地下的生呢？

另两段源自散佚剧作的残篇呼应了类似的看法（［46］Fr. r833 N2 和 361 N2）。这个主题堪称欧里庇得斯的招牌，在《蛙》（行1477-1478）中，阿里斯托芬竟用越来越荒谬的等同进行了戏仿：

> 谁知道生不过是死，呼吸不过是吃喝，
> 睡眠无非一张羊皮？

尽管我们根本无从知晓，生即是死的主题如何在散佚的《珀吕伊多斯》《普弗里刻索斯》（*Phrixus*）或《厄勒克透斯》（*Erechtheus*）中展开，但这无疑是《阿尔刻斯提斯》的要害。欧里庇得斯《阿尔刻斯提斯》围绕推迟正常死亡谋篇，目的是更好地表明常规死亡的优势。借此，欧里庇得斯从民主城邦的角度改写了荷马的一则教诲：倘若《伊利亚特》（*Iliad*）认为必死性是英雄主义的前提，那么，《阿尔刻斯提斯》将教导说，必死性对芸芸众生也很重要。欧里庇得斯还从品达（Pindar）和巴基里德斯（Bacchylides）那里借用了一个主题，把竞技凯歌体裁关于"活在当下"的代表性劝诫，移到一个充斥着平等主义的新语境里。

《阿尔刻斯提斯》最后一首合唱歌沉思了死亡的必然性。歌队成员断言，没有什么比必然性更强大。无论俄尔甫斯有什么灵丹妙药——"阿波罗传给阿斯克勒庇俄斯（Asclepius）子孙的药"（行970-971），都无法战胜必然性。

此话说得斩钉截铁，似有概莫能外的意味。同时，这番话不仅与《阿尔刻斯提斯》的假定矛盾，也与最后一场戏矛盾：举例说，此剧假定，阿德墨托斯（Ademetus）若能找到人替死，便能免于一死，而在最后一场戏中，给阿德墨托斯替死的阿尔刻斯提斯从冥府起死回生，死神或者说必然性似乎双双败北。

这种前后矛盾指向了这部饱受争议的戏剧的核心。[20]此剧虽处处可见洞若观火的心理细节，但《阿尔刻斯提斯》既非性格研究，亦非婚姻画像。[①]剧中虽处处可见荒诞不经的混合物，《阿尔刻斯提斯》却不是一部"准-萨图尔"（pro-satyric）剧——

---

① 关于对此剧的心理分析研究，参见van Lennep 1949, Smith 1960A, von Fritz 1962以及Lesky 1966。这些研究认为，能接受妻子主动替死的男人肯定有问题。但Lloyd 1985，页120-121指出，此剧结构鼓励观众接受这种局面，不去谴责阿德墨托斯。Dale 1954, xxvii（以下仅注"Dale"）却认定，戏剧行动比角色更重要：

> 因此，《阿尔刻斯提斯》一剧绝非通篇探讨了天真（naïveté）、弱点、歇斯底里、利己主义、性格发展等问题，我不认为……欧里庇得斯特别关注了阿德墨托斯这类人。有他参与的情节的情形五花八门，显示不出阿德墨托斯多少个性（也许欧里庇得斯意不在此）。

古人没有提及这种文类，现代批评为了给此剧归类而杜撰了这个术语（见上文，第40页）。死亡以及死与生的关系才是《阿尔刻斯提斯》的真正主题——这个故事虽设置在神话里的帖撒利亚（Thessaly）王国，演绎私人领域，却令人联想到公元前5世纪雅典的政治问题和社会问题。

由于有死性是《阿尔刻斯提斯》的主题，这就要求我们把此剧置于史诗和抒情诗传达的死亡观的语境中考察。文学传统对肃剧的影响举足轻重（怎么强调都不为过），往往体现在剧作家的引述、用典或改写中，不仅为剧作家提供情节素材，还提供了整个世界观，供他们采用或改写，并接受他们的臧否。[①]评论家若要设法确定每位剧作家特有的贡献，他就最好牢记，传统的影响无孔不入，因此就得警惕，与其着力于确定剧作家们的创新，不如着眼于他们对传统主题的择选、改写或置换。

死亡的必然性

凭借直觉和共识，死亡对古希腊人不仅意味着终结，也意味着生的对立面。死亡阴暗、不变、永恒。生命则光明、可变、有

Steidle 1968，页132–151通过分析剧作和舞台行动认为，阿德墨托斯是善意的。Nielson 1976和我看法想近，他认为死亡是此剧的要害。Seeck 1985依交易、死亡、离别和哀悼主题分析了《阿尔刻斯提斯》。

[①] 参见Vickers 1973，页101：

> 由于古希腊肃剧大多从神话或英雄时代的史诗取材，[也]时常重述过去以观今，那么，过去的价值和观点也就必须切题。

关于肃剧援引史诗和抒情诗典故，参见 Garner 1990。

限。古希腊人认为，有死性是对人类的最根本限制。在词源学层面上，正是有死性区分了人类与诸神：凡人（thnētoi, brotoi）终有一死，诸神（athanatoi, ambrotoi）却永生不死。[1]在经验层面上，死生泾渭分明的事实，对凡人的生活方式有着重要意义。有死性对凡人设限也给他们提供机会，不死的诸神永远没法理解这一点。

一些关于有死性的基本看法，反复出现在古风时期的文本中。据说，死亡无从避免、无法挽回、不可预料。[2]这些显得众人皆知、不言自明的特征，需要反复重申。这些特征在人类的意识中若隐若现。人们只有在短暂的念头里才会把死亡理解成个人的终结。在[21]这些时刻，死亡的事实（无论多为人熟知）都显得焕然一新、令人震撼。

在《伊利亚特》卷九，当阿喀琉斯（Achilles）向一名受命前来的希腊同胞解释自己为何不想重返攻打特洛亚的战争时，他反思了个人直觉到的有死性的压倒性影响。所有英雄都清楚，战场险象环生，阿喀琉斯却从这种理解得出一个出人意料的结论：

　　死亡对畏缩不前的人和苦战的人

---

[1] 对诸神、凡人和英雄差异的讨论，参见 Vermeule 1979，页118-122。

[2] 无从避免：《奥德赛》16.447；《伊利亚特》6.487-489；Simonides 19（Page）；Solon 24.9-10（Page）。另参 Stobaeus 4.51。无法挽回：《伊利亚特》9.408-409；赫西俄德，《神谱》（*Theog.*），行765-766；Alcaeus B6a（Page），Ibycus 32（Page），Anacreon 50（Page）。关于埃斯库罗斯的说法，参见 Fraenkel 对《阿伽门农》（*Agmemnon*）行1018的笺释。不可预见：Callinus 1.14及下；Semonides 1.4-5（West）。有人依据文学和考古证据，试图追溯公元前800到公元前500希腊人对死亡看法的变迁，参见 Sourvinou-Inwood 1981 及 Morris 1989 的述评。

一视同仁。我心里遭受很大的痛苦，
舍命作战，对我却没有一点好处。①

阿喀琉斯这才恍悟：人皆有一死。以此类推，他认定，死亡一笔勾销了个人凭靠努力获得的尊崇和荣耀，人死万事空。因此，阿喀琉斯认为，没必要继续通过他所在社会预期的英勇行为证明自己的英雄主义——奥德修斯方才就这样要求他，迄今为止，阿喀琉斯本人也这么要求自己。他反而想退战，航返家乡帖撒利亚。在那里，阿喀琉斯能平静地了此余生（但没有荣耀）。

阿喀琉斯认识到，死亡是一种恒定不变的状态，这是他决定弃战的另一个原因。其他英雄认为，生前的物质性奖赏和死后荣誉的前景，多少能补偿他们承担的危险，阿喀琉斯却认为这无济于事（《伊利亚特》，9.405-409）：

肥壮的羊群和牛群可以抢夺得来，
枣红色的马、三角鼎全可以赢得，
但人的灵魂一旦通过牙齿的藩篱，
就再夺不回来，再也赢不到手。

我们会看到，阿喀琉斯认为死亡面前不分贵贱（leveller）的看法，于他的社会而言非同寻常。就连阿喀琉斯也很快放弃了为了长命而舍弃荣誉的冲动。在这个场景最后，阿喀琉斯回 [22]

---

① 见《伊利亚特》9.318-320。根据 Claus 1975（页18，注释7），阿喀琉斯此处似乎并没有使用双关，他没有用 moira 的两个不同含义指出阿伽门农对他的不公待遇，而是连续三次强调了他对死亡的同一看法。[译注]《伊利亚特》中译本参见罗念生、王焕生译，上海：上海人民出版社，2004。

心转意,同意继续留在特洛亚,最终还将重新参战,为了"高贵的荣誉"(《伊利亚特》,18.121),虽然他清楚自己来日无多。不过,阿喀琉斯对奥德修斯的回应是《伊利亚特》的名篇,很可能和现代读者一样,令古代观众记忆犹新的与其说是他后来回心转意,不如说是他最初的扬言弃战。① 总之,在《阿尔刻斯提斯》中构思对死亡的刻画时,欧里庇得斯似乎牢牢记住了阿喀琉斯的画面。

阿喀琉斯像凡夫俗子一样认为,死亡无从避免,不可逆转。但阿喀琉斯的独特之处在于他能预见自己死去的情形:母亲忒提斯(Thetis)已警告他,他若留在特洛亚就会丧命,返乡则能度过漫长而安宁的一生(《伊利亚特》,9.410-416)。因此,阿喀琉斯没有引人关注死亡的第三个特质:死亡难以意料。这个特质在古风时期的文本里不断得到证实。

古希腊人对于正常寿命早有清楚认识:梭伦(27[West])认为人的大限是七十岁,并进一步列举了每十年特有的活动和能力。但大家都明白,并非每个人都能寿终正寝:心爱之人英年早逝的情形司空见惯(关于这个主题,参见 Garland 1985,页77-88)。这种思考使得古风时期的作品中充满了令人神伤的脆弱感。卡里诺斯(Callinus)告诫,人的死期由命运女神安排(1.8-15)。一个人能毫发无损逃脱战场却死在家中。西蒙尼德斯(Simonides)表示,

> 和野兽一样,我们活在当下,不知神会如何终结每一样事物。②

---

① 人们谙熟这段诗文,参见《克里同》44b2,苏格拉底在此重述梦境时改写了《伊利亚特》9.363。克里同马上就领会了这个典故。

② Simonides 1.4-5。关于 ephēmeros 的观念,参见 Fraenkel 1946,页131-145;亦参1975,页133-135。

在一段将影响《阿尔刻斯提斯》的话中，巴基里德斯（3.78-84）主张凡人用双重视角看待死亡。他宣称，人们应该把明日当末日来过，同时想着前头还有五十年好光景。

想象的替代品

必死性反复出现的事实，表明了一种向死亡妥协的方式。另一种回应是想象出替代品——改变死亡的特征乃至干脆逃避死亡的方式。譬如，人们可以把死亡设想为可以预知。根据埃斯库罗斯，死亡在过去就可以预知。从前，人类能预见自己的死亡，直到普罗米修斯夺去这种先见，代 [23] 之以"盲目的希望"。① 或者，人们可以把死亡看成聪明人可以靠自己或别人逃避的结果。这样的例子在神话中比比皆是：我们有从特洛亚返乡途中下到冥府的奥德修斯，成功用锁链绑缚死神的西西弗斯（Sisyphus），生前下到冥府解救好友匹里透斯（Pirithous）的忒修斯（Theseus），把冥府看门狗刻耳柏罗斯（Cerberus）带至人间的赫拉克勒斯，试图解救妻子欧律狄刻（Eurydice）（未果）的俄尔甫斯（Orpheus），以及会起死回生之术直到宙斯果断终结其行医生涯的阿斯刻勒庇俄斯（Rosenmeyer 1963，页211，列举了相似的例子）。在没那么神乎其神的层面上，战胜死亡的冲动可能也体现于英雄自负地想通过卓越的成就赢得"不朽英名"（kleos

---

① 见《被缚的普罗米修斯》（*Prometheus Bound*），行248；比较柏拉图，《高尔吉亚》523d。有关《被缚的普罗米修斯》真伪的争论仍悬而未决：参见Griffin 1977认为此剧并非埃斯库罗斯所作，Conacher 1980和Saïd 1985则认为，此剧出自埃斯库罗斯。此剧由谁所作于我而言无关要旨。不过，既然古人从未怀疑过此剧出自埃斯库罗斯之手，那么只要争议尚在，我就仍认定埃斯库罗斯是《被缚的普罗米修斯》的作者。

aphthiton）。至少，英雄的某个部分将得永生：他的英名将永垂不朽，就算身体早已灰飞烟灭（对这个观点的讨论，参见Nagy 1979，页175-188）。

这种充满想象的逃避表明，古希腊人对死亡深恶痛绝。死神是唯一不受敬拜的神祇。根据荷马，

> ［死神］冷酷无情，
> 因此在众神中，最受凡人痛恨。
> （《伊利亚特》9.158-159；赫西俄德，《神谱》，行766）

不过，死亡并非只有可憎的一面。梭伦就认为，人活七十恰到好处，甚至合乎时宜（Solon 27.17-18［West］，但亦参20［West］）。当生命因屈辱或不幸、疾病或痛苦变得不堪忍受时，人们会视死亡为一种解脱，称之为良药或对它加以礼赞（Paean）。① 此外，荷马史诗至少有一个明显的片段指出，死亡的前景有助于塑造高贵的生活。特洛亚战士萨尔佩冬（Sarpedon）战前告诫友人格劳科斯（Glaucus），他说必死性和英雄成就有着不解之缘（《伊利亚特》，12.322-328）：

> 朋友啊，倘若我们躲过了这场战斗，
> 便可长生不老，还可永葆青春，
> 那我自己也不会冲锋陷阵，
> 也不会派你投入能给人荣耀的战争；
> 但现在死亡的巨大力量无处不在，

---

① 参见Mimnermus 2.0；埃斯库罗斯，残篇255 N2；欧里庇得斯，《希珀吕托斯》，行1373。

谁也躲不开，那就让我们上前吧，
要么我们为自己赢得荣耀，要么将之拱手让与他人。

我们以为萨尔佩冬会认为，无所畏惧之人会在战争中展现卓绝的英勇。事实上，萨尔佩冬看法相反：倘若格劳科斯和他本人这样的高贵之人无[24]性命之虞，他们就不会有通过"冲锋陷阵"脱颖而出的念头。萨尔佩冬对必死性的理解有别于阿喀琉斯。至少在卷九，阿喀琉斯一度摈弃了萨尔佩冬表达的这种传统看法。①于萨尔佩冬而言，必死性鞭笞了英雄行为。因为他（阿喀琉斯则不）认为死亡分等次，对生命进行了区分。正是毁灭的威胁促使人们以身涉险，但这也表明了一种值得过也值得铭刻的生活。萨尔佩冬证明，人若可以不死，英雄就没有动力英雄般地行事。

技艺与机运

不朽之名充其量只是象征性地战胜了死亡。古风时期的传统基本认定，死亡无可逃避，但也有若干例子表明神话人物凭借非凡才智成功逃脱共同的死亡命运。②不过，随着古风时期的感悟为古典时代的感悟取代，人们开始认为，才智不独为少数天资聪颖

---

① 我不认同 Claus 1975，他认为，阿喀琉斯与萨尔佩冬所见一致。萨尔佩冬愿意参战，虽然他能认识到，倘若人类不死，就无战斗必要，因为他满足于英雄所冒的危险与赢得的荣耀之间的平衡。阿喀琉斯之所以拒绝参战，是因为他不仅对自己亲历的英雄价值体系深感失望，也对这种理论深感失望，因为这种理论没有让人死得其所。（不过，Claus 对 Parry 1956 的评论有说服力。关于对整个"阿喀琉斯言说"争议的综述，参见 Martin 1990，页 150–159）

② 参见 Vermeule 1979，页 26："人固有一死，聪明人却至少得死两回。"

之人特有，而是全人类的特征。这种才智最清楚地体现在自我完善的能力中。

古希腊传统思想——譬如体现在赫西俄德五个人类种族神话中的传统思想认为，人类从最初的黄金种族逐代败坏。[1] 普罗塔戈拉和德谟克利特等公元前5世纪的哲人却给出了截然不同的描述。他们认为，凡人无疑起源于某种初级的原始阶段，随着时间推移，人类进行了自我完善。根据这些修正主义理论，人类起初只知道用最原始的方式解决最迫切的需求：农耕给他们提供稳定的食物供应，火为他们提供热源，衣物和房子使他们免受恶劣天气侵害。后来，由于资源有了剩余，人类发展了其他技艺（technai）。[2]

对那些采用了这种充满希望的进步论观点的人来说，似乎至少可以相信，人类有法子改善其境况的所有方面——用当时的流行语来说，人类能通过技艺（Technē）学着驾驭命运女神（Tychē）（Edmunds 1975，页1-3，参见此处所列文献）。随着这些努力的界线问题出现，用必死性［25］来检验技艺对命运的驯服，也就显得不完全是天方夜谭了。倘若创造力能为每一种自然的恶找到解药，那么人类是否连死亡都能驯服？

索福克勒斯《安提戈涅》（Antigone）的一阕合唱歌表明，守旧的思想家对这类推断深感不安。在《安提戈涅》（早《阿尔刻斯提斯》三年上演）中，索福克勒斯在颂扬人类成就的同时（在智术

---

[1] W. & D.，页106-201。英雄时代虽打断了败坏的模式，这种改进却只是昙花一现。

[2] 参见柏拉图，《普罗塔戈拉》320-323，Diodorus 1. 8. 1-7。Lovejoy and Boas 1935收集了其他文本。关于进化观的大量文献，Dodds 1973最为精当。De Romilly 1966也很精彩。

师思想中已然司空见惯）也表达了传统对误入歧途的才智的警惕。

《安提戈涅》的第一合唱歌列数了人类的进展。人类已用航船驯服海洋，用犁耙主宰大地。人类网罗空中鸟、海中鱼，驯化山中兽。人类的成就并非仅限于支配环境。他们还发展了社会技艺：语言、判断力、统治的技艺。人类的进步所向披靡，唯有死亡尚未征服。即便在这方面，医药也极大推进了边界。索福克勒斯笔下的歌队认为，真正的危险在于，聪明的人类会僭越善恶的界线：

> 他们凡事都有办法，
> 对付要发生的事情无所不能，
> 只是面对死亡他们无能为力，
> 虽然对付疾病他们也有办法。
> 技艺这东西
> 有时能给人带来幸福，
> 但是，对它希望越高，就越能带来不幸。
> 一个人若能尊重城邦的法律，
> 尊重对神发誓要支持的正义，
> 他就能享有城邦的政治权利。
> 倘若肆心妄为，犯了罪，
> 他就会失去邦民资格。
> 这种人，我不愿和他一口锅里吃饭，
> 也不愿和他有一样的思想。①

对于死亡是人类技艺的检验，索福克勒斯只是一笔带过。但

---

① ［译注］索福克勒斯《安提戈涅》参见张竹明译本，收于《古希腊悲剧喜剧全集》，第2卷，南京：译林出版社，2007。

在《阿尔刻斯提斯》中,欧里庇得斯进一步探讨了这个看法(及《安提戈涅》中轻描淡写的若干其他主题),并在其旨趣大异的剧作中重点探讨了这点。①和索福克勒斯一样,欧里庇得斯同时处理了技艺与机运,医药与必死性的主题。

[26]《阿尔刻斯提斯》以阿波罗向阿德墨托斯的王宫发言开场,讲述了将他带到帖撒利亚的一连串事件(行1–9):

> 这就是阿德墨托斯的王宫,我虽身为天神,却在
> 这里憋屈地忍受过奴隶生活。只怪
> 宙斯把电火抛到我儿子阿斯克勒庇俄斯
> 的胸上,把他杀害了,
> 因此我一气之下,把那些制造神火的
> 铁工库克洛普斯杀死了,我父亲为了这事惩罚我,
> 逼着我来为凡人服务。
> 自打我来到这地方,我就为主人看牧牛羊,
> 保护他的王宫直到如今。

宙斯为何杀死阿斯克勒庇俄斯?阿波罗没有交代,观众却能从传统中获得解答。②稍后,歌队成员也给出了解释:

---

① 亦参《安提戈涅》,行850及下,以及Blumenthal 1974。对这个主题的呼应,可见《安提戈涅》行519:安提戈涅提到死神不偏不倚的法律,以及行580:克瑞翁指出,就算是勇者,死神来临之际也避之唯恐不及(见《阿尔刻斯提斯》,行668-72)。尽管这些例子并非严丝合缝,却足以表明欧里庇得斯看过并记住了这些早期剧作。

② 参见埃斯库罗斯,《阿伽门农》,行1022-1024;品达,《皮托竞技凯歌之三》(*Pyth.* 3),行54-58。

> [阿斯克勒庇俄斯]起死回生，
> 直到宙斯降下霹雳
> 摧毁了他。(行127–129)

通过这种行动，宙斯襄助了命运女神或必然女神——她们的权威已遭阿斯克勒庇俄斯屡试不爽的干预挑战。

阿斯克勒庇俄斯之死引发了一系列报复行为：阿波罗杀死库克洛普斯（Cyclops），他本人又迫于宙斯的惩罚屈身为阿德墨托斯服了一段时间苦役。阿斯克勒庇俄斯的故事与阿德墨托斯的故事的并置，以及阿波罗在两个故事中的参与，都暗示了《阿尔刻斯提斯》的戏剧行动将进一步呈现宙斯与阿波罗未了的宿怨。[1] 通过"骗命运女神"（行12）免除阿德墨托斯一死，阿波罗再次挑战了必然女神的权利。开场白暗示，《阿尔刻斯提斯》将探究死亡在凡人计划中的位置——阿斯克勒庇俄斯猝然结束的事业令这个问题悬而未决。

阿波罗在开场白中解释他与命运女神的交易时就让观众以为，死亡的传统特征已遭悬置。这段叙述没有让观众细究阿波罗计划的具体细节。譬如，阿波罗话里就没有挑明，阿德墨托斯接受妻子命定的寿命，换掉的是他原有的寿命，还是获得了完全属于他的经过修改的新寿命。但很明显，《阿尔刻斯提斯》中的死神塔纳托斯（Thanatos）[27]不再无从避免、难以预料、不可逆转。因为贯穿整部剧始末，死神都将充满变数：对阿德墨托斯而言，死神既可预料，也能避免，对阿尔刻斯提斯来说，死神可以预料，但无从避免，最终却可以逆转。不同人物获准选择不

---

[1] 参见Burnett 1965，页242："按神界视角，整件事不过是宙斯与阿波罗冤冤相报，父不慈子不孝中的一环。"

同的死亡，资格（eligibility）的问题成了紧张谈判、充满争议的主题。阿波罗耍了个花招，让通常不偏不倚的死神充当了仲裁的角色。

死亡方式的改变，给剧中角色往后余生带来的后果出其不意，牵一发而动全身。我们已经说过，按照直觉和共识，死是生的对立面。因此，一旦死亡变得充满变数，生也会像受到反射一样开始失去其区分的特征。正常的区分陷入混乱。动机、判断、境况、处境，要么变得与它们的对立面混为一谈，要么变得与中间立场模糊不清。我们不再能区分敌与友、疾病与献身、英雄主义与怯懦、恩典与背叛。正常秩序随之崩塌，最终使生活不值得过。事实上，生变得无法与死本身区分开来。这就是《阿尔刻斯提斯》戏剧行动描述的过程——这个过程从阿尔刻斯提斯奄奄一息躺着的那一刻开启，在她死后渐趋高潮。①

阿波罗告知观众，他拖延了阿德墨托斯临头的死期，并说服命运女神找人替死，此时死亡似乎已然开化（civilized），成了一个预先安排和同意的问题。技艺登峰造极。此事既已大获成功，阿波罗就有一半把握故伎重施。在试图说服塔纳托斯放过阿尔刻斯提斯时，阿波罗使用了老练的社交语言。他提到交换、劝谕、延迟、金钱，以及人情往来（interchange of favors）（行46、48、50、56、60）。

塔纳托斯却不依不饶。打一开始，他就怀疑阿波罗。塔纳托斯不明白，阿波罗为何在王宫逡巡不去。阿波罗"凭诡计骗过命运女神"难道还不够（行33–34），如今还想让死神失去第二个死者（行

---

① 我对区分消失模式的分析，深受Girard 1977，页77及下及全书多处观点影响。Girard把文化差异定义为社会中关键的秩序机制，差异消失导致暴力和无序。

43）？塔纳托斯谴责阿波罗贵族式的同情。①阿波罗表明，倘若阿尔刻斯提斯获准终老，就会有更隆重的葬礼，塔纳托斯表示：

> 你不过是帮那些富人定下这条法令。

塔纳托斯粗暴拒绝再施恩典。[28] 相比阿波罗，塔纳托斯使用了斩钉截铁的绝对措辞（行49、53、61、63）。诡计也好，交易也罢，阿德墨托斯逃脱死亡纯属例外，塔纳托斯绝不会重蹈覆辙。②

对话最后，阿波罗对死气沉沉的交谈者已失去耐心。他的态度不再是宽厚、连哄带骗，而是气愤地预言，塔纳托斯终将被迫把阿尔刻斯提斯交到阿德墨托斯的一位友客手里。这样一来，塔纳托斯不但会失去阿尔刻斯提斯，还会与阿波罗结仇——他原本可以听阿波罗劝，赢得他的感激（行64-71）。阿波罗提到欧律斯透斯（Eurystheus）和忒腊克的马，清楚地指向赫拉克勒斯，但从他的语气看，我们不清楚阿波罗是在气急败坏地恫吓，还是在准确无误地预言。③无论如何，塔纳托斯不为所动，我们应牢记，结束对话的人是他，因为这个事实在剧末意味深长。④

---

① Wolff 192，页236注意到这点。Smith 1960A，页129表示，死神是"民主的"。

② 行33-34和行12暗示了欺瞒。但在同一句台词中，动词aineō［答应］暗含默许（见525）。不妨认为，这些关于命运女神对替代品自相矛盾的看法，就是首次"区分的消失。"

③ 关于欧里庇得斯开场中的假线索，参见Dodds 1960对《酒神的伴侣》(Bacch.) 行52的笺释；亦参Hamilton 1978。

④ 关于最后一番话由哪个角色言说的分析，参见Taplin 1977，页205。我参考了Lloyd 1985，注释39和131。

阿尔刻斯提斯的状况

显然，阿波罗已对受他青睐的阿德墨托斯仁至义尽。但他最初干预命运女神，导致各种区分消失。这些区分的消失将改变阿德墨托斯的生活，并决定此剧的发展。影响立竿见影：紧随阿波罗和塔纳托斯进场的歌队成员就困惑不解，阿尔刻斯提斯究竟还活着还是已死去。他们搞不懂，王宫四围为何一片冷寂（行77-78）。倘若阿尔刻斯提斯已离世，那么他们理应听到痛哭声，可他们什么也没听见（行86-88、103-104）。宫前也未放置礼俗中表明有人过世的水碗和卷发（行98-103）。尽管这些都缺失，歌队成员却仍疑心阿尔刻斯提斯已然离世，因为眼下就是"注定的日子"（kyrion ēmar，行105）。

歌队起初的疑问及其随后与女仆的对话，就发生在阿波罗与塔纳托斯先前的对话之后。神们和人们都不确定阿尔刻斯提斯献身的具体条件。在由这起非常事件即将引发的首例区分难题中，生与死的惯常分界线已然遭到质疑。阿尔刻斯提斯可能的确还活着，但若一个人已回天乏术（行130-131、135），我们又能说他还活着吗？女仆表示，

> 你可以说，她活着又没活着。（行141）

换作别的语境，此话只是在强调阿尔刻斯提斯情况危急，但在［29］眼下的语境中——谈论生死关系的重要当口，此话充满弦外之音。女仆似乎在暗示，理应相继发生之事同时发生了。

阿德墨托斯更觉困惑，重申了女仆的悖谬。为了说服赫拉克勒斯接受自己的盛情，阿得墨透斯要就阿尔刻斯提斯的状况误导

他。为此,面对赫拉克勒斯的询问,阿德墨托斯闪烁其词。阿德墨托斯坚称,阿尔刻斯提斯

> 活着又没活着。(行521)

赫拉克勒斯表示不解,此时阿得墨托提醒他,阿尔刻斯提斯自愿替他赴死。阿德墨托斯问道,

> 她怎么可能还活着,既然她已经答应死?(行525)

最后,阿德墨托斯告诉赫拉克勒斯,

> 要死的人就是死了,死了的人就是"没有活着"。(行527)

阿德墨托斯所言不完全是欺骗,也不完全是无稽之谈。他和女仆的说法表明了一种企图:歪曲语言以传达某种难以捉摸的洞见。未来一旦变得跟现在一样确定,就会给现在蒙上阴影,甚至开始与之融为一体。已知的现在与未知的未来的根本区别遭到抹杀。生(说到底就是每个人的现在)与死(每个人的未来)的界线也随之开始模糊。人类存在状态的这种改变,表明了阿波罗的安排内含的一个实际困难。原本简单之事(赫拉克勒斯所谓的"生与死通常是两码事,"行528)变得问题重重。

阿尔刻斯提斯是受界线消失影响的第一人,因为早在她完成行动前,其行动的性质就变得模糊不清。阿尔刻斯提斯的献身,毕竟是自由选择之举。阿尔刻斯提斯的死亡的自愿属性,造就了她独一无二的荣耀。阿波罗宣称,阿德墨托斯游说了所有亲友

(philoi)。这些人都拒绝替他赴死，唯有阿尔刻斯提斯愿挺身而出（行17）。女仆表示，阿尔刻斯提斯自愿献身，证明她是最好的女人。甘心替夫君赴死，还有谁能比这更敬重丈夫的呢（行154-155）？阿尔刻斯提斯本人强调了其选择的自由属性：

> 我要死了，我原本可以不死。（行284）

阿德墨托斯向赫拉克勒斯指出，阿尔刻斯提斯"认"（assented）了命（行525）。

然而，阿尔刻斯提斯出于自由意志的行为，同时又被说成不可避免的必然性。这不只是因为，阿尔刻斯提斯选择献身木已成舟，一经做出便覆水难收。这种说法可以解[30]释阿波罗、歌队和仆人提及的阿尔刻斯提斯"命定的"死期，[①]却解释不了自由选择与必然性主题的反复并置。有些时刻，阿尔刻斯提斯显得是不甘心死去的女英雄：她表示，"这事由某位神造成"（行298），坚称自己"不得不死去"（行320），向儿女们哀叹自己"就要去了，本该还活着"（行389），"身不由己"与他们诀别。

自由选择与必然性相互矛盾，并非没有引起那些把《阿尔刻斯提斯》当成心理剧解读的批评家注意。他们解释说，阿尔刻斯提斯毫不迟疑地甘心献身——彼时，她还是新娘，深爱着阿德墨托斯。但时至今日，阿尔刻斯提斯爱意已消，悔不当初。[②]

这类解释的困难在于，他们把戏剧人物当成现实中的人物，认为他们在戏外还有一段经历，充满七情六欲，欲借此解释他们

---

① 见行27、205和行15。亦参Dale xvi和Rivier 1972，页128。

② 这个理论来自Wilamowitz 1904-1906的讨论，vol. 3，页87。von Fritz 1962、Schwinge 1962 and 1970进一步作了阐发。

在剧中的行为。事实上，倘若我们要揣测肃剧中凡人角色的过往或未来，也只能局限于最基本的假定：他们出生了，也必将死去。要得出其他结论，我们只能依据他们在剧中的言辞、姿态和行动。①

自由选择与必然性的并置用在相同情景中，并非《阿尔刻斯提斯》特有。所有剧作家都用这种手法提请人们关注主人公未曾意识到的某种伦理复杂性，某样眼下晦暗不明或颇成问题之物。②在《阿尔刻斯提斯》中，这个主题指向阿波罗的安排导致的另一种无法忍受的后果。正如阿尔刻斯提斯被认为既活着又已死，她的行动也被认为既自愿又非自愿，这种双重视角导致阿尔刻斯提斯独有的荣耀遭剥夺。倘若打造某种必然性的德性提升了许多勇于献身的女英雄（比如《赫卡柏》中的珀吕克塞娜[Polyxena]），打造德性的必然性则只会适得其反。

此剧对阿尔刻斯提斯死亡模式的呈现，就与自由选择与必然性的模糊有关。剧中一再重申，阿尔刻斯提斯替夫就死。简言之，她就是个替死鬼或牺牲品。③塔纳托斯亮相时，[31]阿波罗称之为"亡者的祭司"（行25）。塔纳托斯后来也说，他来王宫是

---

① 参见Gould 1978，页44：

或许，我们可以对平常人刨根问底，却不能这样对待舞台人物。我们只能看到戏剧人物出现在舞台上，这显然不是偶然……戏剧行动的空间"架构"，要害不是通俗易懂，而是舞台上有什么存在……

② 对埃斯库罗斯剧中这一主题的讨论，参见Nussbaum 1986，页32-41。Gill 1990，页22-29通盘考察了三位剧作家对这个主题的处理。

③ 见行18、155、284、340、433-434、524和行620。欧里庇得斯其他以牺牲为主题的剧作语境中对《阿尔刻斯提斯》的讨论，参见Burnett，1971，页26-28。

为了参加死者的祭礼（行75-76）：

> 凡人的头发经我这把剑割下奉献，
> 他便成了下界鬼神的神圣礼品。

但就算大家认为阿尔刻斯提斯的死是献身，对她的死的描述方式却带来截然不同的内涵。剧中把阿尔刻斯提斯的状况比作染病。阿波罗和女仆先后用动词psychorragein［奄奄一息］（行20、143）描述王后。"奄奄一息"表明阿尔刻斯提斯大限已至，何事令她落得这般田地却未言明。但女仆和歌队成员还强调，阿尔刻斯提斯"病中日渐憔悴"（行203、236），阿尔刻斯提斯也亲诉自己羸弱不堪，两眼发黑（行267、269、385）。此番描述之下，阿尔刻斯提斯的非凡之举烟消云散。阿尔刻斯提斯可能身染重病，久治不愈，命不久矣。描述阿尔刻斯提斯身体状况的困难，部分源于措辞：由于没有可以描述她独特状况的语词，只能将之与其他更常见的状况作比。不过，要说阿尔刻斯提斯的行为何以这般难以描述，也可能因为这在人类事务的安排中阙如。

剧作对阿尔刻斯提斯轻描淡写的提及散布各处（时而是献身，时而又是久病不治），引不起观众注意。不过，在阿尔刻斯提斯著名的双重死亡那场戏中，这两个主题无疑形成鲜明对比。阿尔刻斯提斯登台亮相时羸弱不堪，不省人事。她已被移至房外，"气若游丝"，因为她想在死前最后看一眼太阳（行205-206）。阿尔刻斯提斯用令人动情的抒情歌韵律时断时续言说（阿德墨托斯却用惯常的抑扬格三音步韵律回应），她致敬眼前的太阳和天空、大地和宫殿，以及浮现在她脑海里的儿时家乡伊俄科斯（Iolcus）——每样事物都代表着她对生活的热爱和割舍不下。突然，不祥的景象闯入她的视野。阿尔刻斯提斯瞧见阿刻戎河

（Acheron）和撑船的喀戎（Charon）。喀戎前来带走阿尔刻斯提斯，为她的耽搁恼怒（行252-257）。阿尔刻斯提斯瞧见黑眉的塔纳托斯挥着双翼俯身而下（行259-262）。这些都是可怖的幻象，阿尔刻斯提斯不得不孤身奋战。对于阿尔刻斯提斯的描述，阿德墨托斯一样也没看到。他只能无助地伫立一旁，抱紧妻子，哀求阿尔刻斯提斯不要撇下他而去。

阿尔刻斯提斯向儿女们诀[32]别，引来丈夫最后一声绝望的抗议。随后，阿尔刻斯提斯却改头换面。她好似回光返照一般突然停止抒情，改用三音步韵律言说，从幻梦模式切换至分析模式。在一大段严密论证的说辞中，阿尔刻斯提斯阐明了她自愿献身的理由，还要求阿德墨托斯回报：不得另娶，因为后娘会虐待她的一双儿女（行300-308）。阿德墨托斯冷静地回应妻子，逐一打消了她的顾虑。随后，阿尔刻斯提斯再道永别。这一回，她真的一命呜呼。

黛尔（A. W. Dale）通过援引抒情诗与对话的不同惯例，解释了这个戏段的前后不一：

> 二者［舞台-抒情诗与对话］的行动线索不必一直依照严格的时间顺序。在很多场景中，一种情景的发生可以先借助抒情诗，尔后借助抑扬格。换言之，可以先用情感形式，随后采用说理形式。①

黛尔的解释为我们理解希腊肃剧的用法提供了重要洞见。她列举欧里庇得斯笔下的其他人物充实了这点：《特洛亚女子》中的卡珊德拉（Cassandra）、《希珀吕托斯》中的斐德拉（Phaedra）。

---

① Dale行280及下的笺释和Di Benedetto 1971，页23及下认为，这段抒情诗和抑扬格戏段在理性理解上有所推进。

但在别的传世剧作中,抒情诗与对话的不协调并没有这么明显。有别于黛尔提到的其他女主人公,阿尔刻斯提斯是在垂死之际兀然重获逻辑和冷静。阿尔刻斯提斯语气的转变,无论在情绪还是时间顺序上都说不通。这种不一致也不能完全归因于希腊戏剧的反自然主义惯例。双重死亡那场戏凸显了此剧的主题:将一段再现可怕的神智失常的抒情诗与一段分析自由选择的献身发言并置,欧里庇得斯再次提请人们关注由阿波罗与命运女神交易所引发的区分混乱。

但欧里庇得斯还以另一种方式设想了阿尔刻斯提斯的死:自杀。女仆描述了阿尔刻斯提斯在意识到自己死期将至时所做的准备(行157-195)。阿尔刻斯提斯精心梳洗,敬拜赫斯蒂亚(Hestia),随后为家中所有祭坛献上花冠。阿尔刻斯提斯"没有流泪,没有哀悼"(行173)做好这一切,但她来到床榻时失声痛哭。阿尔刻斯提斯呜咽着告别婚床后,向家中所有成员诀别。

[33] 观众可能会把这一系列行动跟自杀联想在一起,我们可以从索福克勒斯《特拉喀斯少女》(Trachiniae)的相似描述中推知(行900-922)。得伊阿尼拉(Deianira)自刎前就漫步宫廷,向众仆哀悼,在祭坛前垂泪。她进入卧房,瘫倒在床,言语令人心碎。得伊阿尼拉远比阿尔刻斯提斯心烦意乱。这完全可以理解,因为得伊阿尼拉自杀的原因是她觉得自己背叛了丈夫,而阿尔刻斯提斯将死的原因恰恰是她拒绝背叛丈夫(行180)。无论如何,两场戏的内容和语气极为相似。两位女主人公都为自己选择的死亡精心准备。两人都只字未提使自己陷入眼下处境的夫妻恩爱。

其他涉及阿尔刻斯提斯之死的要素,让人想起另一位索福克勒斯英雄的自杀。阿德墨托斯求阿尔刻斯提斯别"抛下"他和孩子(prodounai,行202、250、275,比较行388),试图让阿尔刻斯提斯打起精神,因为若没有妻子,他自己就活不下去(行277-

279），这些细节都让我们想起《埃阿斯》（Ajax）里的特刻墨莎（Tecmessa）。和阿德墨托斯一样，特刻墨莎提醒埃阿斯，他担着家庭责任（《埃阿斯》，行496–513）。和阿德墨托斯一样，特刻墨莎声称自己离不开丈夫（《埃阿斯》，行514–519）。这场戏稍后，特刻墨莎哀求埃阿斯别"抛下"她。①

特刻墨莎这样请求埃阿斯是情有可原的，阿德墨托斯指责妻子抛下他却完全不合情理，毕竟阿尔刻斯提斯是替他赴死（参见Seeck 1985，页75）。有评论家认为，阿德墨托斯没有感激妻子的献身，说明他稚气、自私、精神崩溃。这场戏对他们解读阿德墨托斯的性格至关重要（参见Smith 1960，页130–131和Schwinge 1962，页48–49）。

然而，这样看待阿德墨托斯，没有考虑希腊肃剧刻画人物的重点和惯例。亚里士多德表示（剧作本身也证实），肃剧的要害是事件。②此外，事实上，肃剧演员戴上面具就表明，剧作家本人的确关注性情，但与其说他们关注个体性格，不如说关注有代表性的性格类型。③这并不是说，肃剧人物缺乏富于表现力的特征：每部肃剧或多或少都会"铺陈、遮掩……以求逼真"（Garton 1957，页251）。但我们不能认为肃剧专门详析了个体的心理。我们也不应［34］满足于从某种心理学理解中得出某

---

① 《埃阿斯》，行588；亦参欧里庇得斯，《希珀吕托斯》，行1456。关于prodounai［抛下］的含义，参见Rivier 1968B。与这个主题相关的悖谬，参见Scodel 1979，页55–56。

② 亚里士多德，《诗术》1450a16–17。Garton 1957，页250，探讨了"戏剧行动往往主导全剧主线、人物刻画"，以及"性情即命运"的事实。

③ J. Jones 1962，页29–46。关于古今分别看重"性情"（character）和"个性"（personality）及两个概念的区别，参见Gill 1990（概述并推进了他先前的研究）。

一场具体的戏的意义。

带着这些考虑解读《阿尔刻斯提斯》，意味着我们不应认为，阿德墨托斯祈求垂死的妻子表明了他的性格，而应思考这一举动对此剧的整体构思有何作用。阿德墨托斯没能认清妻子献身的性质，与区分的消失不谋而合。如果说阿德墨托斯认为阿尔刻斯提斯之死是自杀，这是因为阿尔刻斯提斯的行为变得愈发含混。阿德墨托斯暗示赫拉克勒斯，阿尔刻斯提斯根本没死，此话的言外之意表明，阿尔刻斯提斯死前就开始贬值，现已跌至谷底。

阿德墨托斯的哀悼

阿德墨托斯和阿尔刻斯提斯都是由阿波罗的恩典引发的区分消失的受害者。这位国王用各种对策应对接踵而来的损失。阿德墨托斯一边哀求妻子与死亡抗争，一边又试图用过度的禁欲计划效仿妻子非凡的献身（Dale在行365-366的笺释中提到这点）。阿德墨托斯用一系列举措，旨在让阿尔刻斯提斯不朽，把自己的宫廷氛围营造得跟冥府一样阴森。

首先，阿德墨托斯自此禁欲，对希腊人而言，性愉悦是生活的同义词。诗人弥涅墨斯（Mimnermus）写道，

> 没有金色的阿芙罗狄忒，算什么生活？又有何乐趣呢？
> 若这些事对我不再重要，那我还不如死去。[①]

[①] Mimnermus 1. 12。Mimnermus认为，阿芙罗狄忒就是生活terpnon[乐趣]的代名词。阿德墨托斯悲叹，阿尔刻斯提斯一死，就"带走了我生活的乐趣"（terpsis）。

阿尔刻斯提斯虽要求阿德墨托斯不得再娶,却没想禁绝丈夫性欲的满足,因为阿尔刻斯提斯认为,别的女人根本取代不了她的位置,

> 不会比我更有德性,兴许更幸福。(行181-182)

阿德墨托斯却指誓,他只会在空床上放上阿尔刻斯提斯的雕像作伴——阿德墨托斯本人承认,这不过"空欢喜"(行353-354)。阿德墨托斯会竭力信守承诺,始终拒绝与赫拉克勒斯赠送的年轻美貌女子同屋共榻。

阿德墨托斯还过分延长了丧期。他的安排无论如何不合时宜。在《伊利亚特》中,赫克托尔(Hector)的葬礼持续十一日。在公元前5世纪的雅典,丧期通常为一个月(Garland 1985,页40)。阿德墨托斯却在斐赖(Pherae)禁绝一年宴饮和音乐(行430-431)。他还宣称[35]自己绝不会触摸里拉琴,也不会和着簧管声歌唱(行345-347)。事实上,阿德墨托斯要终生悼念亡妻(行336-337)。

这些过度的做法与葬礼的常规功能背道而驰,葬礼旨在

> 严格区分生者的世界与死者的世界。(Garland 1985,页121)

通常,死者只在某个固定时期备受关注。此后,生者放下悲痛,继续生活。普里阿摩斯(Priam)详述了他埋葬赫克托尔的计划(《伊利亚特》24.664-667):

> 我们将在厅堂哀悼赫克托尔九天,

> 第十天，我们将举行葬礼，摆设丧宴，
> 第十一天，我们要为他垒一座坟墓，
> 第十二天，如有必要，我们就打仗。

阿德墨托斯延长哀悼，也就打破了葬礼通常要强化的生者与死者以及城邦与坟墓的区分。

阿德墨托斯的人际关系也变糟了。这位国王与父亲的冲突表明，他不仅失去了妻子，其实也失去了双亲。先前，阿德墨托斯和阿尔刻斯提斯都曾指责双亲不愿替他赴死，阿德墨托斯还向妻子保证，他余生将

> 憎恶我的母亲，
> 怨恨我的父亲。（行338–339）

在一种崇尚孝敬的文化中，这些话令人震惊。[①]随后的父子争吵表明，阿德墨托斯说到做到了。

斐勒斯（Pheres）前来分担儿子的不幸（他如是说，行614），阿德墨托斯却对他恶语相向。阿德墨托斯说自己并未邀请斐勒斯参加葬礼，如今他来了也不受欢迎。阿德墨托斯认为，斐勒斯现在竟来哀悼那个（若他愿替自己赴死）他本可救下的女人，纯属惺惺作态。斐勒斯对儿子冷酷无情，根本不配为人父（行636）。

---

① 苏格拉底震惊于游叙弗伦（Euthyphro）控告父亲（《游叙弗伦》[*Euth.*] 4a）。在《克里同》（*Crito* 51a–b）中，苏格拉底的话还暗示孩子顺从父母。在《尼各马可伦理学》（*Nich. Eth.*）1158b11–24和1163b18–21，亚里士多德探讨了子女的不平等和孝养父母的义务。阿里斯托芬为了搞笑，颠倒了这一原则，让斐狄普皮得斯（Pheidippides）殴打父亲（《云》，行1321及下）。

斐勒斯怯懦无能，阿德墨托斯要跟他断绝父子关系（行641）：他既不会给父亲养老，也不会给他送终。阿德墨托斯宣称（行666），

> 你就当我死了吧。

临了，阿德墨托斯怒斥老年人口是心非（行669–672）：

> [36] 那些个老年人总想死，抱怨年寿太高
> 抱怨生命太长，那真是口是心非！
> 死神来临时，却又不愿死，
> 那长寿对他们再也不难堪了。

斐勒斯也大发雷霆，刀刀见血、字字锥心地斥责儿子。斐勒斯指出，没有哪种传统——当地的也好，城邦的也罢，要求父亲替儿子去死。相反，每个人都该为自己的命运负责（行681–686）。斐勒斯强调自己已对儿子仁至义尽，并提醒阿德墨托斯，老人也惜命。斐勒斯随后还唾骂儿子懦弱无能。这场戏结束时，斐勒斯怒气冲冲走下舞台，扬言儿子谋害妻子定会遭报应。他说，阿尔刻斯提斯的死不是不报，只是时候未到。阿尔刻斯提斯的兄弟定会找阿德墨托斯算账（行731–733）。

这场戏简直不成体统（decorum）到令人震惊的程度。在肃剧舞台上，父母与子女通常不会这样交谈。父亲能辱骂儿子，《俄狄浦斯在科洛诺斯》（*Oedipus in Coloneus*）中的俄狄浦斯是一例，《希珀吕托斯》中的忒修斯（Theseus）是另一例，儿子却不会以牙还牙，更别说挑起争端。从斐勒斯和阿德墨托斯的行为来看，他们显得根本不是亲人，他们不是亲人（philoi），而是仇

敌（echthroi）。事实上，当阿德墨托斯随后想象敌人可能劈头盖脸指责他时，他就重申了斐勒斯所言。但我们不应认定，这场戏旨在揭示这两个男人的邪恶或软弱。两个人都能更好地行事：观众见过更高贵的阿德墨托斯，也见过更宽厚的斐勒斯。[1] 没理由认为，阿德墨托斯和斐勒斯不体面的行为，某种程度上比他们的好行为更真实。让他们在这场戏中决裂，乃情境使然。阿波罗的恩典令人生发出逆情悖理的期望：父亲应舍身替儿子去死。在这个关键语境里，斐勒斯和阿德墨托斯从翩翩君子沦为禽兽。

阿波罗的恩典也导致阿德墨托斯名声受损。起初，他的名声只是被妻子盖过风头。这种情形本身非同寻常，因为通常而言，（凭高贵行为）获取名声（kleos）是男人的特权，女子无名便是德：用修昔底德笔下的伯里克勒斯的话来说就是，"不论好坏，都无人谈及"（Thuc. 2. 46. 关于这点的讨论，参见 Loraux 1986，页 147）。阿尔刻斯提斯却因替死之举名声大震。歌队成员提到，阿尔刻斯提斯［37］死后将"流芳百世"（eukleēs），她是"世间举世无双的女子"（行 150-151）。他们料想，阿尔刻斯提斯的墓地将成为圣地，游客将在此驻足敬拜。人们将奉阿尔刻斯提斯为"有福的神灵"（行 995-1005）。

阿德墨托斯通过诱使赫拉克勒斯接受自己的盛情邀请，试图竭力提升名声。起初，他的算盘眼看就要落空。歌队成员震惊于阿德墨托斯欺瞒朋友，直斥他愚蠢（行 552）。阿德墨托斯随后分辩说，他主要是为了免受指摘（行 553-558）：

---

[1] 我们不应认为，斐勒斯的开场白虚情假意（Burnett 1965，页 24 就这么认为）。就眼下情形来看，他无疑由衷感激阿尔刻斯提斯，斐勒斯真心实意劝儿子节哀（行 616-617），行 416 歌队也诚心给出了相似劝告。参见 Seeck 1985，页 110 的进一步解读。

> 我若从我的宫中,或从城里把一位宾客撵走,
> 你反而会称赞我吗?我想不会吧,因为
> 我既不会减轻灾难,又要怠慢客人。
> 除了我已遭遇的不幸,
> 我还会惹上另一种不幸,
> 人家会说,这座宫殿是慢客的宫殿。

歌队成员似乎听信了这番说辞。他们照例用一首合唱歌进行回应,颂扬了阿德墨托斯高贵的热情(行569-605)。阿德墨托斯却承认自己接待赫拉克勒斯仍有争议:并非所有人都会赞赏他的决定(行565-566)。

仅凭热情好客之举,无论如何也不足以挽回由阿波罗的恩典带来的名誉损失。在与斐勒斯的争吵中,我们发现,阿德墨托斯早已声名狼藉。好出身、前途无量、热情好客的阿德墨托斯与野种(行636-639)、孤儿(行666-668)、懦夫(行702),甚至刽子手(行730)的区分荡然无存。当阿德墨托斯充分意识到自己的损失有多大时,他一语中的地表示,阿尔刻斯提斯赢得了美名,而自己身败名裂。妻子死后赢得"百世留芳"(eukleēs,行938)。而他自己(行954-961):

> 我的仇人遇到我时,会这样评论我:
> "请看他耻辱地活了下来,他不敢死,
> 只好怯懦地献上他的妻子,逃避了死亡:
> 他像个男子汉吗?他自己都不愿死,
> 反而怨恨双亲。"除了那些灾难,
> 我还会得到这样的[38]坏名声。
> 朋友们,我命不好,名声也坏了,

这样活下去，到底有什么光荣呢？

阿德墨托斯的经历表明，阿波罗的交易甚至影响到时间本身。阿波罗当初"让阿德墨托斯免于一死"（行11），为他赢得的是让他在命运女神最初为他设定的死期之后继续活下去。根本就没有永生不死一说。斐勒斯语带讥讽地宣称，阿德墨托斯已"聪明地"寻得永生不死之法，那就是拥有无尽的妻子，并说服她们替死（行699-701）。阿尔刻斯提斯气若游丝躺着时，阿德墨托斯让她在冥府安好家（行363-364），出殡时，他还想跳进坟墓马上（而非日后）与妻子团聚（行897-899）。

阿波罗虽只为阿德墨托斯赢得余下时日，意义却十分重大。剧中人物对时间尊崇万分：只有一位主角否认了生命品质无足轻重，认为寿命即生命本身。阿波罗请求塔纳托斯"延缓"阿尔刻斯提斯的死期，好让她能"活到老"，这就是他试图为阿尔刻斯提斯赢得的额外时间。阿尔刻斯提斯愤愤地提到，但凡阿德墨托斯的双亲有谁愿替儿子去死，她也能和丈夫一道得享"天年"（行295）。阿尔刻斯提斯、歌队和阿德墨托斯都指责二老贪图延年益寿（行290-294、466-470、648-650）。他们认定，既然老年人来日无多，他们也就不该这么贪恋生命。斐勒斯给出了老年人的观点，毫不掩饰地强调长寿比生命品质更重要。斐勒斯毫不在乎自己贪恋生命会带来什么名声（行726）。于他而言，关键的区别不在于年轻还是年老，而在于生活在人间还是阴间。阴间的时间绵延无尽（亦即毫无分别），人间的生活短暂却美好（行692-693）。此话听上去仿佛（也确乎）是传统智慧。[1]

---

[1] 生命的短暂和美好，参见 Anacreon 50（Page），Semonides 3（West）对比了生命的短暂和漫长的死亡；亦参索福克勒斯，fr. 518 N2。

阿波罗为阿德墨托斯赢得的时间，性质独特。其永恒不变的性质通常与死（而非生）相关。通常认为，时间带来遗忘。阿尔刻斯提斯和赫拉克勒斯都向阿德墨托斯保证，"时间会减轻"他的悲痛（行381、1085）。女仆却表示，阿德墨托斯永远忘不了他的痛苦。阿德墨托斯本人向妻子保证，他要用尽一生，而非一年哀悼（行336-337）。后来，阿德墨托斯还告诉赫拉克勒斯，[39]他再也不会享受生活了（行1084）。他的余生都将和冥府的时日一样单调乏味。歌队用一个令人震惊的矛盾修辞法宣称，阿德墨托斯将过着"不像生活的生活，了此余生"。①

临近剧末，赫拉克勒斯宽慰说，时间会抚平阿德墨托斯的痛苦，阿德墨托斯答称，

> 若你指的是我死亡的时间，你倒可以说时间会宽慰我。（行1086）

有生之年变得无法与死期区分开来。妻子比他命好，这或许就是阿德墨托斯认识的要害（行935-936）。此剧到这一刻才明白无误地挑明，阿波罗的恩典给得太随意。对凡人而言，一生充满悲痛（而非欢乐）、仇恨（而非爱意）、屈辱（而非敬重），比死还要糟糕。

赫拉克勒斯的干预

迄今勾勒出的剧情皆起源于一桩事：阿波罗与命运女神的交

---

① 见行242-243。关于欧里庇得斯对矛盾修辞法的运用，参见Synodiou 1978。

易。这一切都表明一个趋势：那些令生命值得过的品质区分消失不见了。这些品质区分的消失推波助澜，最终就是为了消弭回报（charis）与背叛（prodounai）的区分。出于对阿德墨托斯的感激，阿波罗使他免于一死，但他无法预料阿德墨托斯将为此付出的代价。面对阿尔刻斯提斯索要的回报，丈夫竟因急于使自己与妻子的英雄壮举般配而发誓终生鳏居。好心的阿波罗和忠贞的阿尔刻斯提斯，比任何敌人都伤阿德墨托斯更深。

不过，此剧有一个戏剧行动与其他行动判然有别。赫拉克勒斯在赶往忒腊克的途中来到斐赖。阿德墨托斯则认为，他可借接待赫拉克勒斯的良机打破痛苦模式，放弃哀悼计划，免得"苦上加苦"（行1039，比较行557）。为确保这个情节合理，欧里庇得斯把好客（xenia）确定为阿德墨托斯的首要德性：我们记得，正是由于盛情接待阿波罗，他才在一开始赢得这位神对他的感激。不过，与其说阿德墨托斯以好客之举破解困局，不如说他全盘打破了这种痛苦的局面。

当然，阿德墨托斯在客人的选择上格外幸运，因为赫拉克勒斯是差异的恢复者和必然性的捍卫者。他毫无怨言地忍受乖张多舛的命途，效命［40］于欧律透斯（Eurytheus）：当歌队成员惊讶于他最新的任务（捕捉忒腊克国王狄俄墨得斯［Diomedes］的食人马）时，赫拉克勒斯云淡风轻地答道，

> 我不可能拒绝［我的］这些苦差事。（行487）

赫拉克勒斯在与阿德墨托斯的交谈中认为，生与死是两种截然不同的状态（行528），而非主人所说的毫无分别。

阿德墨托斯向赫拉克勒斯隐瞒了阿尔刻斯提斯的状况，诱使他接受自己的盛情邀请。随后，阿德墨托斯命众仆打开"远离

主卧的客房大门,关闭通往庭院和宫殿其他地方的门(行546-549)。据仆人称,眼下能听到两种截然不同的声音:一边是仆人们在哀号,他们仍在哀悼阿尔刻斯提斯;另一边则是欢宴,赫拉克勒斯正头戴桃金娘花冠,开怀畅饮、尽情吃喝、醉酒当歌(行755-764)。多亏这位客人的到来,才使得这个王国失去的那些区分重新开始确立。

赫拉克勒斯只是一个荒诞不经、滑稽可笑的人物吗?这个人物是否更适合出现在萨图尔剧中而非肃剧中呢?第二段"剧情提要"(hypothesis)也就是古代的剧情概要提到,《阿尔刻斯提斯》于公元前438年上演,位列一组四联剧末尾,亦即萨图尔剧通常所处的位置。"剧情提要"还补充说,剧末"充满谐剧意味"。① 有学者推断,此剧代表了一种混合形式,是一部融合了肃剧和萨图尔剧因素的"准-萨图尔"剧。② 而赫拉克勒斯一角行为放浪、头脑过分单纯,被视为佐证这种解读的主要证据。

通过杜撰一种新文类来解释赫拉克勒斯,可谓小题大做。剧中的赫拉克勒斯并不突兀。他的行动和思想对此剧的结果至关重要。令仆人大为光火的欢宴有效限制了(由阿德墨托斯开启的)遍布各处的哀悼。赫拉克勒斯对仆从的发言,虽一时误解了阿德墨托斯的处境,却极为重要地纠正了他(以及阿波罗)

---

① 对剧情提要及附录其后的第二段提要的讨论,参见Dale xxxviii-xl 和Sutton 1980,页191-192。

② Dale xviii-xxii 小心翼翼地探讨了准-萨图尔剧的问题。Sutton 1980,页180-184则自信满满地认定此剧就是准-萨图尔剧。Sutton认为,《阿尔刻斯提斯》包含的叙事性要素,就(倘若此剧换一种形式)是萨图尔剧的重要组成部分。他认定此剧其实就是萨图尔剧甚或准萨图尔剧,并没有令我信服。

的一些看法。这番话充分肯定了必然性在人类事务中的价值（行782–789）：

> 死是一种债务，人人都要偿清，
> 可没谁确知，他来日是否还活着：
> [41] 命运不可测，谁晓得它怎么运行，
> 我们没法去求教，也不能凭什么巧妙的法术去推测。
> 你听了这番话，从我这里明白了这道理，
> 就该找乐子，就该喝酒，
> 只把每天的生命
> 当作你个儿的，
> 余下的全归命运。

赫拉克勒斯声称，没有谁能预知自己会在何时死去。技艺（technē，行786）没法影响机运（tychē，行785、789）。赫拉克勒斯这话或许说得质朴而率真，却道出了剧中所有人都忽略的真理。阿波罗试图拯救阿德墨托斯的计划，就是想以技艺智取机运。赫拉克勒斯俨然在警告，这种努力不会成功。

赫拉克勒斯的结论直截了当。人类不应关注寿命，这不受他们掌控，而应关注如何度过分配给他们的时日。剧中消失的正是品质的区分，而赫拉克勒斯恰恰要重新引人关注生命的品质。他用自己的话对快乐所作的解释（"找乐子，喝酒！"），不会损害其要旨的严肃性或引出对这番话的错误想法，也不会影响它放之四海而皆准。所有角色中唯有赫拉克勒斯明白，生命不取决于寿命，而取决于态度和心境。

赫拉克勒斯所言令人耳目一新之处，在语境而非内容。这番话的主题甚至措辞，与品达和巴基里德斯（Bacchylides）的凯歌

若合符节，尤其强烈呼应了巴基里德斯的第三首颂歌。①不过，情境令赫拉克勒斯凯歌式的老生常谈别具一格。巴基里德斯的凯歌是受叙拉古（Syracuse）僭主希耶罗（Hiero）委托而作，颂歌中的言说对象是一位富人（参见bathyplouton，Bacchylides 3. 82），代表希耶罗本人。赫拉克勒斯的言说对象却是阿德墨托斯的仆人，他一时心血来潮地摆出众生平等的姿态（行795），邀请仆人一道欢饮。既然是对奥林匹亚竞技赛的胜出者言说，巴基里德斯提醒人们注意必死性，就起到了节制骄傲和自大之效。由于赫拉克勒斯的言说对象是奴隶，同样的提醒便传达出截然不同也更鼓舞人心的信息。这番话使赫拉克勒斯与开场中的塔纳托斯结成同盟。这两位角色给人的感觉都很民主，因为他们都断言，死亡面前人人平等。

赫拉克勒斯在发言中所说的"人类事务的性质"[42]（行780），似乎与阿德墨托斯格格不入。毕竟，阿德墨托斯早已获得特权，预见了自己的死亡，并获得了一次逃脱死亡的额外机会。由于这个非同寻常的恩典，阿德墨托斯现在生活凄惨。但赫拉克勒斯将亲手扭转这一切。得知阿德墨托斯的高贵谎言后，赫拉克勒斯决定营救阿尔刻斯提斯以回报主人（hypourgēsai charin，行842）。赫拉克勒斯询问去往阿尔刻斯提斯墓塚之路，并表明了他的打算：他要坐等死神，让阿尔刻斯提斯摆脱死神的控制。如有必要，赫拉克勒斯甚至准备下到冥府，把阿尔刻斯提斯带回人间（行850-853）。

赫拉克勒斯言而有信。他不仅是必然性的代言人，还是行动派：赫拉克勒斯让夫妻团圆，转悲为喜。最后那场上演可喜变化

---

① Bacchylides 3. 78-84。关于这段诗文与《阿尔刻斯提斯》的关系，参见Burnett 1965，页253，Garner 1990，页76-77。

的戏，与前面几场戏明显相关。赫拉克勒斯以第二位（阿波罗是首位）友客的身份来到斐赖。赫拉克勒斯替阿德墨托斯把阿尔刻斯提斯救出冥府——阿德墨托斯曾表示，他要下到冥府带回妻子（行357-362）。赫拉克勒斯效法阿德墨托斯本人先前对他的欺瞒，向主人隐瞒了他所带回女子的身份。赫拉克勒斯施与阿德墨托斯的恩典包含背叛（长期照管或赠予小妾），让人想起阿德墨托斯和阿波罗：阿德墨托斯对赫拉克勒斯的盛情，是一份充满含混的棘手礼物，而阿波罗对阿德墨托斯的恩典，也带来了恼人的后果。①

不过，通过相似本身并不一定能得出清楚的或者令人满意的结论。对于最后一场戏提出的问题，批评家们的解答五花八门。阿德墨托斯仍忠于妻子吗，抑或会伺机背叛？阿尔刻斯提斯起死回生，是回报阿德墨托斯的善行呢，还是反讽地补偿他的不足？②简言之，结尾对此剧有何用处？

要解答这些问题，我们必须再次考察最后一场戏之前的那首合唱歌。我们可能还记得，在那里，必然女神被等同于死神。正旋舞歌（strophe）提到了阿斯克勒庇俄斯的救治方法。在此剧别的地方（行3-4、122-129），阿斯克勒庇俄斯的作用是提醒我们，就算阿波罗机关算尽，死亡也无可逃避。反旋舞歌（antistrophe）则声称，必然女神没有祭坛，不理会任何献祭。换言之，必然女神不接受替代品（譬如阿尔刻斯提斯代替阿德墨托斯）。随后，歌队成员转向阿德墨托斯。他们仍谈及必然女神（Anankē），并[43]告诉阿德墨托斯：

---

① 关于前面几场戏的更多呼应，参见Smith 1960A，页143，Burnett 1965，页247-249，以及Lloyd 1986，页128。

② 回报：Burnett 1965，页252。反讽的报应：Smith 1960A，页145。

> 这位女神已把你握在掌中，你难以逃遁。（行984）

歌队接着告诫阿德墨托斯，哀悼没法让妻子起死回生，但此话似乎暗含弦外之音。难道他们不也是在提醒阿德墨托斯认清自己的必死性吗？

《阿尔刻斯提斯》开场的恩典，使阿德墨托斯与死神建立起某种独特的关系。剧末的恩典恢复了受到阿波罗挑战的秩序。倘若我们记得，阿尔刻斯提斯是替夫就死，那么值得思考的是，阿尔刻斯提斯起死回生，是否不动声色地纠正了阿波罗先前的干预。赫拉克勒斯一笔勾销了阿波罗的成就。[①] 他让阿尔刻斯提斯起死回生，就此勾销了［阿波罗］先前的安排。但如果替死者撤回，本人就必须死去。这个道理似乎暗含在死神的冷酷性格以及阿波罗与命运女神最初达成的交易里。

沉浸于夫妻团圆的惊喜中的观众和主角本人容易忘记阿尔刻斯提斯起死回生给阿德墨托斯带来的后果。但阿德墨托斯之死与阿尔刻斯提斯之死的关联，构成了此剧的前提。除非作者表明这种关联已消失不见，否则我们就必须认定，这种关联仍强有力。欧里庇得斯没有表明这一点。在剧中那些我们指望会给出阿尔刻斯提斯起死回生条件的地方，剧本仅用三言两语就打发了赫拉克勒斯与塔纳托斯的摔跤比赛（行1140-1142）。或许，阿尔刻斯提斯的起死回生与阿德墨托斯先前的死缓一道，并不意味着塔纳托斯的双重失败，而是意味着他的胜出。

倘若我们注意到，此剧越接近尾声，对死亡不可避免的强调就越明显，那么阿尔刻斯提斯起死回生，就不会是死亡规则的二

---

① Lesky就这么认为，1966，页293："于是，赫拉克勒斯在某种意义上成了阿波罗的对手，他是货真价实的拯救者，带来了皆大欢喜的结局。"

度悬置，而更可能是取消破例状态，恢复常态的一次例外。赫拉克勒斯的话和最后一首合唱歌都重申了死亡不可避免的性质。随后的行动若不在一定意义上肯定他们的教诲，那么这些话无疑都会令人费解。①

我们不必设想阿德墨托斯马上就会死去，就像阿尔刻斯提斯也不会在阿德墨托斯接受她的替死时就会马上死去一样。此剧开头和结尾有意模糊了这些细节。②我们只需设想，阿德墨托斯会在命定的时刻死去，这一次也不会拖延。当然，欧里庇得斯没有向观众挑明［44］阿德墨托斯将死的事实和时间。但如前所述，死亡的确定性（死亡毫无征兆降临）这种罕见的超戏剧假设，任何一部剧都能将之用在任何凡人角色上。欧里庇得斯的缄默富有启发，因为正是阿德墨托斯预先得知自己的死亡，才开启了他所有的不幸。倘若阿德墨托斯和阿尔刻斯提斯幸福地度过一生，他们肯定不会清楚自己死亡的境况。总之，他们将和其他凡人一样生活，不会获得阿波罗赋予他们的那些祸福不定的特权。

倘若阿德墨托斯的死是阿尔刻斯提斯起死回生不言自明的必然结果，那么此剧结尾就另有深意。阿波罗曾使阿德墨托斯摆脱必然女神，结果已在剧中揭示。到了剧末，阿德墨托斯重回阿波罗神干预前的处境——他和所有凡人一样受制于必然女神，但他仅隐约意识到这一点。剧中所发生之事教导阿德墨托斯和观众以某种乐观的态度思考这种处境。倘若（如赫拉克勒斯所言，行799）凡人应想凡人所想，他们就不应知道自己命中注定何时会死，因为这种意识

---

① Kullmann 1967，页145及下精彩地阐明了这些矛盾。Smith 1960A 认为，"难以想象的事情发生了"，"死神败北"，却忽略了结尾强化的主题。

② 参见Burnett 1965，页241："主动替死和接受死亡并不意味着马上就去死，而是含混地把死期设定在将来……"

助长了活着就是死去（the death of life）的态度。说到底，阿德墨托斯憧憬着生而非死（行1153–1158）。无论阿德墨托斯注定何时死去，焦点的改变本身就构成了"一种更好的生活"（行1157）。

民主的语境

从这个观点来看，《阿尔刻斯提斯》简直就是欧里庇得斯在为死亡辩护。这种立场与雅典民主制的政治氛围不无关联。我们已看到，剧中把阿波罗呈现为一位迎合权贵利益的精英主义者。塔纳托斯尖刻地指出（行57），阿波罗就死亡所做的修正，将格外有利于富人。塔纳托斯却倾向于不偏不倚。照他的想法，塔纳托斯对所有凡人一视同仁。

抛开神话语境，阿波罗与塔纳托斯的冲突反映了雅典社会的某些内部冲突。雅典政体的一个显著特征是强调平等。这条原则以立法的方式表明，邦民在法律面前人人平等，所有邦民拥有平等的参政机会，影响公共政策（这个表述出自 A. H. M. Jones 1957，页45）。人人平等的原则还延伸至社会制度，譬如命名法（nomenclature）。公元前6世纪末，[45]民主制的早期创立者克雷斯忒涅斯把雅典人分为十个部族，这些部族又细分为更小的单位：村社（demes）。作为这场改革的一部分，克雷斯忒涅斯用新的民人体系（system of demotics）取代了传统的父姓制（patronymics）。自此，无论生前还是死后，雅典邦民的身份都不由其父，而是由村社或部族确定——这种革新旨在弱化社会差异，强调社会身份高于家族身份。[1]

---

[1] 关于克雷斯忒涅斯的改革，参见亚里士多德，《政治学》(*Pol.*)，21.4。关于依部族划分雅典阵亡将士的名单，参见Bradeen 1969，页147。

死亡本身虽为自然事实，对死者的处理却反映了社会规则，而葬礼就反映了雅典的平等主义风气。从梭伦时代到公元前4世纪一再涌现的立法尝试表明，城邦欲限制富有家庭摆阔。[1]到了伯罗奔半岛战争时期（若非更早），雅典人在公墓掩埋战死的同胞已成惯例。[2]这两种发展虽说风马牛不相及，却都证实了一个共同的念头：避免在雅典人的丧葬中搞特权。

《阿尔刻斯提斯》虽说紧扣神话编故事，却表达了对死亡的政治性看法。根据此剧开场设定的条件来看，必死性成了文化问题而非自然问题。戏剧结尾处却表明，阿波罗为阿德墨托斯谋取特权，好心办了坏事，倘若阿德墨托斯能和大家一样遵循生死有命，他会快乐得多。此剧借此不动声色地启迪观众，死亡的平等性质不仅优于任何替死方案，对于过有意义的生活也至关重要。

死亡的政治学是织就此剧错综复杂大网的一纬，但这整个故事与民间传说的关联千丝万缕（关于这个神话的民间传说起源，参见 Lesky 1925）。有评论者注意到，剧中有意设计对比了神话世界与更残酷的现实生活世界，戏剧行动就在两个世界之间不断推进（Von Fritz 1962，页312）。按照这种解读，神话与现实并未相互鉴照，而是齐头并进，推动两个世界走向和解和共识。在反映阿尔刻斯提斯死而复生的过程中，欧里庇得斯先抹去了死亡在剧中人物生活中的惯常地位，最后又使之复归原位。这个戏剧行动的模式启人深思，它提醒观众，生与死的平衡一旦改变，构成人

---

[1] 西塞罗《论法篇》（*de Leg.*）2. 26. 64提到就葬礼立法的三次尝试，分别在梭伦治下、普法勒隆的得墨特里俄斯（Demetrius of Phalerum）治下及居间的某个时期。Plutarch（*Solon* 21. 5）描述了梭伦的禁奢法（sumptuary law）。对考古学证据的讨论，见 Kurtz and Boardman 1971，页121–124。

[2] 修昔底德，《伯罗奔尼撒战争史》2. 34; 关于这一举措在观念上的影响，参见 Loraux 1986，页15–16。

类存在的区分很快就会模糊。阿波罗让他的友[46]客得到了人们梦寐以求之物：逃脱死亡。但《阿尔刻斯提斯》表明，这种非同寻常的恩典根本不是什么荣耀，赫拉克勒斯友谊的铁证，也并非他从冥府救出阿尔刻斯提斯，而是让阿德墨托斯恢复对死亡的无知——这是普罗米修斯带给人类的礼物。

第二章 《希珀吕托斯》

［51］欧里庇得斯的《希珀吕托斯》首版不受雅典民众欢迎，为此他进行了重写，于公元前428年在狄俄尼西亚城（City Dionysia）上演。他的这一遭际对学界而言，焉知非福？首版原稿残篇虽传世无几，却能让我们对这两个版本稍作对比，并确认节制主题这一要素。节制主题似乎最初就是欧里庇得斯理解这个传说的关键。[①]

不用说，欧里庇得斯大幅修改了传说的情节和人物刻画。乍一看，剧作家似乎对比了放肆无耻的斐德拉与正人君子希珀吕托斯。首版里的斐德拉屡次大胆勾引继子，均遭希珀吕托斯厌恶地拒斥。[②]这两个人物也就此截然相反地回应了对阿芙罗狄忒的抨击。两人的命运表明的教训，很可能就是"节制"这一众所周知的典型的希腊式忠告。根据一段留存下来的残篇（fr. F［Barrett］），

> 过分回避阿芙罗狄忒之人，
> 和过分追求她的人们一样，无疑都要遭罪。

[①] Barrett 1964探讨了《希珀吕托斯》初版的证据（以下仅注"Barrett"），页11–12。

[②] fr. C（Barrett）是最能说明斐德拉性格的证据。在那里，斐德拉宣称，爱若斯（Eros）是"教会她大胆无耻的老师"。

还有的残篇（H, U）歌颂 aidōs［羞耻，敬畏］和 sōphrosynē［节制］，并推测了引发 hybris［肆心］的原因（L, M）。这些品质在传统希腊思想中如影随随，提及其一必然让人想起其他品质。aidōs 和 sōphrosynē 大致指"敬畏"和"节制"，是两种与中道（moderation）关联最紧密的德性。hybris［肆心］则是中道的危险对立面。①

这一系列主题——中道、aidōs［敬畏］、sōphrosynē［节制］和 hybris［肆心］，在修订版中得以留存，虽然不同德性被分派给了不同角色。在欧里庇得斯的第二版中，主要角色之间的截然对立消失不见。②王后的德性毫不逊色于继子，因为两人都追求 aidōs［敬畏］和 sōphrosynē［节制］。斐德拉非但没有勾引继子，她宁死也不表露爱意。倒是斐德拉的老乳母泄露了她的秘密。通过凸显斐德拉自我克制所作的挣扎，[52]第二版《希珀吕托斯》不仅让观众反思极端主义的危险，也让他们反思"中道"（the middle way）的复杂及其难以把捉的特性。

在修订版中，乳母充当了关键的中间人角色。为了凸显其重要性，新版中的乳母发表了一段重要的纲领性声明。乳母登台亮相时正在女主人病榻前服侍，为了满足斐德拉对阳光和新鲜空气的渴求，床榻已移至户外（行 178-180）。这位王后坐卧不安、心烦意乱、气若游丝，因为这已是她绝食的第三天（行 135-138、275）。斐德拉在床上不安地辗转反侧（行 203-204），说她特别想喝上一口清冽的泉水，想躺在繁茂的草地上歇息（行 208-211）。

---

① 关于 sōphrosynē 和 aidōs 的关联，参见 North 1966，页 6-10，关于 sōphrosynē 的反义词 hybris，见页 16-18。

② 关于神的角色与凡人角色的对立和互补，参见 Frischer 1970，页 85-87。

乳母一边照吩咐行事，一边转向观众自责地述说着她对主妇的挂肚牵肠：由于斐德拉病因不明，对主妇的忠诚近来成了"重负"（行259）。乳母说，人们应该在情感上恪守节制，而不应让"灵魂深处"受影响（行255）。乳母进而为人类的行为开出一个更彻底的药方（行264-266）：

因此我赞美："凡事适可而止，
勿过度。"（to mēden agan）
智者也会赞同我这观点。

这句话结束了斐德拉与乳母之间的抑抑扬格对话。尽管此话在高潮位置得以凸显，却已然获得了格言般的权威。当乳母表示智者也会认同她时，其实是在解释此话的来源：据古注家解释，所谓的智者，就是希腊古风时期的七贤。

Mēden agan［勿过度］——古代文献时而说此言必出七贤中的这位，时而又说出自他们中的另一位，篆刻于德尔斐的阿波罗神庙入口，与训谕"认识你自己"（gnōthi seauton）一道广为人知。[①] 不过，这两句格言早于这座公元前6世纪的神庙，名气也跟德尔斐无关。公元前4世纪，柏拉图提到，这些格言"人人传颂"（《普罗塔戈拉》343b）。亚里士多德声称，这些格言"成了公共富产"（《修辞学》［Rhet.］1395a）。显而易见，两句格言是道德教化传统的组成部分。这个传统的源头虽无从考索，其端倪却可

---

① 克里提阿斯和亚里士多德都把这句格言归在喀戎名下。普法勒隆的德谟克利特（Demetrius of Phralerum）则将之归在梭伦名下，柏拉图归于"七贤"。Mette 1933，页8-9，注释3所列文献。关于德尔斐神庙上的题词，参见 Wilkins 1917，页17；亦参 Parke and Wormell 1956，卷一，页386-387。

见于赫西俄德、梭伦、忒俄格尼斯（Theognis）及其他人的作品。

我们不妨认为，关于中道的忠告，是竞争与自我提升精神以外的另一种选择，而竞争与自我提升精神充斥着《伊利亚特》。在《伊利亚特》中，[53]给年轻战士提出的忠告是"追求卓越！"（Always excel!）——这种劝导似乎使冒险成为必然。①然而在《劳作与时日》（Works and Days）中，赫西俄德提醒，不要让船只或马车超载。他还断言：

> 要把握好尺度（metra），凡事适当（kairos）是最佳原则。（行694）

赫西俄德认为，经验已表明，此世险象环生、危机四伏，中道就指明了行事对策。赫西俄德的告诫意在给缺乏经验的人提出忠告：至少让他留心避开生活中可能暗藏的某些危险，同时通过奉行审慎的保守主义，以便能从命运女神（Fate）或必然女神（Necessity）那里挽回一些余地。

关于中道的忠告很快就与一系列具体的道德德性关联在一起，不仅涉及常识，也涉及aidōs［敬畏、羞耻］和sōphrosynē［节制］这些伦理品质。中道之所以被视为好品质的标志，乃因它象征着hybris［肆心］、轻率、过激的对立面。眼下，格言"勿过度"不只是充当了实践建议的神圣原则。一旦上升为思想，"勿过度"就成了规范性，而非经验性原则。②

---

① 《伊利亚特》6.208。Greenhalgh 1972，页190认为，这种告诫与贵族价值有关。

② 对规范性知识与经验性知识（gnōmai）的讨论，参见Solmsen 1975，页149。

有迹象表明，赫西俄德之后一个世纪，忒俄格尼斯和梭伦的诗歌都阐发过"勿过度"。两位诗人都是贵族，都在阶级斗争和政治动荡的背景下创作劝谕诗。[1]墨伽拉（Megara）的忒俄格尼斯一再提醒年轻友人居尔诺斯（Cyrnus）不要追求过度：mēden agan speudein［切莫追求过度］。[2]对"怀有（假如确有）阶级意识的贵族"忒俄格尼斯而言，这个告诫兼具伦理色彩和政治色彩。[3]依他之见，中道是他所在阶级特有的德性，相比之下，平民反复无常、不受控制（参见忒俄格尼斯，行441-446）。

雅典的梭伦（自称）进行了调和，把关于中道的学说转化为一种政治意图。不过，尽管在很大程度上站在了民众（dēmos）一方，梭伦却不想让他们随心所欲。譬如，梭伦取消了债务，却猝然叫停了土地再分配。梭伦按财产而非出身把雅典人分成四个阶层的做法，可能挑战了世袭贵族，却根本没有让民众享有政治权力，因为公职仍由前三个阶层出任。

梭伦用中道的意象把自己描述成这两个阶层的斡旋者：

> 我站在他们中间，就好像
> 一根石柱矗立于无人之地。（fr. 37.9–10［West］）

但梭伦的努力似乎主要旨在保护贵族，[54]掌控民众。他的诗歌表明了民众混乱无纪、贪得无厌的看法（和忒俄格尼斯看

---

[1] 关于忒俄格尼斯的政治背景，参见Figueira 1985，页128-46。关于梭伦的政治背景，Murray 1980，页173-191。

[2] 忒俄格尼斯（Theog.），行335、401。Mēden agan也出现在行219和行657。参见Wilkins 1926，页135的分析。

[3] De Ste Croix 1981，页278。Nagy 1985却认为，忒俄格尼斯"诗集"是诗歌集成，而非单个作家所作。

法一致）。①对梭伦和忒俄格尼斯而言，中道的忠告与精英主义政治观关联在一起。

这种关联一直持续到公元前5世纪。sōphrōn［节制］这个形容词成了"寡头的标准政治言辞的一部分，因为寡头们总是宣称，只有他们拥有自制和中道"。② 修昔底德表明了这种用法的影响：他避免用sōphrōn［节制］一词修饰雅典民主制，而更喜欢用意味没那么重的metrios［适度］（North 1966, 137）。修昔底德表示，公元前427年，亦即第二版《希珀吕托斯》上演次年，科尔库拉（Corcyra）的寡头派系就采用了aristokratia sōphrōn［贵族式节制］的"动听口号"。③修昔底德还让佩珊德（Peisander）为公元前411年的寡头革命辩护，声称雅典人别指望波斯会施以援手，

除非我们采用某种更适度的统治形式。（ei mē politeusomen⋯ sōphronesteron, 8. 53. 3）

到了欧里庇得斯的时代，中道的思想（包含aidōs［羞耻、敬畏］和sōphrosynē［节制］德性这些主题）已不再单指审慎，而是获

---

① 参见frr. 5, 6, 34及37（West）关于梭伦改革背后的贵族制设想，参见Greenhalgh 1972，页194–195。

② Graham and Forsythe 1984，页34。关于政治节制，亦参Grossman 1950，页126–145。

③ 修昔底德，《伯罗奔尼撒战争史》3. 82. 8。（译按：《伯罗奔尼撒战争史》的中译本，参见何元国译本，北京：中国社会科学出版社，2017。）Graham and Forsythe 1984把protimēsei和aristokratias sōphronos放在一起，组成了一个三个词的表述。尽管这种表述的意思很好，但aristokratias sōphronos听起来还是更像口号。

得了道德含义和政治含义。"中道"的语域极广，用法极其含混，以至于可能的确掩盖了一系列精英主义看法，这些看法与民主制雅典的平等主义原则水火不容。不过，中道也确立了一些值得保留的训谕，因为与之相关的那些严肃德性于民主社会秩序有利无害。

通过明确无误地提及中道，欧里庇得斯让观众思考《希珀吕托斯》的政治意蕴。由是观之，《希珀吕托斯》就成了一种范例：这个社会需要剥离中道思想与寡头制的诸种联想，以恢复中道的原意。四位主要角色中有三位（乳母、希珀吕托斯和斐德拉）依中道原则生活（在此，我们不讨论第四个角色忒修斯，因为他很晚才出场，也只能对先前铺垫的情景做出反应）。他们根本不是因为招架不了阿芙罗狄忒而成为受害者，而是因他们本身的原则和行动自取灭亡。[1]

众多评论家认为，在《希珀吕托斯》中，欧里庇得斯主要关注的是心理，因为每个主要人物都展现了鲜明而一致的个性，人物刻画细致入微。[2] [55] 但诗人显然未将他们呈现为个体，而是作为警示性的范例：

---

[1] Kovacs 1987认为（页71），角色的

> 过错（譬如希珀吕托斯的不宽容和极端，以及斐德拉为了维护自己的荣耀和复仇，宁可牺牲继子的性命）与他们的命运没有真正的关联，阿芙罗狄忒得为他们的命运全权负责。

但这个说法跟他的观点（页30–31）互生龃龉：两个主角都效仿了索福克勒斯式的英雄，自己做决定，也自食其果。倘若希珀吕托斯和斐德拉不对悲惨结果负责，他们就没法获得Kovacs赋予他们的英雄地位。

[2] Devereux 1985给了一个心理学进路的极端例子。关于此剧道德观的出色讨论，参见Michelini 1987，页290–94。关于《希珀吕托斯》大费周章进行心理描写的可能原因，参见Griffin 1990，页134–139。

> 我们不能模仿年轻人，
>
> 必须头脑清醒。（行114-115）

希珀吕托斯妄言时，仆从为了撇清关系说了这番话。斐德拉也以同样的口吻暗示，上层人负有为下层人树立榜样的职责（行407-412）。古希腊人普遍认为，史诗和肃剧中的主要角色为观众树立楷模，这种榜样关系就通过设想上层人能影响下层人而反映在《希珀吕托斯》这部剧中。[①]简言之，文本本身引导观众将主要角色作为典范来加以评价。

通过关注希珀吕托斯、乳母和斐德拉对支配其行为的原则的说法，我们才能搞清欧里庇得斯的笔法：他重构了紧紧围绕中道观念的传统价值，为民主制所用。到了公元前4世纪，sōphrosynē［节制］及其同义词先前指称传统含义，如今它们的保守意味已然湮灭不见。埃斯克涅斯（Aeschnes）称这种修复的民主制为"健全统治的回归"（palin de sōphronōs politeuthentes，2. 176），健全的民主制公民（sōphrōn politēs）的观念也时常出现在演说家中。[②]《希珀吕托斯》就阐明了（带来这种改变的）不动声色重新定义的一个侧面。

诸神与人类

阿芙罗狄忒的现身只为宣说开场白，她开门见山亮明立场。

[①] 参见阿里斯托芬，《蛙》，行1050-1051和行1063-1066；柏拉图，《普罗塔戈拉》，325e-326a；Lycurgus, *Against Leocrates* 100-104。相关讨论，参见Verdenius 1970，尤其是页4，注释3，页7，注释20。

[②] 关于这种发展的讨论及文献，参见North 1966，页135-142。

于阿芙罗狄忒而言，根本没有中间立场：不支持她，就是跟她作对（行5-6）：

> 谁敬重我的权力，我也尊重他们，
> 谁要对我傲慢无礼，我将打倒他们。

阿芙罗狄忒的说法虽包含泾渭分明的态度，实则并非不偏不倚。若必须在偏爱崇拜者和惩罚敌人之间做出选择，那么她首选复仇：为了摧毁希珀吕托斯，阿芙罗狄忒就毫不迟疑牺牲了斐德拉（行48-50）。因此，观众打一开始就清楚，阿芙罗狄忒是一股强力，抗之涉险，纳之也未必能保平安。

[56] 她表明评判凡人的原则后，进而细说了希珀吕托斯对她的冒犯的性质。就此过程中，阿芙罗狄忒阐明了过度与不足的辩证法（将在全剧起作用）。阿芙罗狄忒解释说，她并不反对希珀吕托斯与阿尔忒弥斯（Artemis）的亲密关系。触怒她的是希珀吕托斯对她的行为（行12-22）：

> 纯洁的庇透斯教育出来的希珀吕托斯，
> 是特罗曾（Troezen）地方的唯一邦民，
> 说我生来是诸神中最坏。
> 他拒绝床笫，不愿结婚。
> 他敬重福波斯的姊妹，宙斯的女儿，
> 阿尔忒弥斯，认为她在诸神中最伟大。
> 总是跟着那处女身，带着快跑的狗，
> 在绿色的树林里灭除地上的野兽，
> 得到了凡人不可企及的交游。
> 对此我并不妒忌，为什么要妒忌呢？

> 但希珀吕托斯公然蔑视我，因为这缘故
> 就在今天我要惩罚他……

阿芙罗狄忒指出，正因希珀吕托斯把她视为"诸女神中最坏的那个"（kakistēn daimonōn），才会把阿尔忒弥斯视作"诸女神中最伟大的那个"（megistēn daimonōn）。尽管阿芙罗狄忒声称并不嫉恨希珀吕托斯，其平行表述却表明她恨希珀吕托斯。因为在阿芙罗狄忒看来，希珀吕托斯崇奉这位处女神，与拒斥她本人脱不开干系。希珀吕托斯敬奉阿尔忒弥斯，也并非不可能单独成立，并非只能在与他忽视阿芙罗狄忒的对立中成立。一头过度导致另一头不足。

然而，阿芙罗狄忒不是一位想敬拜就敬拜，想忽视就忽视的神祇，而是一股无法逃避的宇宙力量。与《阿尔刻斯提斯》中的塔纳托斯一样，阿芙罗狄忒体现了必然性的一个方面。据她本人宣称，阿芙罗狄忒

> 在人间力量大，在天庭名声响。（pollē...en brotoisi, 行1）

但她接下来的话表明，此话说得委婉了：事实上，阿芙罗狄忒的领地无边无界，因之涵括所有"看得见阳光"的人（行4）。乳母就表示，阿芙罗狄忒"不是一位女神，而是某种更强大的东西"，甚至能让人类违背自己的意志（行359–360）。阿芙罗狄忒的普遍影响体现在若干不同领域，古希腊人敬拜阿芙罗狄忒时（在雅典、忒拜、墨迦洛城［Megalopolis］及别的地方）就默认她为"所有人的阿芙罗狄忒"（Aphrodite Pandemos），后人认为，

这个敬称［57］带有政治意味和性意味。①这两重意味对此剧都将至关重要。阿芙罗狄忒是最不加区分的女神，或者换句话说，她是最民主的女神。从这位女神的角度来看，出身高下根本毫无意义，因为所有人都可谓阿芙罗狄忒的后代（行447–450）：

> 库普里斯往来于天空，出没于
> 海波，万物由她产生。
> 是她在播种爱情，繁衍万物，
> 我们大地上的一切都是她的收获。

阿芙罗狄忒一开始就强调，她的力量能凝聚所有凡人。希珀吕托斯若确如阿芙罗狄忒所言，那么他选择童贞，似乎就不单单是个人守身如玉（sexual fastidiousness）的问题。希珀吕托斯偏爱阿尔忒弥斯，这暗示了他拒绝承认自己是人类共同体的一员。②事实很快证明，阿芙罗狄忒洞若观火：希珀吕托斯本人承认了阿芙罗狄忒对他性格的描述。

在剧中，希珀吕托斯的首个戏剧行动是为阿尔忒弥斯的雕像

---

① 哈尔珀克拉提翁（Harpocration）援引阿波罗多罗斯，认为这一称呼源于这个事实：雅典神庙临广场而建，是全体民众（panta ton dēmon）聚会的场所 *FGH*（244 F113）。哈尔珀克拉提翁还援引了克洛普芬的尼坎德（Nicander of Colophon）的说法：建神庙的经费来自卖淫者的收益。关于这个名称的古怪来源，参见柏拉图，《会饮》180d。Pandemos（Pauly/Wissowa）词条下的讨论和含义，*Real-Encyclopädie* 18.3，cols. 507–510。

② Goldhill 1986，页120指出了这点。他进而认为，希珀吕托斯的狩猎与他拒绝入世有关。

敬献花冠——对于同样矗立于宫门前的阿芙罗狄忒的雕像[①]，他视而不见。与阿芙罗狄忒早前所说的一样，希珀吕托斯祈祷时提到他与阿尔忒弥斯的独特关系（行82—87）：

> 亲爱的女王啊，请从我虔敬的手里
> 接受这顶花冠，点缀你黄金的头发。
> 我是凡人中唯一享有殊荣，
> 可以和你作伴，同你交谈，
> 听见你的声音，虽然不曾见过你的
> 但愿我亦能如此，到死时仍如起初。

希珀吕托斯的措辞两度呼应阿芙罗狄忒。两处呼应都提醒我们，希珀吕托斯敬拜一位女神与他拒斥另一位女神密不可分。希珀吕托斯是"凡人中唯一"能与阿尔忒弥斯作伴之人。阿芙罗狄忒早前已提到，"凡人中唯有"希珀吕托斯不敬拜她。这位年轻人的选择令他陷入孤立无援的危险境地。[②] 此外，希珀吕托斯声称和阿尔忒弥斯"待在一起"时，他使用了和阿芙罗狄忒的用词一样的动词：阿芙罗狄忒说希珀吕托斯和阿尔忒弥斯在森林中一直"待在一起"，讥讽地暗指性关系。[③] 当然，阿芙罗狄忒和希珀吕托斯都不是在暗示真正的性关系，而是说〔58〕这位处女神跟年轻

---

① 关于阿芙罗狄忒的雕像，参见行101。Barrett 指出（页154），尽管剧中并未明确提到，并排还有一座阿尔忒弥斯雕像，但行58及下和行1092及下的剧情证实了雕像的存在。

② 参见《酒神的伴侣》，行962和行963 monos 的用法，也指不堪一击。

③ 参见 Barrett 对行17的笺释。相同含义的同一个动词还出现在行949。

敬拜者的来往，取代了正常的性关系。这就挑战了阿芙罗狄忒，也是希珀吕托斯的危险所在。

阿芙罗狄忒对希珀吕托斯的谴责得到一位凡人证实：希珀吕托斯的老仆。此人显然对少主忠心耿耿、疼爱有加，这就要求我们格外认真对待老仆的看法。老仆一定意义上充当了出现在希罗多德《原史》（*Histories*）中的"肃剧性告诫者"。这些"悲观、消极、无人注意、判断准确"的劝告者角色，旨在提醒观众危险近在眼前，并预告即将到来的麻烦。①

我们已看到，尽管舞台上摆着阿尔忒弥斯和阿芙罗狄忒的雕像，希珀吕托斯却只给阿尔忒弥斯敬献了花冠，同时还祈祷自己至死如初（行87）。希珀吕托斯堂而皇之忽视阿芙罗狄忒的举动，令老仆惊慌失措。老仆虽决意规劝少主，行事却小心翼翼。希珀吕托斯的祈祷已凸显他与阿尔忒弥斯关系独特，仆人问这位后生是否清楚"人情世故"（nomos，行91），借此谈及谨守成规。面对老仆的追问，希珀吕托斯解释说，他想到的是大家都厌恶"孤傲寡合"（行93）的性情。老仆随即表示，随和的特质受诸神和凡人赞赏。希珀吕托斯表示认同，并一本正经地表示，

倘若我们凡人和诸神遵守同样的礼法。（行98）

---

① Lattimore 1939，页24。Kovacs1987，页36也注意到（但否认了）老仆与希罗多德式忠告者的这种类比。Kovacs认为，希珀吕托斯的英雄主义就体现在他拒绝了"明智下人的审慎忠告"。但在欧里庇得斯笔下，这些下人的更常见形象是提出道德正确的劝告，也显得比主人更具洞察力，例如，此剧稍后的诗行，信使相信希珀吕托斯无辜，或者《酒神的伴侣》中信使劝彭透斯承认狄俄尼索斯，抑或《伊菲革涅亚在奥利斯》中的老者。欧里庇得斯也描述了行事鲁莽、无道德感的下人，如《伊翁》里的老人或《希珀吕托斯》中的乳母。希珀吕托斯的老仆显然不属此类。

最后，老仆说到正题，力劝希珀吕托斯敬奉阿芙罗狄忒这位"高傲的女神"（行99）。但在这个关头，希珀吕托斯与老人分道扬镳。他正告老人不要谈论阿芙罗狄忒，还自称要对这位女神敬而远之：

> 我对她敬而远之，我还是童子身。①

话头转向了诸神与凡人的异同。老仆起初断言凡人厌恶高傲（to semnon），却又说"高傲的（semnē）女神"应受尊崇。②欧里庇得斯是在暗示，诸神和人类具有相同的品质，因此应遵循同样的评判标准吗？③似乎不大可能。因为在剧中别的地方，semnos

---

① 见行103。Dimock 1979，页246认为，1.100证明了希珀吕托斯的虔敬：

> 在看到他以为猎手因疏忽做出的不当行为时，希珀吕托斯的震惊之情着实油然而生。

但（Dimock本人也承认）semnos常在褒义上指称诸神，这种解释似乎不大可能。

② Barrett译为pride。他试图（在对行93的笺释中）找到一个既含褒义又含贬义的词来与这个希腊语词对应。

③ Barrett在笺注行97时就这么认为。但他没有深入探讨此话的言外之意。Frischer 1970，页97处理了这个观点，他认为，整部剧足以证实1.98的"剧情提要"，也就是"诸神和凡人遵守同样的法律"。这种观点导致Frischer对剧末的解释牵强附会：大多数学者都从中清楚看出了诸神与凡人的云泥之别。和Frischer一样，Kovacs（1980B，页133；比较1987，页37）提出，

> 借助那些关于诸神和人类的说法，整个开场白模糊了人性与神性的对立。

一词用来修饰诸神作褒义，但用来修饰凡人则作贬义。[1]更重要的是仆人的用法中暗含的令人困惑的看法：同样的品质，不适于凡人拥有，在诸神身上却受人敬重。仆人的模棱两可或许会促使［59］观众思考他的言外之意。由此，观众可能会注意到老仆和观众都清楚，希珀吕托斯却似乎会忘记的处境：诸神和凡人或许分有某些品质，但双方的处境形同天壤。老仆对希珀吕托斯的敬意早已凸显了这种差异：仆人早前表示（行88），凡人可以被称为"老爷"（lord），但唯有诸神才能被称为"主人"（master）。这些语词所暗示的诸神与凡人的鸿沟，随剧情推进只会越来越大。To semnon［傲慢的］既含距离感，也指说一不二的威力（sheer power）。阿芙罗狄忒的"傲慢"指向的不是她的难以接近，毕竟她要求所有凡人都敬拜她。阿芙罗狄忒的傲慢是在第二重意义上：即针对那些忽视她、伤她自尊、令她暴怒的人。希珀吕托斯把握的是第一个层面，而非第二个层面。他至今也未能搞清二者的区别。

老仆虽没法说清自己的直觉，却意识到了阿芙罗狄忒的力量和希珀吕托斯的脆弱。这场戏以仆人对希珀吕托斯的劝说结束：诸神的做法至少在一个关键点上有别于凡人。他恳求阿芙罗狄

Kovacs删除了行7—8。阿芙罗狄忒在那里解释说，诸神和人类一样喜欢荣耀。但Barrett指出（ad loc.），这种说法有点老生常谈，还出现在了《酒神的伴侣》和《阿尔刻斯提斯》里。傲慢和荣耀是诸神和凡人共享的少数领域。古希腊评论家几乎不会忽视神和人在权力上，也因此在处境上的基本差异。

[1] 关于semnos在宗教语境中或用在诸神身上的含义，参见25、61、103、143、886和行1130。忒修斯在贬义上用semnon指称希珀吕托斯，参见行957和行1064。希珀吕托斯在褒义上用semnon形容自己（行1364）：这个不同寻常的用法表明，此时此刻，希珀吕托斯仍未认清凡人与诸神处境的差异。

忒别计较希珀吕托斯少不更事，因为"诸神应该比凡人更明智"（行120）。剧末将表明，这个观念需要得到扭转。神与人的区分的确得以确立，但凡人会证明，他们比诸神更明智。

过错还是节制？

《希珀吕托斯》开场提到的几位见证人都用过度和不足界定了希珀吕托斯的生活方式。希珀吕托斯只崇奉阿尔忒弥斯，必然导致他忽视阿芙罗狄忒。然而，两位女神的相同之处比希珀吕托斯以为的多。诗人不断借助意象将二者关联在一起：行77掠过阿尔忒弥斯草地的那只蜜蜂，在行563-564作为阿芙罗狄忒的标志物重现。诗人还把两位女神与天空、毁灭性的杆状物及凉水关联在一起。[1] 她们在诗人笔下措辞相若，剧末将表明，两位女神的目标和手段同符合契（Knox 1952，页28及下）。

理解这些巧合的要害在于认清，阿芙罗狄忒和阿尔忒弥斯联手确定了某种涵盖了童贞和经验的连续体。[60]否定阿芙罗狄忒就是否定随这种连续体发展的必然性，由此也就忽视了凡人与诸神的另一个重要差异。因为不死的诸神不会改变，变化却是人类境况的本质。抱定至死如初的希望（行87），就是无视凡人存在的条件。这就是阿芙罗狄忒所说的希珀吕托斯的过错（harmatia，见21）的另一面。

然而，希珀吕托斯本人并不认为自己的性格或生活方式有什么缺陷。他一向自视甚高。希珀吕托斯标榜自己是纯洁、节制和自制的典范，这些品质都隐含在sōphrōn一词中。

---

[1] 关于这些意象的巧合，参见 Segal 1965，页158-159和Frischer 1970，页88-90。

第二章 《希珀吕托斯》

希珀吕托斯最喜欢以 sōphrōn［节制］标榜自己，并以此作为他对别人的最高褒奖。希珀吕托斯一登台就描述了他为阿尔忒弥斯采撷花朵的草场：一处圣地，一块未被人类开采的处女地，专为某个特定类型的人预留（行72-81）：

> 我给你，女主人啊，带来了这顶花冠，
> 用处女地上的花枝编就。
> 这里还不曾有牧人敢去牧过羊群，
> 还不曾有过铁器进入，这纯洁
> 的草地上春天里只有蜜蜂飞来飞去。
> 羞耻女神用清洁的河水浇灌这草地。
> 只有那些并非教而知之而是天生知道
> 事事节制的人才可以去这里采摘花草，
> 不知节制的人不允许去采摘。

在描述这块草地时，希珀吕托斯是在勾画某种意义上象征着他的生活方式的理想景象。① 令人吃惊的是，他把此地描述为不容进入、与世隔绝。这块草地禁止动物和人类的耕具进入，只向端人正士开放。而希珀吕托斯本人最有资格进入这片草地，因为他不光天生节制，还比世人都更节制。在向忒修斯自辩时（行993-995），希珀吕托斯就如是评价自己。遭放逐临别（行1100-1101）

---

① 参见 Segal 1965，页122。希珀吕托斯对自己天性的致命的无知体现于这个事实：连他选择的景致都让人想起阿芙罗狄忒。自《伊利亚特》以降，茂盛的草地这一意象就很容易让人联想到神圣爱欲（sacro-erotic）（Motte 1973，页1-37和页207-213；亦参 Bremer 1975）。关于蜜蜂，见下文，注释47。

及弥留之际（行1365），希珀吕托斯还向同伴重申了这点。观众若要评判希珀吕托斯是不是典范，就必须先确定，[61]他真是最正直的人，还是说他的理解犯了致命错误。要评价希珀吕托斯的断言，就必须更细致地考察他所谓的节制（sōphrosynē）的不同含义。

在希珀吕托斯看来，节制（sōphrosynē）的要害是贞洁——该词的这一义项常与女人相关，但其实男女都适用（North 1966，页76，注释，105及页99）。对希珀吕托斯来说，谁不节制（sōphrōn），谁就"坏"（kakos）。希珀吕托斯总拿kakos［坏］与sōphrōn针锋相对，以致看起来很明显，他认定阿芙罗狄忒是"女神中最坏的那一位"（kakistēn daimonōn），主因是她乱交。①

希珀吕托斯对获允进入他的草地的人选的描述表明，他认为，节制（sōphrosynē）的品质乃天生，而非后天习得。② 希珀吕托斯显然也认为，拥有节制，就拥有了为他消灾避祸的护身符。同样是在他临别特罗曾之际，希珀吕托斯在忒修斯面前辩白时请求道（行1028–1030，行1191）：

> 愿我丢人现眼地失去，
> 成为一个去国丧家的逃亡者，在世间流浪，
> 死后没有海、没有地愿意接纳我的尸骨，如果我生性是坏人的话。……

---

① 关于kakos的这重含义，参见行81、651、666、949（忒修斯是在用希珀吕托斯所言回击他），行1031、1071、1075、1191。Ann Michelini让我想起，贵族希珀吕托斯用的kakos，还暗含"卑贱"或"出身低微"之意。

② 关于此剧就sōphrosynē［节制］源头展开的论辩，参见Winnington-Ingram 1960，页183–184。

> 宙斯啊，我要是坏人，就让我死了吧！

希珀吕托斯敢以身家性命赌咒发誓，是因为他笃定这些赌咒不会应验。毕竟，希珀吕托斯清楚自己不是坏人（kakos），他是天生节制之人。希珀吕托斯错就错在自以为坚不可摧。他不晓得自己的贞洁并未庇佑他。但希珀吕托斯绝不只在这一点上犯了错。他也没有考虑给他人的印象，譬如忒修斯骂他伪君子的时候，希珀吕托斯就没明白，他不断自称贞洁，不仅令人怀疑他的过往，在这个节骨眼上也只会进一步激怒忒修斯。更要命的是，希珀吕托斯没能明白，他不是自由的行动者，而是受制于他人的评判和欲望。换言之，他受制于阿芙罗狄忒体现的必然性。因为阿芙罗狄忒代表他人的自我要求，这股强力禁止人类守身如玉地孤独终老。[1]早在斐德拉爱上希珀吕托斯，乳母［62］设计陷害他之前，希珀吕托斯的父亲就已对儿子盖棺定论，年轻的姑娘们也早已视他为梦中情郎（参见行952-954、1140-1141）。不管愿不愿意，希珀吕托斯都必须在与他人的关系中度过一生。

希珀吕托斯愿意坚守或者说追求节制（sōphrosynē）的名声。但对他而言，该词不只含贞洁之意。在忒修斯面前辩白时，希珀吕托斯就在别的含义上使用了该词，这个含义让观众对他有了更进一步的理解。

希珀吕托斯试图在忒修斯指控他之前先发制人：他设想了忒修斯可能用来谴责他的原因，尔后出其不意地逐一驳斥。[2]希珀吕托斯质问道，忒修斯会相信自己贪恋斐德拉的绝色吗？还是因

---

[1] 参见 Zeitlin 1985，页56："大体上讲，希珀吕托斯拒斥爱欲，就是自我极端拒斥他我。"

[2] 关于希珀吕托斯所用的论证技巧，参见 Solmsen 1975，页14-15。

为他想篡夺忒修斯的财产？抑或忒修斯会认为，权力对"贞洁之士"充满诱惑（tois sophrosin，行1013）？希珀吕托斯大费周章地驳斥了这种可能。他声称自己更愿在泛希腊竞技赛中拔得头筹，在城邦中则甘居第二，"和高贵的朋友们一起永远幸运"（tois aristois，行1018）。希珀吕托斯解释说，这种状态能为他开辟一片活动的天地却又远离危险（行1019-1020）。

千钧一发之际冒出的这番离题万里之言引人瞩目。由于希珀吕托斯把他的节制与寂静主义（quietism）关联在一起，我们就有必要考察一下节制一词及其生活方式的政治含义。这并不是说，希珀吕托斯在这里使用了节制一词的政治含义，在别处则使用了不相干的性暗示。① 在古希腊人听来，节制一词的两重含义如影相随。希珀吕托斯对忒修斯所说的话，集中呈现了他的整个生活方式的政治内涵。

我们已经说过，欧里庇得斯在创作《希珀吕托斯》时，sōphrōn［节制］就无疑暗含保守之意。绝非巧合的是，欧里庇得斯把这位主角的言行举止刻画为年轻寡头和阿里斯托芬笔下的精英人士：

出身高贵、高尚、有名声、讲道理又有道德的人。（行727-728）

希珀吕托斯虽是私生子，却自视贵族：就在他要被失控的马拖死之时，他也不忘呼告众友前来搭救"最好的人"（andr'ariston，行1242）。希珀吕托斯这个名字本身让人想起

---

① North 1966，页79，注释120的观点。Adkins 1972，页3-4出色地表明了用英文表述希腊文含义的困难。

贵族的傲慢。我们不妨对比阿里斯托芬《云》中斐狄普皮得斯（Pheidippides）出身上流阶层的母亲

> 想给他取个带"希珀斯"（Hippos）的名：克珊提普珀斯、卡里普珀斯或卡里普皮德斯。（《云》，行63-64）

希珀吕托斯提到的泛希腊竞技赛，是贵族子弟最喜欢的赛事。从公元前7世纪到公元前4世纪的整个时期，出身上流阶层的几个雅典家族成员雄霸战车竞技赛（Davies 1981，页100-102）。希珀吕托斯最喜欢的狩猎运动，就是上流阶级的另一爱好，保守的思想家们怀旧地将之与斯巴达的吕库尔戈斯（Lycurgus）及"我们的"雅典"祖先"创立的生活方式关联在一起。[①] 希珀吕托斯最看重出身，这就是典型的贵族想法。举个例子，品达一再表示，与生俱来的品质好过习得的技艺。[②] 最后，希珀吕托斯挑明，他在观念上偏向贵族，瞧不起民众。一想到要在"乌合之众"面前为自己辩护（行986、989），希珀吕托斯就浑身不自在。和"少数人"在一起，他要自在得多（行987）。

希珀吕托斯拒斥公共生活、瞧不起民众，这都表明他属于一类清晰可辨的人的类型，虽然他不象征任何具体的雅典生者或死者。希珀吕托斯象征那些保守的上层邦民，他们不赞同雅典政策的方向，往往避免参与政事。我们不妨称之为"不参与者"

[①] 参见色诺芬，《斯巴达政制》（*Const. Laced.*）4.7 和《论狩猎》（*On Hunting*）12.6-19。

[②] 参见品达，《奥林匹亚竞技凯歌之二》（*Oly.* 2），行80及下；《奥林匹亚竞技凯歌之九》，行100及下；《涅嵋凯歌之三》（*Nem.* 3），行40及下。

（apragmones）或者更刻薄地称之为"废材"（achreioi）。①这群人的表现与某些其他迹象吻合，表明公元前5世纪最后三十年保守主义持续存在着。色诺芬作品中留存下来的某篇佚名文献，清楚无误地表明了这种保守观点。这篇关于雅典统治的论文对民主制极尽挖苦之能事，作者为此落了个"老寡头"（Old Oligarch）的绰号（关于此文的性质和时间，参见 Will 1978）。同样的观点还出现在公元前411年革命的政治表述中，革命的支持者以节制为旗号，最终建立了被修昔底德称为前所未有的最佳政体。这种政体的特色是民主制和寡头制要素的"适度混合"。②

倘若欧里庇得斯选择让希珀吕托斯持有年轻寡头的看法，那么，这个后生的过错就绝不仅限于对性的拒斥。希珀吕托斯蔑视那位"我们都由此出生的"女神（行450），只体现了他的"孤傲"（行93）的一面，此外他的"孤傲"也体现在社会领域和政治领域。希珀吕托斯自诩拥有节制（sōphrosynē）的德性——寡头们将之据为己有。但希珀吕托斯的正直包含了对普通经验的拒斥，对民众不屑一顾。[64]拒绝敬奉阿芙罗狄忒，象征着希珀吕托斯更深层也更危险的欲望：脱离普遍命运（universal lot），用忒修斯的话说，变得"超凡"（行948），或者"按别的方式"生活（行459）。通过警示神话人物希珀吕托斯身上的这些倾向，

---

① 参见修昔底德，《伯罗奔尼撒战争史》2.40.2。欧里庇得斯笔下的伊翁和希珀吕托斯一样，都不苟言笑，秉持寂静主义（参见 Walsh 1978，页305–306）。Connor 1972，页184–185及 Carter 1986，页52–56都认为，希珀吕托斯代表拒绝参与公共生活的"贵族青年"。不过，Connor 和 Carter 都没有将他的这个行为与其性格的其他特征关联在一起。

② 节制：修昔底德，《伯罗奔尼撒战争史》8.53.3，8.64.5。"温和的混合"（"Moderate mixture"）：8.97.2。关于引发这场革命的思潮，参见 Forrest 1975。

欧里庇得斯似乎表明，节制要成为一种民主德性，必须对之进行另一番解释。

节制的危机

乳母向他透露斐德拉的不伦激情时，冷冰冰的希珀吕托斯猛受一击。他的反应完全符合这个后生的性格：他已经拒绝"触碰"婚姻（行14），已用排斥的语词定义了他的精神领地，已然宣称对阿芙罗狄忒"敬而远之"（行102）。希珀吕托斯的本能反应是撇清与乳母和斐德拉的关系，划清界线以区隔自身的纯洁与她们的卑劣。希珀吕托斯疾呼大地和太阳（行601），试图祛除乳母所言带来的污染。乳母震惊于他的激烈反应，试图做出乞援动作，希珀吕托斯不让她触碰自己（行606）。乳母提醒他曾发誓保密，希珀吕托斯反驳称，

> 我的舌头发了誓，但我的心没有发誓。（行612）

此话将对希珀吕托斯产生致命影响，因为这些话深深印在了偷听的斐德拉脑海里。斐德拉认为，此话表明了希珀吕托斯的执念，并进而认定，这个后生要向忒修斯告发她。事实上，希珀吕托斯不仅信守了诺言，在这场戏最后还明确向乳母保证自己会遵守诺言。只是由于一开始震惊于内情，希珀吕托斯才试图否定他有任何想与乳母同流合污的意思，连指誓暗含的一丁点儿合谋的意味也不行。也正是在这种拒之千里的心境下，希珀吕托斯才"吐露"（apeptus，行614），斐德拉是他的亲人（philos）：该词暗含了令他厌恶的亲密关系。在长篇斥责最后，希珀吕托斯说他想在流水中涤净自己。光听乳母提议，希珀吕托斯都觉得受到了玷

污（行653–655）。

希珀吕托斯的反应出乎乳母意料。她祈求这位年轻人"原谅"（syngnōth'，行615），理由是"是人都会犯错"。用来表示"原谅"的语词暗含理解、同情和感同身受，但［65］身处这种危机的希珀吕托斯根本没法感同身受。他甚至没有理会乳母的祈求，反而对女人大加挞伐，其间异想天开地设想让男性繁衍后代。

希珀吕托斯不解，宙斯为什么要创造女人这"冒牌的祸害"（行616–617）。当初若是为了繁衍生息，宙斯就早该安排妥帖，好让人们去神庙放下一定数额的铜、铁或金子［购买子孙的种子］。这样一来，人人都能购得符合其经济地位的孩子，男人也能在家"自由自在，摆脱女人"（行624）。

希珀吕托斯的提议不仅能去除两性关系，还能把女性一笔勾销。希珀吕托斯接着解释说，因为缔结婚姻这事令人头疼、充满冒险。想必，生儿育女也一样不确定，因为没人能保证，儿女能拥有好性格——忒修斯（行938–940）和希珀吕托斯（行1455）稍后都谈到这一点。希珀吕托斯采用了一种梭伦式的改革，用基于经济地位的繁衍成规，替换这些变数。这样一来，男人就能轻松安心地繁衍后代。他们的家庭"自由"（行624），也就意味着摆脱必然性和充满变数的外部因素。

希珀吕托斯对女人的斥责，暴露了他藏在自诩的节制之下的极端主义。诚然，希珀吕托斯的计划并非史无前例。在他之前，已有别的希腊人觉得，应该还有更好的方式获得后代：哲人德谟克利特（Diels-Kranz B277）提议收养友人的孩子，欧里庇得斯笔下的另一位主角伊阿宋则希望用别的方案取代女人生育。伊阿宋的确希望世上没有女人（《美狄亚》，行573–575）。不过，德谟克利特只是关心如何确保父母与子女和睦相处。他并未提出不让女人繁衍后代的问题。至于伊阿宋，他是一位花花公子，已婚还"准备另娶"（Page 1964，行573笺释）。在全盘否定女性上，唯有希珀吕托斯说到做到。

希珀吕托斯言辞中显露的厌女症，在古希腊文化中也司空见惯。斐德拉表示，她所在的社会瞧不起女性。她说道，

> 我清楚，我是个女人，
> 女人讨世人嫌。（行406–407）

不过，对比希珀吕托斯的长篇挞伐与另一个厌女文本，即阿墨尔戈斯的西蒙尼德斯（Simonides of Amorgos）关于女性的诗歌，将深受启发。[66] 西蒙尼德斯刻薄而风趣地把形形色色的女性比作野兽和其他自然现象。他解释说，有个女人又肥又脏，是母猪的后代。另一个女人喜怒无常，是雌狐的后代。还有一个女人热衷闲言碎语，为母狗所生。有女人生自泥浆，还有的生自大海。西蒙尼德斯总共列举了十种女人。但这些女人并非全都坏。最后那位妻子就被喻为有德性、勤劳的蜜蜂：

> 一个由蜜蜂所生。娶她的人三生有幸。
> 唯有她无可指摘。
> 在她的打理下，男人的生命成长开花。
> 相亲相爱，白首偕老，
> 荣耀的儿女声名远扬。
> 在别的女人中，这位一枝
> 独秀。上天的恩宠环绕着她……（Simonides 7. 83–89, Lattimore 1955 的译文）

这段诗文有两点跟《希珀吕托斯》相关。西蒙尼德斯选用

蜜蜂代表成熟女性，不仅印证了阿芙罗狄忒（化作蜜蜂，行77）侵入阿尔忒弥斯的神圣草场，也证实希珀吕托斯徒劳无功地试图把爱欲（erōs）逐出自己的生活（关于蜜蜂的文化蕴含，参见 Detienne 1974）。其次，西蒙尼德斯把蜜蜂式的妻子描述为一枝独秀，堪称人妻典范。① 好走极端的希珀吕托斯把女人一棍子打死，根据欧里庇得斯的一段残篇，这种态度本身表明他欠缺智慧。②

希珀吕托斯在大段挞伐最后表示，他将永不（oupot'）知疲倦地谴责女性，就算被人说他总（aei）抓住这个话题不放，因为女性总是（aei）不贞洁。希珀吕托斯断言：

> 因此，要么叫什么人来证明她们的贞洁。
> 要么还是让我永远（aei）谴责她们。（行667-668）

希珀吕托斯其实深信不疑，节制（sōphrosynē）与生俱来（行79-80）。因此他虽提议得有人教教女人忠贞，但不过是在指向一种不可能，也由此表明自己有资格永远谴责女人。这不是节制，而是危险的过度。

惹怒斐德拉的与其说是希珀吕托斯拒斥了乳母的提议，不如说是他强烈的轻蔑语气。因为没人（斐德拉更不）会指望，希珀

---

① 对这首诗的另一种解读，参见 Loraux 1978，页64。他认为，由于西蒙尼德斯赞美蜜蜂式妻子后把女人全盘否定，因此，蜜蜂式妻子只是"虚幻"。但西蒙尼德斯清楚表明，他是在用形容词 alla［其他］把蜜蜂式妻子与其他人区别开来（行94）。要求他更清楚地表明这种例外，就是强人所难了。

② Fr. 657 N2："此人把所有女人混为一谈，全盘否定，说女人愚蠢、不明智。因为你会发现，女人有好有坏……品格高贵。"

吕托斯会满腔热情地回应乳母。斐德拉本人为自己的不伦激情感到惊恐不安，她原想［67］一死了之，而非吐露真情。就算在乳母劝说下袒露心事，斐德拉仍决心一死（行400以下）。斐德拉对希珀吕托斯的长篇诛讨（无意间听到，而希珀吕托斯多半没注意到她在场）的反应，让观众认清了希珀吕托斯的节制（sōphrosynē）的另一个缺陷。① 这种欠缺直到剧末才得到弥补。

惹怒斐德拉的就是希珀吕托斯竭力想要标榜事不关己。斐德拉决意让希珀吕托斯知道，他不能"不体谅［她的］不幸"（行729-730）。她要让希珀吕托斯认清，他没法置身事外，而是已经身不由己地牵扯进斐德拉的处境。与此同时，斐德拉深信希珀吕托斯打算告发她，故而不顾一切想要保住自己的名声（行

---

① 这场戏的上演极具争议。Kovacs 1987，页134，注释80重新采用了Smith 1960 B 的观点：由于斐德拉在第一场戏行600就已离开舞台，因此行669-679为乳母吟唱。这个观点很有吸引力，因为这就解释了斐德拉何以没有考虑希珀吕托斯已经重申了誓言（斐德拉若一开始根本就没听说这个誓言，也就没法考虑），但由于别的理由，这个观点无法令人信服。Kovacs本人就承认，让下层人物吟唱抒情独白不合常规。此外，这首歌的内容更切合斐德拉，而非乳母。让乳母反思她罪有应得（行672），或者让她说自己的行动（erga）不义（adika）（行677），偏离了乳母的角色。因为她用不着说这番道德评判的话（行500）。这段抒情独白适合斐德拉，Barrett指出，这段独白呼应了她先前所认为的，她与所有女人命运与共。对technai［技艺］和logoi［言辞］的提及，铺垫了斐德拉的诽谤信。一如既往地，在呼唤大地和阳光时，斐德拉呼应了希珀吕托斯（见行601）。其他人对这种观点的驳斥，参见Michelini 1987，页289，注释57。

斐德拉似乎对希珀吕托斯最后的保证将信将疑，这其实也不难理解。希珀吕托斯（在他说完那番话的行612之后做出）许诺时措辞勉强，充满敌意，斐德拉没有理由相信希珀吕托斯，除非她清楚，希珀吕托斯和她本人不同，为人一丝不苟。忒修斯也没有认清儿子身上的这种品质。阿尔忒弥斯强调了他得知的重点（行1307-1309）。

690-692）。她灵机一动,觉得给忒修斯修书一封能一箭双雕。此举不仅能维护她的好名声,还能让希珀吕托斯受到质疑(行716-719):

> ……我左思右想,
> 只找到一个办法摆脱这场灾难,
> 这样做可以让我的儿子们一生光荣,
> 我自己也从眼前的困境中得救。

和受她敬奉的阿芙罗狄忒一样,斐德拉着重强调了报复(行730-731):

> 在他感受到和我一样的病痛时,
> 他会懂得什么是最健全的智慧。

对斐德拉来说,希珀吕托斯大肆吹嘘的纯洁与真正的节制毫不相干。希珀吕托斯还没有获得这种德性。斐德拉想到的不是苦尽甘来的经历,而是"吃一堑长一智"最古老、最直接的形式。① 斐德拉打算让希珀吕托斯明白,他不堪一击,将以生命为代价与她共同感受任由阿芙罗狄忒摆布的无助感。

猎手阿芙罗狄忒、斐德拉与希珀吕托斯本人一道表明,这位年轻人的节制失了分寸,在过度与不足之间摇摆。那么节制体现在哪里呢?剧中把谁树立为值得效仿的典范呢?

---

① 参见埃斯库罗斯,《阿伽门农》,行176-181也提到,节制要通过受苦习得。

sōphrosynē 的修辞

乳母似乎堪当典范，因为她大量使用了节制的语汇。[①]我们看到，乳母早就效仿七贤，给出了"勿过度"（mēden agan）的建议［68］（行265）。乳母反对任何形式的过激行为，她宣称：

> 凡人不该对生活求全责备。（行467）

正是乳母看出，希珀吕托斯和斐德拉都有精英式的不屈不挠："生活中［奉行］坚定不移的标准"（行261），想要"在固定条件下，或别的神主宰下"生活（行459）。

乳母与希珀吕托斯处处针锋相对。希珀吕托斯在政治上认同寡头制，乳母却显然在出身、阶层和倾向上都认同民主制（Knox 1952，页18）。希珀吕托斯认为，与生俱来的品质对人的性格至关重要，乳母却相信学习和经验的价值。乳母表示，

> 漫长的生活教给我很多东西。（行252）

其中最重要的是承认外力的影响力（与希珀吕托斯对比鲜明）。乳母应对必然性的策略是听天由命，这在帮她度过小风小浪时很灵验。比如说，乳母劝斐德拉不要在病中折腾，而是要"静"卧（行205）。然而待她发现，斐德拉的病情比她预想的严

[①] 参见Smith 1960B，页175："乳母是节制的权威。"Smith认为，乳母主要是搞笑人物（页171）。但其实，乳母与斐德拉和希珀吕托斯一起划分了节制的主题，加之她的介入导致严重后果，就否定了乳母是搞笑人物的解读。

重得多时——王后害了对希珀吕托斯的相思病——乳母还是给出了顺其自然的劝告（行443-446）：

> 库普里斯的进攻虽猛烈，
> 但对于顺从的人她还是温和的，
> 只是在发现傲慢自大的人时，她才
> 捉住他们，你想怎么着？愚弄他们。

与希珀吕托斯的道德严苛（ethical rigor）相反，乳母的特征就是在道德感上摇摆不定。当女主人坦言爱上了希珀吕托斯时，乳母起先是大为吃惊，但她很快镇定下来并改变了态度，宣称，

> 在世人眼里，无论如何，三思而行更为明智。（行436）

乳母转而拼命劝说女主人切莫有负罪感。由此可见，乳母奉行的更像是智术师的立场，而非七贤的立场。

乳母运用了大量修辞技巧，极力洗白斐德拉的处境。首先，她提出了"人之常情的观点"（argument from human nature）：[①]

> 你爱，这有什么奇怪呢？很多人都爱。（行439）

乳母暗示，既然坠入爱河显然是人之常情，斐德拉的激情便无可指摘，根本不值得为这事寻死觅活（行440-442）。无论如

[①] 对这种策略的讨论，参见 Finley 1942，页54-55。

何，阿芙罗狄忒只惩罚那些抗拒她的人——就在这个关口，[69]乳母转向了不可抗力的观点。①阿芙罗狄忒无处不在，遍布每个生灵，显然远比脆弱的个人有力。乳母表示，因抗拒阿芙罗狄忒而惹怒她，这毫无意义（行443-450）。诸神自己也坠入爱河，也承受住了地位的尴尬。斐德拉难道不应该效仿吗（类比得出观点，行451-460）？乳母回到人之常情的观点提醒斐德拉，人们往往对道德弱点视而不见（行462-467）。乳母大胆搞起了语言实验，把斐德拉屈从激情说成"承受"（anechein，行459），而抗拒[激情]则会导致肆心（hybris，行474-475）。②乳母最后保证，她找到了一些"歌诀和咒语"——智术师得意的技巧，疗治斐德拉的病。③

歌队成员在乳母的观点和斐德拉的观点之间做了裁断，决定认同斐德拉的观点。他们指出，乳母的观点只是权宜之计，斐德拉的观点却值得称道（行482-485）。不过，乳母的修辞如此诱人，斐德拉必须命她住嘴，否则必然被其说服（行503-506）。

如果说希珀吕托斯严苛的节制不过是过度和不足，那么乳母相机行事的策略，最终与欺瞒或欺诈几无二致。她向斐德拉保证（行466），

> 隐瞒丑事是世人中智者的明智之举。

---

① 参见Saïd 1978，页178-198探讨了这一点及智术师对公元前5世纪个人责任的讨论。
② 关于智术师的语言实验，参见Solmsen 1975，页83-125。
③ 见行478。关于咒语和智术师的关系，参见de Romilly 1975，页3-10。

她还拿建房子作比：房子看不到的那些部分，不必循规蹈矩（行468）。

乳母甚至耍弄了她疼爱的、一手养大的女主人（行698）。乳母发现，斐德拉缄默不语，对自己的话无动于衷，便假装不再试图探听她的口风（行289-293）。事实上，乳母并不是要放弃，而只是改变了策略：她没有直接质问斐德拉，而是说了大段不着边际的独白，希望找出斐德拉不幸的原因。斐德拉听她提及希珀吕托斯时反应激烈，乳母意外获得成功。几番盘问，一切水落石出。

斐德拉袒露秘密后，乳母再次运用了富有技巧的欺骗。乳母向女主人保证，她知道能"医治你疾病的药（pharmakon）"（行478-479）。pharmakon［药］这个含混的语词既可指治病的药，也可指毒药，既是解药又是毒药（参见de Romilly 1975，页34-35）。乳母最后坦言，[70] 她所说的药就是与希珀吕托斯幽会（行490-491）。斐德拉求乳母别再出这种聪明的歪点子。在这个节骨眼上，乳母假装改变了主意。她假装找到了别的解药，能体面地帮助斐德拉（行508-512）。乳母依旧如故，丝毫没有改变自己的打算。斐德拉虽满腹狐疑（行520），却未跟从自己的直觉，而是听信了乳母。斐德拉的轻信将带来毁灭性后果。

等计划出了岔子，乳母惊慌失措，却毫无悔意。只因事情败露，乳母才承认自己缺乏节制（行704）。乳母声称，若她大功告成，结果早已证明手段合法，人们也早就认定她是"聪明人"（行700）。就算经此危机，乳母仍自视聪明，并认定自己还能另想妙计（行705）。但这回，斐德拉拒绝让她帮忙。

确定乳母滥用了关于节制的忠告不难，要确定希珀吕托斯的滥用却并不易。由于乳母"热心帮人作恶"（行694），她实际上就成了女主人的"背叛者"（行591、595）。当她把传统关于肆心的警示曲解成道德败坏的正当理由时，她就颠覆了勿过度的原则（行474-475）。乳母的辩才，就是"用动人的方式提出可耻的建议"（行505）。乳母和希珀吕托斯一样极端，只是方式不同而已：乳母"巧舌如簧"（行487），她本人"聪明反被聪明误"（行518）。我们可以推断，乳母根本就是愤世嫉俗、品行低劣：对于斐德拉高贵的顾虑，乳母完全嗤之以鼻（行490-491）。乳母敲响了此剧的另一记警钟：倘若智术师宣扬的新式相对主义不经保守伦理调和，倘若完全不把贵族理想纳入现代语境，乳母"不道德的现实主义"（amoral realism）揭示的那套价值体系，很可能就此落地生根。[①] 说到底，乳母和希珀吕托斯一样，都不能称为节制的典范。

智识与失败

我们开始考察斐德拉时会倍感欣慰。斐德拉似乎达到了希珀吕托斯和乳母的平衡，既有坚定不移的道德标准，又结合了现实主义与经验。有别于希珀吕托斯，斐德拉没有继续拒斥［阿芙罗狄忒］：她避免了简化的非此即彼，也没有执迷于去除或消除［71］她认为道德含混之物。斐德拉所言几乎都表明，她清楚这种复杂性。斐德拉心知肚明，一个人可能会在无意间毁了他人（行319）。她明了因果的差异，也打定主意"从羞耻中全身而退"（行331）。斐德拉知道，话可以说得漂亮，却可能带来毁灭性后果（行487、503）。她开始讨厌"话说得冠冕堂皇，背地里却放

---

① "不道德的现实主义"（amoral realism）这个说法来自Kovacs（1987，页52）。

胆干丑事的女人"（行413-414）。斐德拉苦苦思考过意愿与行动的差异（行373-381）。她明白，父母的[坏]名声甚至会影响到坚强自信的孩子（行424）。斐德拉也清楚，备受她推崇的"敬畏"这个品质是把双刃剑（行385）。

与乳母相反，斐德拉也不认为，她的人生经历和对必然性的力量的认识，是放弃道德约束的借口。斐德拉对"位高则任重"（noblesse oblige）的理解，体现了贵族气质迷人的一面：她琢磨，通奸行为源于贵族，

> 当高贵者认为丑事无所谓时，
> 卑贱者自然就认为那是好事了。（行411-412）

依照这种贵族观点，斐德拉最关心自己的名声。她希望为自己和孩子留下完好无损的美名（eukleia）（行423、489、687、717）。斐德拉对复杂性的精妙认识，就服务于这个目的。斐德拉或许没法战胜自己的个人情感，但她至少能掌控社会如何看待她。事实上，打她爱上希珀吕托斯的那一刻起，留下美名的愿望就支配了斐德拉的所有行动。

阿芙罗狄忒在开场白就表示，斐德拉打一开始就与自己的激情对抗。她的第一步是为阿芙罗狄忒造一座神庙，竭力安抚这位女神。接下来的戏由斐德拉本人唱完。斐德拉解释说，她决意隐而不发，试图通过自制（tōi sōphronein，行399）控制激情。这些方法均告失败后，斐德拉决定一死了之（行401-402）。斐德拉认为，这种解决方式能确保她的好名声，让孩子"自由"长大成人，"因他们的母亲享有美名"（行421-423）。

就在她向歌队言说的当口，斐德拉认定，她的反抗大功告成（Kovacs 1980，行291）。斐德拉听人说过，[72]凭借一种"正义

有德的知识"（gnōmē dikaia kagathē，行427），人类才能胜出。①斐德拉向歌队阐明自己的观点，就是为了证明她本人就具备这种"正义有德的知识"，（行375-381）：

> 我从前睡不着的时候在漫长的夜里
> 曾想过凡人的一生是怎么被毁的。
> 我看，人们作恶并非因为
> 天生思想坏，因为，有头脑的人
> 是多数，因此，这件事必须这么看：
> 我们清楚并知道什么是好事，
> 却不能坚持下去。

斐德拉并非头一回思考这些问题。她的思绪并非为了契合当下的情境（乳母的行为就是这样），而是表明了一种古已有之的看法（在行388-390，斐德拉处理了一致性的问题）。斐德拉认为，知识（gnōmē）出于天生：她说的是关于自然的知识（gnōmē physin）。显而易见，在对自然（physis）的看法上，斐德拉和希珀吕托斯都秉持贵族式的看法。斐德拉提到人类没能"坚持"正确之事时，她在褒义上使用了ekponein［力求］。而早先，乳母在贬义上使用了该词（行467）。因此，在始终如一、笃信品质天生及道德信念上，斐德拉似乎引希珀吕托斯（而非乳母）为同道中人。

但斐德拉与希珀吕托斯也有分歧。斐德拉认为，人类之所以不能"坚持"，非因邪恶，而是另有原因，包括他们遵从的道德标准本身暧昧不清。斐德拉把交谈和游手好闲的快乐都称为干

---

① 斐德拉显然是在表达一种传统的贵族信念：关于对认识（gnōmē）的相同看法，参见忒俄格尼斯，行1171-1176。

扰。最后，斐德拉提到aidōs（行385–387）：

> 羞耻（aidōs）有两种，一种不坏，
> 一种却是家庭的祸害（achthos oikōn），如果界线（kairos）清楚，
> 你们这两者本就不该共用同一个词。

斐德拉的整个说法含混不清，而她关于aidōs的说法就更令人费解。①斐德拉没有费心解释她[73]所说的aidōs所指何意，也没有说明aidōs何以可能既"不坏"又是"家庭的祸害"，以及她是在哪个意义上使用kairos［界线］一词。

我们可以把aidōs大致描述为一种涵括尊重自我、他人和社会规范的观念。②我们已经看到，aidōs早前已和节制关联在一起，是节制的一个义项。按照这种关联，希珀吕托斯把aidōs拟人化为渺无人迹的草地的园丁（行77）。斐德拉谈及aidōs的双重含义，目的是进行区分——这种区分可上溯至赫西俄德，还出现在欧里庇得斯的一段残篇里。③斐德拉毫不含糊地表示，要区分好aidōs与坏aidōs，或者说能区分二者的要素（只要明确），就需要kairos［界线］。

---

① 对这段话的详析，参见Willink 1968, Claus 1972及Kovacs 1980。

② 参见Barrett行78笺释中提到的其他文献。对这些用法的考察，参见von Erffa 1937。

③ 在W. D. 317–319；欧里庇得斯，fr. 365 N2（Barret对行385–386的笺释中提到的文献）。这些平行结构及希腊文语序使我们可以认为（pace Willink 1968, 页15, Claus 1972和Kovacs 1980和Willink看法一致），斐德拉说的是"两种aidōs［羞耻、敬畏］"而非"两种快乐"。这在句法上也说得通。

此处的kairos有时被理解成"正确的时机",有时又被理解为"合乎时宜"。[1]但这种时间性的含义与本剧无关。按照斐德拉的朴素理解,aidōs的标准不会随境而迁。譬如说,根本不存在斐德拉屈从激情的正确时机,也不存在乳母接洽希珀吕托斯的正确时机。[2]《希珀吕托斯》最权威的编者就指出,kairos的含义原本就不是时间性的:

> 这个名词本身最初(在谚语表述中)出现时就表示适度或适量,与agan[过度]截然相反(或隐或显)。[3]

作为支撑,这位编者援引了赫西俄德(我们兴许还记得,他最后在警示人们不要让船只和马车超载时疾呼,"遵循节制,万

---

[1] "适时":Dodds 1929,页103。"合乎时宜":Segal 1970,页286。但Goldhill 1986,页35译为"适度"。

[2] Dodds 1925,页103把斐德拉的话与此剧其他地方出现的aideristhai [敬畏]放在一起做了解读。Dodds还认为,当她拒绝在神经错乱和疯狂中逃避时,斐德拉恰切地遵从了aidōs(行244)。而当她遵从乳母乞援的"传统请求"时,她对aidōs的崇奉则不当(行335)。除了这些含义的费解(Kovacs 1980,页289指出),Dodds对"传统"乞援的理解也与这种解读相左。古希腊人认为,乞援是一种有力的宗教请求。把乞援误用于鸡毛蒜皮之事的乳母可能会(遵从乞援的斐德拉则不会)受到指摘。

Segal 1970,页283-285也关注了这几行诗。他认为,双重含义的aidōs表明了对社会意见的某种"延伸化"遵从(体现在行355),以及个人标准的某种"内心"感受(体现在行244)。不过,斐德拉在行244所说的"羞耻",无疑旗帜鲜明地表明了她的幻想,可能会遭到观众批评。由于最关心自己的名声,斐德拉主要受制于外界评价(outer-directed),Segal说她"倾向于过分重视公众意见和好名声"(页285),似乎承认了这一点。斐德拉没有表明丝毫的内心"愧疚",这与她对公之于众的恐惧对比鲜明。

[3] Barrett对行386-387的笺释。亦参Wilson 1980 and Race 1981。

物最好适度［kairos］）、忒俄格尼斯和克里提阿斯。

由于缺少对"适时"主题的强调，也鉴于勿过度的思想在剧中至关重要，我们有理由认为，斐德拉就是在用kairos一词区分aidōs的度。斐德拉由此可以说，过度的敬畏是家庭的负担，适度的敬畏却非坏事。这个观点既适用于希珀吕托斯的处境，也用于斐德拉本人的处境。我们已经看到，希珀吕托斯养成了过度节制的德性，并带来了灾难性后果。然而，若无斐德拉的积极参与，灾难也不会发生。斐德拉的行为也可能是一种误判，但她是误判了aidōs而非节制。

斐德拉从自己的名誉出发定义了aidōs。她对名声的贵族式关切契合她所在社会的规范。一旦斐德拉为了捍卫自己的地位而决心毁了希珀吕托斯，[74] 她的行为就过火了。若希珀吕托斯是她的敌人，斐德拉的复仇冲动也就说得过去，但希珀吕托斯已明确表示不会告发斐德拉，打算信守誓言守口如瓶（我的这个观点得益于George Dimock）。斐德拉过分看重自己的名声，导致她对希珀吕托斯的名声无所顾忌。和继子一样，斐德拉错（hamartia）在过了度。

斐德拉的过度自信也和希珀吕托斯同出一辙。① 在对歌队发言之时，斐德拉深信自己的危机已完全解除。在她描述找到适度aidōs的阻碍时，斐德拉进行了自我诊断。在评论"坚持"正确之事的困难时，斐德拉预告了自己的命运。她虽深谙人性，却认不清自己的目标。斐德拉甘受乳母蒙骗——事实证明，这种误判的确（她亲口所言，行386）给家族（oikos）带来了不幸。

依斐德拉之见，适度的羞耻和不适度的羞耻不该共用同一个名称。如此一来，我们又该如何描述她自己的行为呢？连阿尔忒弥斯都对此困惑不解，她认为有两种可能：

---

① 关于二者的其他相似之处，参见Frischer 1970，页92–93。

要么是一种充满淫欲的狂热，
要么是一种高贵。（行1300–1301）

尽管斐德拉过度追求aidōs，阿尔忒弥斯却承认其努力中的理想主义要素。在做出这个慎重甚至同情的判断时，这位女神向希珀吕托斯和观众指明了这部肃剧结尾给出的解决之道，借此获得修正后的节制。

德性的重新分配

尽管《希珀吕托斯》表明，阿芙罗狄忒的复仇势不可挡，剧末却给出了节制的修正范式。由此剧初版和第二版可见，欧里庇得斯已重新分配了节制构成要素的品质，把斐德拉狂妄的大胆放在了乳母身上，也消除了希珀吕托斯与斐德拉的截然对立。在现有的这部肃剧结尾，似乎为了凸显他们飘忽不定、变化无常的品质，欧里庇得斯进一步分配了主要角色极力追求的德性。他还在构成节制的诸品质中引入了一个前所未见的要素。

[75]在谴责斐德拉放荡时，希珀吕托斯起初自诩节制的化身。阿尔忒弥斯小心翼翼地重申了他原初的宣称（行1402）。但斐德拉的节制也受到称颂，称颂者不是别人，正是希珀吕托斯本人。站在斐德拉的尸体前的希珀吕托斯承认，斐德拉

虽不节制却做得节制，
我守着节制却遭遇不幸。（行1034–1035）

因为怕违背守口如瓶的誓言，希珀吕托斯不能明言，但显然，他不能明言的是斐德拉自杀，他表示，斐德拉好不容易战胜激

情，相较之下自己的德性却没能带来好的目的。言外之意，残酷的经历已促使希珀吕托斯不得不修正他之前对节制的定义。希珀吕托斯此时似乎承认，正直并非纯然天生，仅靠禁欲也没法获取。

希珀吕托斯的话进一步表明了寂静主义的诸种限度，也表明他对更有活力、更加变动不居的模式有了新的理解。尽管希珀吕托斯完全从个人角度思考，他的认识却可能影响公共领域。从一开始，欧里庇得斯就鼓励观众把主要角色视为典范，依照希腊人的观念，他就能轻而易举地让观众把这一个个典范与城邦进行类比。① 希珀吕托斯的话表明，节制不再被视为一种恒定不变的德性，不能再依据贵族的寂静主义和禁欲进行定义。这样一来，节制就变得契合雅典帝国充满活力、生机盎然的精神，这种精神使雅典截然不同于斯巴达——反对者斥之为"干涉"（polypragmosynē），支持者却将之称颂为"活力"（to drastērion）。② 由于语义的这种改变，节制及与之相关的那些品质就成了一种民主的品质。通过融合节制的各种表现形式：神话的与当代的、私人的与公共的、性与政治，欧里庇得斯完成了对节制形象的改造。

剧末重新分配的不只有节制这个品质。剧作把斐德拉特别关心的美名赋予了她的受害者。当阿尔忒弥斯现身告知忒修斯关于斐德拉和希珀吕托斯的真相时，她的主要目的是恢复希珀吕托斯的名誉（eukleia，行1299）。这个故事没有损害斐德拉，因为阿尔忒弥斯审慎地避免评价她[76]（行1300-1301），但这也绝没有

---

① 对比柏拉图的观点（《理想国》368d-e）：城邦不过"大写的"个人。
② 关于雅典的活跃与斯巴达的不活跃，参见修昔底德，《伯罗奔尼撒战争史》1.70。关于活力（to drastērion），参见修昔底德，《伯罗奔尼撒战争史》2.63.3。关于polypragmosynē-apolypragmosynē（干涉-不干涉）这个组合用于个体和城邦的情况，参见Ehrenburg 1947, Kleve 1964, Adkins 1976, Allison 1979, 及Carter 1986。

提升她的名誉。诚然，阿尔忒弥斯预言，斐德拉的名声也会流传下来（行1429–1430），但是依附在特罗曾确立的对希珀吕托斯的崇拜上。反讽的是，斐德拉将会凭借她原以为会毁掉她名声（她也竭力压制）的激情为人铭记。

此剧的行动没有批评希珀吕托斯和斐德拉极力追求、付出惨重代价来获得的贵族理想，反而称颂这理想值得敬重。不过，《希珀吕托斯》把主角们舍我其谁地追求这些理想呈现为基于一种误判，因为节制不能只根据个人的正直来定义。经阿尔忒弥斯劝说，希珀吕托斯在生命的最后一刻成功确立了一种态度：syngnōmē［谅解］。在先前对中道的呈现中，谅解的态度闻所未闻。正是这种品质，成功弥合了个人与他人的鸿沟，也确保个人的正直不会以牺牲他人为代价。

早在《伊利亚特》中，希腊文学就表现了宽容、同情和谅解，但只是在最不寻常的情况下。[1]毕竟，只有那些先前受冤枉的人才能获得谅解，原谅也与扶友损敌的希腊传统教诲南辕北辙。常见的例外是阿喀琉斯，他在《伊利亚特》最后大度接纳敌人普里阿摩斯，既证明了这个原则，也为后来的文学开启了一个新传统。至于其他情况下，syngnōmē［谅解］在公元前5世纪前都不是一个常见的观念。该词最初在司法语境中使用，指根据对个人责任的审慎认定进行开释、惩罚或原谅。慢慢地，这个语词才脱离司法语境，被确认为一种良好的德性。[2]

---

[1] de Romilly对这些她归入"温和"类目下的表示品质的词汇、语境及发展的考察，参见de Romilly 1979。她认为（页97–126），公元前4世纪对包容和同情的宣扬与雅典民主制密切相关。这种关联可能隐含在《希珀吕托斯》中，但仅此而已。

[2] 关于雅典法对杀人罪责的划定，参见Barrett对行1431–1436的笺释。关于syngnōmē［谅解］的发展，参见de Romilly 1979，页66–67。

《希珀吕托斯》中的次要角色把该词与忽视或掩饰错误关联在一起。① 仆人就依此代表希珀吕托斯向阿芙罗狄忒祈祷（行117-119）：

啊，女主人库普里斯啊！你要宽恕，
倘若有人因为少不更事，狂妄地
对你胡说八道，求你就当没听见。

[77] 在祈求希珀吕托斯为斐德拉的激情保密时（行615），乳母也出于同样的目的提到syngnōmē［谅解］。阿尔忒弥斯却在司法意义上使用了该词。从技术层面讲，她觉得忒修斯情有可原（行1326）：忒修斯毫不知情，斐德拉的书信明确误导了他（行1334-1337）。但在呵斥忒修斯，痛惜希珀吕托斯之死时，阿尔特弥斯的话听起来根本就没有谅解。阿尔忒弥斯虽为忒修斯的自辩提供了法律依据，言语间却没有同情。

希珀吕托斯效仿了阿尔忒弥斯。但是，他宣告自己的死不能归咎于忒修斯，这远远超出了法律的技术层面。② 希珀吕托斯这么决定，是因为他对父亲的言行了如指掌。忒修斯行事磊落：希珀吕托斯心知肚明，父亲不仅诅咒他，还放逐了他（行1411），因此两次惩罚了他。希珀吕托斯也指出，就算没有诅咒，暴跳如雷的忒修斯也本可要了他的命（行1413）。但他同情父亲与其说他是在悲悼自己，不如说在悲悼父亲（行1405、1407、1409）。垂

---

① de Romilly 1979, 页66指出，这些关联贴合拉丁文ignoscene，而非希腊文syngignōskein。

② 参见行1449-1451。de Romilly 1979, 页89既强调了原谅的法律基础，也强调了希珀吕托斯对父亲的柔情。

死之际，希珀吕托斯让父亲紧紧抱住自己（行1444-1445）。从忒修斯的角度来看至关重要的是，通过免除他的责任，希珀吕托斯让两度毁灭了他的父亲免受双重惩罚。希珀吕托斯不仅让忒修斯免遭放逐——否则他要因过失杀人受到惩罚，也使他免除受污染的不净（行1448）。

在对父亲表示谅解时，希珀吕托斯不再愤怒，也不再复仇——阿尔忒弥斯劝双方这样行事（行1431-1436），她本人却并没有照办。阿尔忒弥斯自身的愤怒（符合不死的神）永不休止。阿尔忒弥斯宣称，为报希珀吕托斯之死的仇，她要杀死下一个最受阿芙罗狄忒青睐的人（行1420-1422）。我们可以想象，阿芙罗狄忒也会以牙还牙。因此，神族的积怨还将继续。

希珀吕托斯没有原谅诸神。他对摧毁自己的神的恨至死不改，希望（行1415）人类能诅咒诸神。然而，希珀吕托斯的控诉（从语法上看，这是一个"不能实现的愿望"）方式表明，他终于搞清了横亘在凡人与诸神之间的鸿沟——这个洞见在希珀吕托斯充满懊悔的认识中得以凸显：阿尔忒弥斯"轻易"放弃了他们的长久关系（行1441）。

认清诸神的冷漠无情之后，希珀吕托斯更积极地回应了父亲的人类苦难，而这其实也 [78] 意味着他本人不过凡胎。放下愤怒的能力，是与承认有死性和拥有节制密切相关的品质。在《希珀吕托斯》中，这些联系隐而未发，但在另一部剧的一段残篇中，欧里庇得斯明确了这些联系（799 N2）：

> 既然我们有着凡人的外形，
> 每个清楚正义为何意的人就该懂得，
> 不要心怀永无止境的愤怒。

要想恰切理解节制，就不仅要承认我们与诸神的差距，还得承认我们与他人的关系——承认人类经验的某些共性，尤其是承认我们都受制于必然性这一事实。这就是斐德拉原本想让希珀吕托斯吸取的教训（行667）。当希珀吕托斯把自己、父亲和斐德拉视作阿芙罗狄忒的三个受害者时，就表明他已经吸取了教训（行1403）。他也因此体谅了父亲。

从剧本开始，希珀吕托斯就走了很长一段路。起初，他把传统精英式节制的诸限度拟人化。事实证明，乳母不能真正代表节制，节制不过是她不讲原则的借口。斐德拉虽清楚通往原则性生活的重重阻碍，却没能把自己的洞见付诸行动。最后在阿尔忒弥斯的劝说下，垂死的希珀吕托斯采取了节制态度。这种态度源于同病相怜，其显著特征是宽容。通过免除忒修斯的罪责，这个私生子显示出真正的高贵（gennaios，行1452）。希珀吕托斯不仅为忒修斯的合法子女树立了榜样（行1455），也为观看或阅读这个故事的人树立了榜样。

谅解的态度能确保践行者免受伤害吗？这一直是节制忠告背后的原动力。在《希珀吕托斯》中，歌队成员满怀希望地祈祷，随遇而安的精神会带来繁荣和幸福（行1108–1119）：

> 变化接着变化，
> 人的一生充满转折，
> 一个接着一个永无休止。
> [79] 愿神听我祈求：
> 让命运许我
> 生活快乐
> 心灵没有苦痛。
> 愿我不要活得太明白，

> 也不要太糊涂。而是
> 容易改变习惯，
> 适应不断到来的明天，
> 从而得到幸福的一生。

避免希珀吕托斯和斐德拉的苛刻和乳母的似是而非，其实就找到了中道。但认为这种策略能带来好运，想法未免天真。必然性（剧中由阿芙罗狄忒代表）威力无边，绝非人类靠调和就能安抚得了。无论如何（欧里庇得斯似乎暗示），我们践行节制绝非为了保平安。此剧把节制颂扬为一种不带实用价值的伦理德性。通过认清生活的无常并平心静气地接受努力也未必带来成功或回报的事实，通过原谅自己或他人无从避免的失败，有死的人类承认并确信，他们原本就是肉身凡胎。

第三章 《赫卡柏》

[85] 多年来淡出评论家视野的《赫卡柏》最近重新引人瞩目。瑞克福德（Reckford）(1985) 和纳斯鲍姆（Nussbaum）(1986) 的研究都从赫卡柏的独白（行592-602）入手，探讨了人性的统一。赫卡柏在反思中认为，人类天生有好有坏（但她承认了教育和榜样的作用），毕生依照性格行事。两位评论家都认为，赫卡柏打破了自己的原则——这个角色在人世沉浮中败坏，最终变得有如野兽，泯灭人性——根据珀吕墨斯托耳（Polymestor）在剧末预言的变形，赫卡柏在道义上对应的竟然是狂吠的狗。

密奇里尼（Michelini）认同这种看法，认为赫卡柏这个人物形象与她在剧中看到的其他审美异常的形象类似。科瓦克斯（Kovacs）(1987) 别开生面地从政治角度考察了此剧：

> 剧中至关重要的一组对比，发生在希腊人和外邦人之间……对比了希腊军队的新式民主世界（democratic world）与外邦古老的王朝世界（dynastic world）。(Kovacs 1987, 页81和页82)

科瓦克斯已提请大家关注此剧的一个重要维度，即政治对立对戏剧行动的影响，剧中一再提及的雅典场景和体制也强化了这一点：人声鼎沸的公民大会、会上的发言者和煽动者、雅典的"法律套话"(enactment-formula)、法律面前人人平等(isonomia)[①]这一备受推崇的民主原则。不过,这种看法只道出一半实情。没错,在描述古希腊的公民大会和军队时,欧里庇得斯扼要指出了雅典民主制的某些内部特征,这种制度反复无常的性质遭到赫卡柏批评,并被煽动者奥德修斯利用。[②]不过,我要在此表明,《赫卡柏》的政治要害另有乾坤:此剧直指雅典的帝国主义,因为[86]希腊将领与特洛亚战俘、有权有势者与无权无势者的关系不平等。倘若我们把特洛亚王后视为战俘和无权无势的代表,并考察她在全剧中与掳掠者的对话,那么我们就不会认同那些认为赫卡柏经历了道德败坏的评论家的看法。我们还会发现,此剧警示了十年后将成为雅典官方话语的帝国主义思想。

[①] 行116及下描述了希腊军队集会的情况。关于战士们骚动不安(thorybos),参见行872、1111;亦参Bers 1985,指出该词暗指陪审团(dicastic)。行124称忒修斯的两个儿子为修辞家(rhētores),表明该词可指"政客",参见Connor 1972,页116-117。行131-132和行251-257把奥德修斯描述为煽动者。关于用dokein指称"法律套话",参见行108,行220;关于这种表述的不同版本,参见Rhodes 1972,页64。关于isonomia(解释为nomos isos),参见行291,行805。

[②] 我不同意Kovacs的看法(见页82及全书多处)。他认为,希腊军队"拥有无上权力"。我认为,欧里庇得斯把这支军队描述为一支骚乱不安、无头苍蝇般的武力。赫卡柏和塔尔提比俄斯就把这支军队喻为火或大海(行608、533),可为奥德修斯操控(行131及下),为塔尔提比俄斯平息(行531-533),可受好影响,也可受坏影响(见行575及下)。我要表明的是,由这几个戏段可见,这支军队的实权由首领掌控,责任也由他们承担,这也切合歌队和赫卡柏所强调的,帕里斯和海伦个体行为失检,最终给大家带来弥天大祸(参见行442-443、641-642、943-952)。

我也不同意Kovacs的另一半观点:特洛亚王室是剧中"实权"的典范(页82)。放在过去可能没错,但戏剧行动一再强调,他们眼下的孤立无助与希腊统领的权力形成对比。

《赫卡柏》与《特洛亚女子》

欧里庇得斯有两部传世剧作——《赫卡柏》和《特洛亚女子》，描写了紧随特洛亚战争之后所发生的事。战后的场景设定，似乎为欧里庇得斯挑明了权力悬殊带来的道德问题——这些问题暂时搁置，盖因冲突悬而未决。

《特洛亚女子》创作时间晚《赫卡柏》九年，戏剧行动的时间却更早。两剧开场也表明了两部剧关涉战后重整的不同阶段。《特洛亚女子》开场时，战事刚了。特洛亚还屹立着，希腊舰队仍停靠在特洛亚海岸，战俘们也还未分配给希腊主人。两组人物中的得胜者仍在幕后，多数时候由传令官塔尔提比俄斯（Talthybius）传达命令。胜利者在剧中的主要作用是折磨特洛亚女子——这种角色明确无误，令受害者深感绝望。剧作自始至终把希腊人呈现为一个无差别的群体——雅典娜认为他们犯了渎神罪，卡珊德拉则认为他们犯下蠢行。①

《特洛亚女子》聚焦王室战俘，她们个性鲜明，截然不同于希腊人。每个女子都依照各自的身世和气质，分别说明了自己的处境。这些差异表明，就算身处理应隐藏或压抑个性的境况，她们的个性依然存在。这些女子仍作为一个共同体在起作用，赫卡柏从与她接触的其他王室女子身上汲取力量：卡珊德拉（Cassandra）、安德罗玛刻（Andromache），甚至海伦（Helen）。

---

① 渎神，行71；蠢行，行365–383。当然，希腊人的区分，发生在两个涉及分配的语境里：一是特洛亚女子思忖她们在希腊的可能命运（行197–229），另一个是塔尔提比俄斯把特洛亚战俘分配给不同的主人（行246–277）。

《赫卡柏》开场就表明，事态起了变化。希腊人把特洛亚化为灰烬后已穿行到[87]忒腊克的刻耳索涅色（Thracian Chersones）。此剧开始时，舰队已滞留忒腊克三日（行32-36）。阿喀琉斯（Achilles）阴魂显现导致行期延迟，他不让舰队离开，索要荣耀（geras）。①

特洛亚陷落后的这段没有明确的时间，带来了天翻地覆的变化，不仅希腊人和特洛亚人的共同体没了分别，两个共同体内部成员的关系也起了变化。王室战俘被分配给希腊将领，共同体已分崩离析。赫卡柏想找人解梦，琢磨着自己"究竟去哪儿"（pou pote，行87）才能寻得赫勒诺斯（Helenus）或卡珊德拉，此时我们发现，她们交往并不紧密。赫卡柏根本不清楚家里还有哪些人活着。赫卡柏为珀吕多罗斯（Polydorus）担惊受怕。可是珀吕多罗斯掩盖着的尸体真被带到她跟前时，一时间赫卡柏却疑心这是卡珊德拉（行676-677）。赫卡柏能仰仗的家人，唯有身边的珀吕克塞娜（Polyxena）。当珀吕克塞娜也要被人从她身边夺走时（行280-281），这一点一目了然：

---

① Kovacs 1987（页145）认为，阿喀琉斯没有真的让风止息，阻止船只起航。相反，阿喀琉斯的

> 显现……在希腊人已经启航远行后，才阻滞他们（Kovacs的强调）。

不过，katesch'（行38）和esche（行11）都暗含实际干预，这也最好解释希腊人何以滞留忒腊克。不然就必须想象阿喀琉斯先显现，然后无缘无故风止。

欧里庇得斯的委婉表述，可能反映了时下对无风的两种解释的张力：神话解释和科学（naturalistic）解释。埃斯库罗斯对奥利斯无风的描述（《阿伽门农》，行188及下）同样迂回婉转。

在我失去许多东西之后,她是我的慰藉,
　　我的城邦,乳母,拐杖和带路人。

　　当然,赫卡柏还指望仰仗战俘同胞。她们结成一个只被说成"杰出的特洛亚女子"的团体,服务于(欧里庇得斯和赫卡柏的)布局。在由她们颂唱的合唱歌中,这些特洛亚女子哀悼过去,忧心未来,传达了赫卡柏代表的那种普遍的宿命感。同样,正是通过团结协作,这些女战俘才能最有效地协助前王后。她们凭借完美的欺骗和人多势众战胜了珀吕墨斯托耳(Polymestor)。赫卡柏表示,

　　人多很可怕,再加上诡计就不可战胜。(行884)

　　如果说特洛亚女子结为了一体,那么随着和平到来,征服者先前的协同一致早已土崩瓦解。攻占特洛亚的共同目标只是部分解决了首领之间的冲突,和平降临,冲突再现。那些根深蒂固的性格特征(当时的观众因《伊利亚特》对此熟稔于心)死灰复燃:再次,阿喀琉斯显得怒不可遏、急不可耐,阿伽门农是举棋不定的好色之徒,奥德修斯诡计多端、玩弄人于股掌。①

　　[88]在宣告献祭珀吕克塞娜的决定时(行220),奥德修斯就使用了雅典法令的典型用语:

　　希腊人已决定……

---

　　①　关于此剧与《伊利亚特》的关系,参见King 1985。但他言过其实了,他认为欧里庇得斯是在进行文学论战,而非政治性论战。

奥德修斯的措辞，掩饰了投票前的激辩及他在决议中扮演的角色。因与卡珊德拉关系亲密，阿伽门农曾试图庇护珀吕克塞娜。但忒修斯的两个儿子谴责他把私心看得比公共利益还重（行127–129）：

> 他们说，他们
> 永远不会把卡珊德拉的爱情
> 看得重于阿喀琉斯的武功。

此话的言外之意可能是为了引人关注这支军队，因为它让人想起阿伽门农在奥利斯献祭伊菲革涅亚时的两难困境，以及他在特洛亚就归还克律塞伊斯（Chryseis）一事与阿喀琉斯所起的冲突。不过，将士们的这场争论最终悬而未决，他们在献祭的必要性上各执一词。在奥德修斯口舌生花的（rhetorical）斡旋下，他们才达成一致。

如果说两个共同体内部的驱动力已发生改变，那么，两个共同体的关系则发生了更惊人的变化。特洛亚人先前被希腊人视作势均力敌，而今却沦为他们的奴隶，亦即受希腊人监管的私人财物。这种关系亲密而暧昧。特洛亚女子不确定，希腊人究竟是好心还是"居心不良"（dysmenēs，行300、745–746）。换言之，她们不清楚，希腊人是否会为她们谋幸福。若非如此，那就没人救得了珀吕克塞娜。在希腊人的价值体系里，死一两个战俘奴隶，根本不值一提。要紧的（如奥德修斯所言，行134）是向"所有希腊人中最好的那一个"致敬。倘若希腊人心善，那么（赫卡柏认为，行291–292），珀吕塞克娜就能免于一死，因为希腊的杀人罪法律"既适用于残害奴隶，也适用于残害自由民"。

赫卡柏拼命从确保战俘获得某些基本权利的角度确定这种

新关系。她寻求的是正义。而正义是个体与共同体的一致追求（阿伽门农承认了这一点，行902-904）。赫卡柏以个人身份向奥德修斯和阿伽门农祈求，却同时引发了对雅典的帝国城邦极为重要的问题。在强者与弱者的交往中，应奉行哪些标准？胜者有权为所欲为，还是受制于强者［89］和弱者都应遵循的普遍标准？被征服者该依靠什么？他们应屈从于主人的意志，还是竭力反抗？

这些问题与变化的主题密切相关，因为根据古希腊传统智慧，眼下的弱者不久前还是强者，眼下得势之人日后可能要遭殃。剧末出现的一个意象就是变形（metastasis, 1266）：赫卡柏变成"双眼喷火的母狗"，她的水中墓塚将冠以"母狗之塚"这个名称（Cynossema，行1265、1271-1273）。充当这部肃剧的背景的那场战争，让王后沦为奴隶，把一位儿女绕膝的母亲熬成了沧桑老妪，

> 没了儿女，
> 没了城邦，孤苦无依，成了最不幸的人。（行810-811）

此战也使一座城邦化为灰烬。歌队女子不断回到特洛亚城邦变样的意象，还详述了变样开始的那一瞬间：午夜时分，男子们已安歇，女子们正铺着床，刹那间，街头巷尾充斥着敌军的呐喊声（行905-932）。

在特洛亚化为灰烬（此剧开场时已成定局）与赫卡柏变形为母狗（剧作临近尾声时即将发生）的框架下，全剧有条不紊地检审了由战争带来的各种变化。欧里庇得斯注意到权力对人类行为的影响，最后也肯定了人类追求正义的执着。

强者的依靠：必然性

战争的起因错综复杂，影响深远，以至于人们似乎自然把战争的发生归因于诸神或无情的命运。《伊利亚特》就设定了这样的归因模式，开篇第五行就把行动归因于"宙斯的意志"。这种模式在《赫卡柏》当中也一再得到呼应。珀吕多罗斯的阴魂预告了姐姐将被献祭，他说，她的死实属"天命难违"（行43）。他还声称，"有一位神"让赫卡柏沦为奴隶，目的是平衡往日的荣华和眼下的困苦（行57-58）。

特洛亚女子们也把自己的处境归因于必然性。她们悲叹道（行639-640）：

> 困苦，比困苦更坏的
> 残酷命运围住了我们。

珀吕克塞娜决定赴死，既"事出必然"（行346），[90]也出自她本人的自由意志。根据剧末的抑抑扬格[离场歌]，"无情的必然性"迫使这些女子前往希腊。不过，剧中anankē[必然性]一词出现在文本其他地方时，质疑了这种充满宿命论的解读，促使观众更细致地审视征服者应对被征服者的苦难所负之责。

荷马以降，必然性就是希腊文学的重要主题，只不过词义随时间推移发生了变化。起初，anankē[必然性]的核心含义具体而形象，指"轭"或"锁链"之类的东西。[①]人们常用该词指称强者对弱者的约束：《伊利亚特》中"自由时光"（eleutheron ēmar）

---

① Schreckenberg 1964，页2-6。关于必然性，另参Rivier 1968对埃斯库罗斯用法以及Ostwald对修昔底德用法的出色讨论。

与"受奴役的时光"(ēmar anankaion)的对比(《伊利亚特》16. 831、836)就是例证。

到了公元前5世纪,anankē的含义变得更抽象。现在,该词常与命运、本能和需求及铁面无私的法律关联在一起(Schreckenberg 1964,页50)。为此,在《特洛亚女子》中(行886),赫卡柏思考着宙斯究竟代表凡人的思想还是自然的必然性。阿里斯托芬揶揄性欲为"自然需求"(tēs physeōs anankai,《云》,行1075)。谈及权力和统治的主题时,修昔底德笔下的雅典人对墨洛斯人(Melians)说,

> 我们对诸神的看法和我们对人类的认识让我们认定,这就是统治世界任何地方的普遍而必然的自然法则。①

《赫卡柏》给出了几个例子,必然性(anankē)被"公正无私地"用来表情达意。赫卡柏告诉奥德修斯,她"必须"(pollē g'anankē,行396)和女儿一起死。阿伽门农承认不得不滞留忒腊克,因为无风(行901)。他也表示必须裁断珀吕墨斯托耳的案子(行1241)。珀吕墨斯托耳声称,卡珊德拉"必然"(亦即命中注定)暴死(行1275)。在每一个例子中,必然性都在言说之外,却又皆在情境之中。

这些例子与荷马的用法有关,却与之截然不同(蕴含了荷马笔下没有的重要弦外之音),所指的不是命运的残酷无情,而是

---

① 修昔底德,《伯罗奔尼撒战争史》,5.105.2。雅典人其实把anankē的两种含义混为了一谈。他们宣称,强力(=武力,强者的意志)必然(by necessity,=命定)所向披靡。关于强者的自然权利,参见 Democritus, Fiels-Kranz 68B67。

特权者加在弱者（而非他们自己）身上的强迫。奥德修斯对赫卡柏的尖刻驳斥，让观众注意到必然性的这层含义。赫卡柏称她"必须"和珀吕克塞娜一起死，奥德修斯答称，

> 什么？我不知道我找了个女主人哩。（行397）

[91] 奥德修斯是在提醒赫卡柏，决定何为"必须"的人是他，因为他是当权者。①

奥德修斯坦诚回答赫卡柏，实在非同寻常。更常见的做法是，征服者试图掩饰必然性本质上就是其意志的事实。他们甚至要费力表明自己的决定也是迫于无奈或者情非得已。奥德修斯虽未同意赫卡柏跟珀吕克塞娜一道死，却虚情假意地表达歉意，说希腊人必须献祭这个女孩子：

> 死一个女儿就够了，不要再加上一个了，
> 我其实连这个都不认为应该。（行394–395）②

然而，观众从前文对希腊人大会的描述中得知，这个决定绝非不可避免。事实上，做决策的人就是奥德修斯。阿喀琉斯的阴魂只索要了"荣耀"。说服将士们献祭珀吕克塞娜的人正是奥德

---

① 欧里庇得斯《乞援女》行519–520更直白地表达了同一观点：anankazein［必须］是强者的特权。

② Mēde tonde ōpheilomen［连这个都不应该］，行395：换个语词表达必然性的含义，但仍含强迫。奥德修斯不让赫卡柏如愿与女儿共死，明显有施虐癖，我不懂Kovacs（1987，页94）怎会认为他的话"可以说是……错付也徒劳的体贴或周到"。

修斯。①奥德修斯不让赫卡柏死，显得与他坚持杀死她的女儿一样专横。奥德修斯的残忍和假惺惺，根本就不是因为什么必然性，而是他的专横。

在全剧中，行事专横是强者的特权。阿伽门农也一样，他说得好听，却不过是一时兴起。赫卡柏向他乞援时，阿伽门农试图揣度她的请求（行754-755）：

> 你有何请求？放你
> 从此自由？这事儿很容易。

阿伽门农的信口一说倏然揭示，作为赫卡柏生存基础的奴役

---

① 阿喀琉斯的话经四次转述，一次直接引用。珀吕多罗斯宣称，阿喀琉斯的阴魂索要珀吕克塞娜作为牺牲和礼物（geras，行40-41）。赫卡柏表示，阿喀琉斯的幽魂索要"一个饱经沧桑的特洛亚女子作为礼物"（行94-95）。歌队援引幽魂的话，说他指责希腊人"冷落"了他的坟墓（ageraston，行115）。奥德修斯再次保证把珀吕克塞娜献祭给阿喀琉斯，"既然他这么要求了"（exaitoumenoi，行305）。奥德修斯还告诉赫卡柏，幽魂索要的是珀吕克塞娜，而非她（行389-390）。歌队对希腊人集会的描述（行116-140），能帮我们认清这众说纷纭。根据歌队成员的说法，希腊人表达了两种截然不同的观点：有人赞同献祭，有人反对。出于对卡珊德拉的忠诚，阿伽门农提出了赫卡柏的想法（亦即反对献祭的主意，目的是保护珀吕克塞娜）。忒修斯的两个儿子揭穿了阿伽门农的动机。通过强调给予阿喀琉斯应有的回报的重要性，奥德修斯胜出。

我觉得Meridier的解读（1927，卷二2，页169，注释3）有道理：阿喀琉斯要求礼物时虽未指定珀吕克塞娜，但她显然就是人选，因为她年轻、纯洁、出身王室。珀吕多罗斯简述了阿喀琉斯最初的要求及希腊人的解读，因为他是鬼魂，能预知未来。当然，奥德修斯的说法根本不实在。我们不妨认为，在与赫卡柏交谈时，奥德修斯把阿喀琉斯的要求与他本人对此事的理解混为了一谈。

境况，不过取决于阿伽门农的心血来潮——这种境况很"容易"改变，只要她想，并且阿伽门农愿意。由于赫卡柏的经历是其他特洛亚战俘的缩影，她们的惨况顿时真相大白。她们的惨况远非无从避免，而只是取决于征服者的意志。

尽管anankē［必然性］在两处都未出现，另两个戏段却表明了与之相同的表里不一。赫卡柏祈求阿伽门农为珀吕多罗斯之死复仇时，阿伽门农回答说，他"想"帮她（boulomai，行852），只要他能避免让军队觉得，他

> 是为了
> 卡珊德拉谋杀了忒腊克国王。（行855-856）

阿伽门农的混合条件句既暗含了他的个人意愿，又暗含了强烈的战略性考量。阿伽门农［92］的忧虑不无根据，因为忒修斯的两个儿子已在大会上斥责他（行127-129）为卡珊德拉说情。不过，在先前的情况下，卡珊德拉的影响并没有让将士们反对阿伽门农，观众由此可能会质疑他现在说自己碍于这一原因的诚意。无论如何，赫卡柏显得并不相信他不能按意愿行事的说辞，因为她恼怒地回说，世上就没人是"自由的"，每个人都是外力的"奴隶"，但就此事而言，她会"为他消除"恐惧（行864-869）。

通过颠倒这些现实中使用的范式，把阿伽门农描述成胆怯的奴隶，把自己描述成掌权者，赫卡柏揭穿了阿伽门农的口是心非。赫卡柏已认识到，阿伽门农是在拿迫不得已这话搪塞自己，他其实是出于自利。令阿伽门农不愿介入的各种原因，让人想起修昔底德笔下雅典人的说法（1.75.3）：对恐惧、荣耀和利益的三重考虑，"迫使"他们继续维持雅典帝国。不过，雅典人比阿伽门农更坦率地承认了驱使他们的可能动机。

珀吕多罗斯之死最后表明强者言而无信。剧中对此作出了两种截然不同的解释。作恶者珀吕墨斯托耳辩称，他的罪行实属明智（若谈不上无可避免），是智慧和先见的结果（sophē promēthia，行1137）。珀吕墨斯托耳解释说，他杀了珀吕多罗斯，是因为害怕他长大成人后再掀起特洛亚战争，这样一来，希腊人还得回来，忒腊克人也要惨遭涂炭（行1138-1144）。

珀吕墨斯托耳暗示，这起谋杀既是为希腊人着想，也是为他的邦民着想。但早在开场白中，观众就获知了他的真实动机。珀吕多罗斯的阴魂在开场白中解释说，特洛亚一陷落（行25），他的主人就"为了金子"谋害了他。歌队女子看到珀吕多罗斯的尸体的那一刻就猜想，这桩罪行事起贪财（行712）。稍后，阿伽门农也这么认为（行775）。珀吕墨斯托耳本人承认，贪婪的本性使他接受赫卡柏的邀请——赫卡柏说要告诉他特洛亚的藏宝之地。珀吕墨斯托耳太想知道这个信息，以至于他抢过话头，在赫卡柏提出第一个问题后急不可耐地连发两问：

[93]　赫卡柏：你知道特洛亚的雅典娜神庙的所在吗？
珀吕墨斯托耳：金子是在那里吗？有什么标记？[①]

在最后一场戏中，赫卡柏推演案情，珀吕墨斯托耳的动机最终水落石出。她挑明了时机的重要性：若果真如珀吕墨斯托耳所言，他真心想帮希腊人，他就不会等到特洛亚陷落才杀了托付给他的人（行1208-1213）。阿伽门农认同了赫卡柏的分析，他告诉珀吕墨斯托耳（行1243-1246）：

---

① 见行 1008-1009。对这场戏的详析，参见 Schiwinge 1968，页144-148。

> 我告诉你我的想法吧：你杀了那个客人
> 并不是为了我，也不是为了阿开俄斯人，
> 而是为了把存在你家的金子据为己有。
> 你是遭了难后，为了自己的利益才这么说。

阿伽门农认定，珀吕墨斯托耳为了最自私、最愚蠢，也最无正当理由的动机，残害了珀吕多罗斯。珀吕墨斯托耳甚至没法说，因事发突然，他心生恐惧才出此下策。因为正是料到特洛亚可能陷落，普里阿摩斯当初才把儿子送往忒腊克，随行还捎带了金子，好让幸存下来的王室子孙生活有靠（行10–12）。珀吕墨斯托耳杀死这个男孩，把金子据为己有，不仅辜负了友客寄予的信任，也违背了他与普里阿摩斯达成的明确约定。

奥德修斯和珀吕墨斯托耳背信弃义，促使观众把赫卡柏的小儿子的死归咎于一种必然性（anankē）。这种必然性与命运关系不大，却与专横的暴力有着千丝万缕的关系。这个发现很容易让人把先前毫不相干的两起事件关联在一起。[1] 珀吕克塞娜之死经大会公开讨论，随后正式通报给赫卡柏。处决公开执行，从宗教角度看也合理。希腊人怀着敬意精心处理了尸体。相形之下，珀吕多罗斯的死发生得神鬼不知，能瞒多久就多久。珀吕墨斯托耳草草残害了这个男孩，还把他抛尸大海（行698、716–717、782）。

必然性所扮演的角色，某些意味深长的细节，以及赫卡柏本人的反应，都表明这两起死亡殊途同归。赫卡柏把两个孩子都看作自己

---

[1] 这两个行动在必然性上主题相关，解答了此剧结构统一的棘手问题，关于这一点，譬如参见 Mattaei 1918，页 120–124；Kirkwood 1947，页 60–63；Steidle 1968，页 44–49；Michelini 1987，页 132–133。赫卡柏对奥德修斯和阿伽门农的说辞顺序相反，也使这两场戏关联在一起。

最后的依靠：珀吕多罗斯是家族（oikos）"唯一幸存的 [94] 顶梁柱"（行80-81），珀吕克塞娜则是她"唯一的慰藉"（行280）。赫卡柏梦见一头浑身是血的狼把一只小鹿从她怀里拖走，引发了她对两个孩子的担忧（行74-75）。事实上，这个凶兆同时适用于两个孩子。为珀吕克塞娜的葬礼所作的准备，牵出了珀吕多罗斯的尸体：就在汲水用于净化时，赫卡柏的侍女发现了尸体。赫卡柏设计惩罚不忠的客友，她说唯用此计，方能为"我的儿女"报仇（行750）：一种报复行动就能为两人雪恨。尽管两个孩子命运不同，赫卡柏却认为他们身处同样的危险，她一举为两人复仇，还要把两人葬在一起（行895-897）：他们并非不偏不倚的必然性的受害者，而是遭强者压迫的受害者。

归根结底，残忍的不是毫无人情的必然性（sterra anankē，行1295），而是冷酷的人性（sterros anthrōpou physis，行296）。为了反抗压迫，弱者绞尽脑汁。事实上，弱者可用的对策远比征服者多。征服者只信靠强力推行其意志。通过表明战俘们别无他途，欧里庇得斯让赫卡柏最后的复仇变得在道义上情有可原（morally intelligible）。

弱者的依靠：同意

特洛亚战俘除赫卡柏外，剧中只单独刻画了珀吕克塞娜。正是珀吕克塞娜第一个前后一致地回应了强者的"必然"（anankē），也正是在她的选择的衬托下，评论家们才认为，赫卡柏的行为有失体统、惨无人道、离经叛道。[1]因此，考察珀吕克塞娜的被献祭，对理解此剧至关重要。

---

[1] 参见Matthaei 1918，页155："欧里庇得斯意在让珀吕克塞娜和赫卡柏遭受截然不同的不义。"亦参Reckford 1985，页121，Michelini 1987，页158。

得知珀吕克塞娜将被献祭的消息后，母亲赫卡柏求奥德修斯放女儿一条生路。求告不成，赫卡柏又让女儿亲自求情。珀吕克塞娜告诉赫卡柏和难堪的奥德修斯——他往后退避，以为珀吕克塞娜要求他（她并不打算求他饶自己一命）。事实上，她但求一死（行349-350、354-361）：

> 我为什么必须活下去呢？我父亲
> 是所有弗里吉亚人的王。这是我生活的起点。
> ……
> 可怜我[95]本是伊达女子的女王，
> 在少女中鹤立鸡群，
> 和女神没两样，只差有死这一点。
> 而今我沦落为奴。首先这名称
> 就叫我情愿去死，听起来不舒服。
> 以后说不定我还会落到一个狠心
> 主人的手里，他用银子把我买了去，
> 强迫我——赫克托尔和许多别的英雄的姊妹……

珀吕克塞娜既不想让奥德修斯回心转意，也不想反抗命运。奥德修斯早已让赫卡柏认清绝境，放弃反抗（行225-228）。珀吕克塞娜与之看法一致。她劝赫卡柏，[①]

---

① 行404的言辞和身体细节凸显了珀吕克塞娜坚定地"站在奥德修斯一边，对抗母亲"（Daitz 1971，页219）。珀吕克塞娜开口说话时用了呼格和命令式（mēter, pithou moi [母亲啊，听我说吧]，401），奥德修斯先前也这样开始言说（Hekabē, didaskou [赫卡柏，你要懂道理]，行299）。珀吕克塞娜"自愿"去死（行548）与赫卡柏不"愿"放弃她（行400）构成冲突。赫卡柏紧紧抓住女儿，珀吕克塞娜则让她放手。

不要与强者对抗！

珀吕克塞娜认定献祭无从避免，甚至乐见其成，因为这能使她免受命中注定的其他"强迫"：譬如残暴的主人可能会强迫她（anankazein，行364）做面包（anank sitppoios，行362）。珀吕克塞娜表示，现在就死能确保她身份完好地体面离开，免受奴隶生活带来的羞辱。[①]

珀吕克塞娜一往无前。塔尔提比俄斯的描述令人动容：她坚持不受绑缚跪在刽子手跟前，声称"自愿"赴死（hekousa，行548），让涅俄普托勒摩斯（Neoptolemus）选择割喉还是一刀刺入胸膛（行563–565）。[②]塔尔提比俄斯报告说，此情此景令希腊全军肃然起敬，易动（好的和坏的）感情的将士们竞相为她的火葬柴堆摆放供品（行571–580）。

珀吕克塞娜试图把她的死说成得偿所愿，以弱化死亡的被迫性。珀吕克塞娜之所以能宣称作为自由的女人死去，不仅因为她免受了奴役的羞辱，还因为她认定献祭本身就是自由选择的问题。珀吕克塞娜虽做得远超征服者的要求，她却视自己的同意为凯旋而非臣服。

连希腊人都称颂珀吕克塞娜勇敢。至于特洛亚人，歌队和赫卡柏先后把珀吕克塞娜的死与品性不凡和出身高贵相提并论（行379–381、592–602）。我们若单看珀吕克塞娜，视之为 [96] 仿若大理石雕像的人物——塔尔提比俄斯就这么形容她（行560），她的姿态在道德上就值得称颂，审美上也动人。但文脉引入了一个更具批判性的视角。我们需要考虑珀吕克塞娜诉诸的价值体系及剧作对此的评价。我们也需要考虑，珀吕克塞娜处境的反常，

[①] 珀吕克塞娜坚称她是自由的，见行367–368（Blomfield的 eleutherōn）和行550。

[②] 关于每种死亡方式的象征意义，参见Laraux 1985，页92–97。

笼罩在她的死之上的氛围，以及她毫无益处的被献祭。

珀吕克塞娜在简述生平（行349-358）时给出了让她做出决定的动机——《发狂的赫拉克勒斯》中的墨伽拉（Megara）或《特洛亚女子》中的安德罗玛刻这些女人都详述了相同的行事原则：传统贵族精神。这些例子里由女人道出的传统贵族精神，与索福克勒斯笔下的男英雄埃阿斯的准则毫无二致。[①]于这类贵族而言，自我感（the sense of self）体现于血统和地位。幸福来不得半点折扣，地位也容不得半点减损（二者几乎相当），否则他们毋宁死去。在这几部剧中，欧里庇得斯都没有直接批评这些传统看法，但在每出剧里都委婉地表达了质疑。

在《特洛亚女子》中，安德罗玛刻采取了与《赫卡柏》中的珀吕克塞娜相似的立场。安德罗玛刻在回忆中评价了珀吕克塞娜之死，认为她比所有幸存的战俘都幸运，因为，

悲惨地过活，毋宁死。（《特洛亚女子》，行637）

但赫卡柏质疑了安德罗玛刻的理由，劝她随遇而安，朝前而非往后看。在《发狂的赫拉克勒斯》（行95以下）中，安斐特吕翁（Amphytryon）也驳斥了墨伽拉的宿命论，让她心怀希望。

赫卡柏与珀吕克塞娜的冲突虽未摆到明处，却互不退让。珀吕克塞娜拒绝求奥德修斯饶她一命时，赫卡柏半是敬仰半是痛苦：她承认女儿所言高贵，却又强调说此言令人悲伤（行382-383）。赫卡柏束手无策，没法令珀吕克塞娜回心转意，只能更加苦苦哀求奥德修斯饶女儿一命。直到珀吕克塞娜本人以征服者视角提醒母亲，反抗会招来暴力，赫卡柏这才不再求告。

---

① Kovacs 1987，页93提到了珀吕克塞娜和埃阿斯的相似之处。

珀吕克塞娜死后，赫卡柏的矛盾心理仍挥之不去。她一边称颂女儿，一边追忆普里阿摩斯家族的往日时光和富贵荣华，那一切皆如过眼云烟（行619–628）。赫卡柏的话似乎暗中批评了珀吕[97]克塞娜：她认准昔日的生活方式，宁可作敌人的祭牲，也不愿忍受奴隶的"名号"。①

不过，引发学者们质疑珀吕克塞娜行为的，主要不是赫卡柏的反应，而是珀吕克塞娜处境的不协调。乍看上去，珀吕克塞娜是欧里庇得斯笔下的典型人物类型，是众多年轻英雄与女英雄中之一，就像《腓尼基少女》（*Phoenician Women*）中的墨诺尔刻俄斯（Menoeceus），或者《伊菲革涅亚在奥利斯》（*Iphigenia in Aulis*）里的伊菲革涅亚，她们为了共同体的善甘愿牺牲自己。有学者的分析已经指出，献祭结构通常需要两大构成要素："神的要求"和"公共目的"。②但在珀吕克塞娜的例子里，这两方面都成问题。我们已经看到，这场献祭的主要推手是奥德修斯，而非某种更高的力量。珀吕克塞娜之死得益的不是特洛亚幸存者，而是希腊人的共同体。这些反常的情况，让珀吕克塞娜的行为显得可疑。

珀吕克塞娜落入了敌人的陷阱，不只因为她被献祭，还因她自愿被献祭。赫卡柏指出，这种情况下拿她当人祭，

> 还不如宰杀一头牲口来得合适。（行261）

---

① Michelini 1987，页166，引人关注这种表象与实际的对立，她断言，"此处似乎暗含了对珀吕克塞娜为之献身的行为标准的轻微批评"。对奴役的另一种看法，参见《伊翁》（*Ion*），行854–856，那里指出，只有奴隶的名称才令人羞耻，另见《海伦》（*Helen*），行728–733。Daitz 1971，页222–224讨论了挑战传统奴役观念的这些及其他戏段。

② O'Conner-Visser 1987，页2。她的导论很好地梳理了对欧里庇得斯涉及献祭的剧作的早期研究。她还用一章讨论了《赫卡柏》。

古代牲祭的相关研究已表明，人们认为，祭牲的同意是祭仪成功的关键。[1]珀吕克塞娜甘愿就死，使她成了理想的祭牲。虽然这绝非她所愿，但珀吕克塞娜却实际上与希腊人站到了一边。

正因珀吕克塞娜不是动物而是女人，她的青春美貌令献祭场合愈发怪异。根据塔尔提比俄斯的描述，献祭弥漫着明显的色情（erotic）气息。镣铐一经解开，珀吕克塞娜就撕开长袍，袒胸露乳（行560-565）：

> 露出雕像般美不胜收的双乳
> 和胸脯，屈膝跪在地上，
> 说出一切话中最勇敢的话：
> "年轻人啊，看着，你若想
> 刺胸部，往这里刺。你若想
> 刺颈下，那么颈子在这里也露着了。"

这段色情描写（eroticism）细致入微：珀吕克塞娜和赫卡柏可能都想到了恋尸癖。[2]由于卑下的情感妨碍了献祭，我们更难真

---

[1] Burkert 1966，页106-107及注释3。Mathaei 1918，页135指出了这种关联：

> 在希腊的祭仪中，人们认为自愿被献祭的才是最佳牺牲。珀吕克塞娜的自愿不仅满足献祭的宗教规范，也使之更加完美。

[2] 参见行568-570、604-606。Gellie 1980，页34-35探讨了这场戏的"性暗示"。Larousx 1985，页94指出，尽管珀吕克塞娜的举动并不带色情意图，实际上却充满色情。Michelini 1987，页158-168认为，这场戏是造成此剧古怪审美的一种不协调。我认为，观众未必会和Michelini本人一样对这些语气的差异敏感，他们被戏剧行动深深吸引。

心认可珀吕克塞娜的行为。

[98]毋庸置疑，人祭的人选总是年轻美貌、纯洁无瑕。原因可能兼顾了宗教的审美，因为衰老的身体在尘土中倒下的情景，会引发观众截然不同的情感：痛苦、羞耻、厌恶。[①]老年人没资格当祭牲，残酷地体现在赫卡柏身上：当她起先自告奋勇替珀吕克塞娜就死，随后又主动要求和女儿一道去死时，提议均遭奥德修斯拒绝（行385–395）。就献祭而言，赫卡柏或别的战俘都没有选择权。珀吕克塞娜回应征服者所施强迫的做法并不值得称道。

之所以对珀吕克塞娜的献祭如是盖棺定论，是因为献祭无效。祭仪本旨在安抚阿喀琉斯的阴魂。从宽泛的意义上讲，人们指望祭仪能结束无风象征的宇宙混乱。[②]珀吕克塞娜的死却并未带来风。珀吕克塞娜被杀后不久，阿伽门农就表示，赫卡柏还有时间向珀吕墨斯托耳报仇（行898–901）：

> 只要军队一有可能开船，
> 我就没法给你这个恩典了。
> 但是现在，既然神不遣来顺风，
> 我们只好闲等着开船的机会。

说到宗教仪式，希腊人期望努力能有回报。[③]可见，珀吕克塞

---

① 参见Tyrtaeus 10（West），模仿了《伊利亚特》（22.66–67）中老人战死沙场的惨状，另参Humphrey 1983，页145的评论。

② 在献祭珀吕克塞娜时，涅俄普托勒摩斯不仅祈求顺利启航，也祈愿所有人能安然返乡（行534–541）。稍后，阿伽门农提到，"神"（不是"阿喀琉斯"）还没给他们带来顺风（行900）。措辞表明，这场危机超出了阿喀琉斯，波及启航。

③ 关于希腊人的祈祷暗含的"回报观"，参见Gould 1985，页14–16。关于献祭和还愿贡品背后的动机，参见Van Straten 1981，页65–69。

娜的献祭似乎并未安抚诸神,虽然剧末确实起风了——此事要害在于风起得是否及时。眼下我们不妨认为,珀吕克塞娜的献身先是遭反常情境质疑,尔后又遭献祭无果削弱。弱者若想靠自己对抗强者,必须另寻他途(而非同意)。

弱者的依靠:礼法

赫卡柏另辟蹊径。她没有屈从于自己所遭受的暴力,还控诉了暴力的每个环节。赫卡柏援引了一条平等法(isos nomos)——她说此法适用于奴隶和自由民、弱者和强者,向奥德修斯,并更明确地据此向阿伽门农乞求。赫卡柏的恳求透着当代感,因为[99]礼法(nomos)的适用范围是时下富有争议的问题。此外,礼法还具有地方特色,因为赫卡柏不仅让人想起礼法(nomos),还让人想到"法律面前人人平等"(isonomia)这条著名的雅典原则。[①]

nomos最初指"习惯"或"规范"。nomoi指"人们无条件认为有效且正确的习惯做法"。[②]nomos包含正义的观念,早期也与之相关。随着时间推移,nomos开始包含法规和法律的观念。随着交往和日趋精细,人们发现,不同社会之间的法律和习俗千差万别。因此,所有习俗都是相对的。希罗多德记载的一桩轶事(3.38)著名地表明了这一点:波斯王大流士(King Darius of Persia)问一些希腊人,花多少钱能让他们吃死者的肉,他还问一些印度人,

---

[①] Stinton的译文。Collard 1975 A,卷二,页440–442援引了Stinton的评论。在他的经典文章(1953,页350及下)中,Vlastos主要集中探讨了isonomia的第二重含义:所有人都能平等参与议政,但此处无疑涉及Stinton提到的那层含义:赫卡柏是在寻求法律庇护,而非决策权。关于isonomia的两重含义,亦参Collard 1975A,卷二,对《乞援女》行429–432的笺释。

[②] Ostwald 1969,页37。亦参Kerferd 1981,页112的讨论。

怎样才能让他们火化死者。听闻此言，两群人都震惊不已。阿尔喀劳斯（Archelaus）的一段残篇（Diels-Kranz 60A1）凝练地表达了这个观点：

> 礼法而非自然规定何为正义、何为羞耻。

这些看法引发了人们对礼法适用范围的思考。至少有些礼法放之四海而皆准，还是礼法只适用于同一个社会？在社会内部，不同社会群体对礼法的理解各不相同吗？至少在雅典，每个邦民都平等地受法律保护。Isonomia ["法律面前人人平等"]一词与克雷斯忒涅斯（Cleisthenes）的改革及雅典民主制的发展密切相关，代表民主制特有的不偏不倚。"法律面前人人平等"（Isonomia）保障了邦民的合法权利。尤其当弱者受强者侵害时，他们可以求助于法律（欧里庇得斯，《乞援女》，行429–437）。

在民主制背景中，人们认为nomos完善了一人统治（one-man rule）。人们认为，法律（尤其成文法）可以避免僭主或寡头独断专行（参见Ostwald 1969，页101）。不过，在神话情境和当代情境往往交织一体的肃剧中，剧作家通常把拥护礼法视为统治者的特殊责任。[①] 人们寄望于开明的统治者不畏风险捍卫礼法，就算此事与他无关。欧里庇得斯的《乞援女》就传递了这样的信息。[②] 剧中的忒修斯在母亲劝说下决定介入忒拜与阿尔戈斯的战

[①] 参见埃斯库罗斯《乞援女》中持民主思想的国王，以及Podlecki 1986，页83–86的讨论。

[②] 四位学者对这些（稍有不同的）决策人物（resolution-figures）的分析证明，《乞援女》和《赫卡柏》的创作时间离得很近（参见Cropp-Fick 1985，图2.1，页5）。因此，欧里庇得斯不是说改变了关于首领有责任捍卫礼法的看法，而是在这两部同期创作的剧中对同一个问题做了完全不同的处理。

争，好让阵亡的阿尔戈斯将士入土为安。忒修斯不想让人骂他任由"诸神的古老礼法"[100]消失。必要时，他准备以武力捍卫礼法（《乞援女》，行563、584以下）。一旦介入成功，忒修斯就亲临阿尔戈斯阵亡将士的葬礼，以凸显此事的重要性。该结果证明，这些礼法放之四海而皆准。

在《赫卡柏》中，诉诸礼法没有获得这样的成功。捍卫礼法的机会两度摆在面前，希腊人都无动于衷。赫卡柏申说珀吕克塞娜不该受死时，首次向奥德修斯提出了这个问题。赫卡柏已经逃过一死，眼下战事既已结束，就应当沿袭有关杀人罪的城邦法（行291-292）：

> 你们中间订有关于杀人的法律，
> 对奴隶和自由民同等适用（nomos...isos）。

这种时代错误在肃剧中司空见惯，赫卡柏指的是公元前5世纪的雅典法。[1]不过，赫卡柏并置isos［平等的］和nomos［法律］也表明，她是在诉诸isonomia［法律面前人人平等］，为她和女儿寻求庇护。[2]当然严格来说，无论出于何种原因，赫卡柏都无权这么做：赫卡柏和珀吕克塞娜皆非雅典人，她们不是希腊人，而是外邦人和奴隶。但不得不承认，没有比孤注一掷更好的办法了：在墨洛斯对话（5.90）中，修昔底德让墨洛斯人表明，那些身处

---

① 关于雕像，参见 Demosth 21. 159。关于肃剧中的时代误植，参见 Easterling 1985。

② 这个语词显然可以解释：参见 Aesch. 1. 5 (*Against Timarchus*)，在那里，isēn kai ennomon politeian［共同参政的权利］等于isonomia，以及欧里庇得斯，《乞援女》，行430-431，关于这一点，Collard 1975A，卷二指出，nomoi koinoi［共同的礼法］是"对单个词isonomia的释义"。

危险的人若能听进去有说服力的话（这些话经不起严格推敲），那么这对大家都有利。就算赫卡柏试图把一条雅典准则说成放之四海而皆准并未说服奥德修斯，她也博得了观众同情，还可能促使观众质疑公元前5世纪雅典流行的有关正义的双重标准：在城邦内部，法律面前人人平等（isonomia），城邦之外却残忍地强迫他人接受雅典的强权。

奥德修斯回答说，他愿饶赫卡柏一命，但不会放她女儿一条生路。对赫卡柏而言，这种让步毫无意义。赫卡柏诉诸平等法（nomos isos），奥德修斯便针锋相对地提到，希腊人有义务敬奉自己死去的英雄。奥德修斯认为希腊人必须小心翼翼，不开先河。为了日后充实军队，敬奉死去的阿喀琉斯至关重要（行311-316）：

> 如果一个人活着的时候，我们把他当作朋友，
> 死了我们就不再把他当朋友了，这不可耻吗？
> 是啊，如果有必要再一次招募军队
> 对敌人作战，那时人们会怎么样呢？
> 看到死者不受敬重
> 我们是参战呢，还是贪生怕死？

［101］礼法的适用范围就此进入了这场争论，奥德修斯接着说了一通令人费解的话，承认敬奉死者的习俗放之四海而皆准。他表示，特洛亚人大可不认同这条礼法，但结果会证明他们咎由自取（行326-331）：

> 这些苦你就受着吧。我们呢，如果我们
> 不敬重勇士，别人就会指责我们没有教化。

> 相反，你们外邦人不爱朋友，
> 也不敬你们勇敢的死者。
> 因此，希腊能交上好运，
> 你们呢，咎由自取！

奥德修斯驳回赫卡柏法律面前人人平等的诉求，是通过援引一条与之针锋相对的礼法，即敬奉高贵死者的神圣义务。奥德修斯的解释占得上风，并非因为他的说法更有力，而是因为他是强者。[①] 他们的争论表明，礼法其实不能辖制独立的权威，相反，礼法取决于强者是否愿意认可。

赫卡柏却还不甘言败。她更急切也更直白地向阿伽门农和奥德修斯诉诸礼法（行798-805）：

> 我们是奴隶，或许是弱者。
> 但诸神是强者，而且还有比诸神更强的
> 礼法。因为我们凭着这礼法相信有神，
> 并在生活中判断正义和不义。
> 现在，倘若这个原则在你手里一笔勾销，
> 那些谋杀客人或胆敢劫掠
> 神庙之徒都将不受惩罚，
> 到那时，人间就没有什么正义可言了。

---

① 对这一点的不同解读，参见 Adkins 1966，页195-199。Adkins认为，阿喀琉斯对希腊人的要求比赫卡柏的请求更有力，因为他是一个高贵的人（agathos），也是希腊人中的一员，而赫卡柏和珀吕克塞娜是外邦人和奴隶。但这一看法也承认，身份是导致赫卡柏未能说服奥德修斯的一个因素。

再一次，赫卡柏把"法律面前人人平等"（isonomia）合二为一，试图以此捍卫自己和家人。赫卡柏承认，在特洛亚女子—阿伽门农王—诸神的等级制度中，她处于最底层。但她认为，礼法一视同仁地适用于所有人。与奥德修斯一样，赫卡柏也承认了先例的重要性。阿伽门[102]农要是现在罔顾礼法，这一原则就将不复存在，"平等"（或者用我们的话说，人权平等）的观念也将不复存在。①

从她随后所举的例子可知，赫卡柏诉诸的nomos，指的不是法律，而是习俗或传统。赫卡柏列举了两种该受惩罚的具体侵犯：违反宾客友谊和亵渎神庙。这些礼法包含了希腊"三诫"（triple commandment）中的两诫：敬重诸神、父母和友客（参考文献见de Romilly 1971，页35）。与奥德修斯先前一样，阿伽门农最终讳莫如深地承认，这些礼法放之四海而皆准。在判定珀吕墨斯托耳犯下了所控的谋杀罪时，阿伽门农对他说道（1247-1248）：

> 在你们外邦人看来，杀害客人或许算不得什么，
> 可在我们希腊人看来，这是可耻的。

然而剧作很快表明，阿伽门农提出宾客友爱的礼法仅在当地

---

① 关于isonomis指"权利"，参见Ostwald 1969，页113，注释1。在这里，赫卡柏没有说（但她先前已提到这一点，行282-283）没人能长盛不衰，但这是强者看重维护礼法的另一个原因。

Kovacs 1987，页101的看法当然有道理（他反驳了Heinimann，Reckford和Nussbaum）："诸神客观存在，不是这里要讨论的问题。人们认为这理所当然。"

此剧中的人类不是在真空中行事。诸神构成了预设的背景。珀吕墨斯托耳所受的惩罚，反驳了他满不在乎的不可知论（agnosticism）（行958-960）。

有效的假设，只是为了展开反驳。他随后的话暗示，珀吕墨斯托耳若真这么认为，那么结果已经证明他错了。遭受眼瞎之祸是他罪有应得（行1250-1251）：

> 既然你胆敢干下这缺德事，
> 那就忍受这不愉快的后果吧。

不过，赫卡柏讨回公道后，阿伽门农才有了这番领悟。赫卡柏请求阿伽门农协助她惩罚珀吕墨斯托耳时，阿伽门农答应助赫卡柏一臂之力，出于同情，也为了惩罚：

> 为了诸神和正义，替你报复
> 那个不虔敬的忒腊克人。（行851-853）

但阿伽门农又说，由于害怕自己名声受损，他没法施予援手。赫卡柏诉诸礼法高于一切的尝试以失败告终。对阿伽门农而言，敬重和正义从属于自利。他只愿默默支持赫卡柏，还有一个前提：不能影响他的其他计划（见行898-899）。奥德修斯和阿伽门农的戏份一起给出的教训就是，礼法不是弱者的可靠保护，因为强者根据自身利益要么操纵礼法，要么漠视礼法。

无助者的依靠：怜悯

赫卡柏料想，希腊人不为礼法所动，兴许会被怜悯打动。赫卡柏的盘算注定［103］要落空。因为怜悯是一种易变的情感，源自某种突然涌现的无法预料的共情。

《伊利亚特》最后一卷最清楚也最难忘地表明了同情的机制。

阿喀琉斯杀死赫克托尔后，诸神敦促赫克托尔的父亲找阿喀琉斯要回儿子的尸首。在赫耳墨斯帮助下，老王普里阿摩斯神鬼不知地穿过希腊人的营帐。他的出现令阿喀琉斯大吃一惊，普里阿摩斯恳求他：

> 神样的阿喀琉斯，想想你的父亲，
> 他和我一般年纪，已到垂危的暮日，
> 四围的居民可能折磨他，无人保护，
> 使他免遭灾祸和毁灭。但他听说
> 你还活在世上，心里一定很高兴，
> 天天盼着儿子能从特洛亚回去。
> 我却很不幸，尽管我在辽阔的特洛亚
> 生了很多最好的儿子，可我告诉你，
> 没有一个留下来，在阿开俄斯人进攻时，
> 我有五十个儿子，十九个同母所生，
> 其余的出自宫娥。这许多儿子的膝盖
> 都已被凶猛的阿瑞斯弄得软弱无力。
> 我剩下的一个儿子，城邦和民众的护卫者，
> 在为祖邦而战时已被你杀死，
> 他就是赫克托尔。我现在为了他的缘故，
> 带着无数礼物来到希腊人船前，
> 从你这里把他的尸首赎回去。
> 阿喀琉斯，你要敬畏诸神，怜悯我，
> 想想你父亲，我比他更可怜，
> 忍受了世上的凡人没有忍受过的痛苦，
> 把杀死我儿子们的人的手举向唇边。（《伊利亚特》24.486-506）

第三章 《赫卡柏》

这番祈求奏效了,因为普里阿摩斯劝阿喀琉斯改变视角,别把他看成敌人,而是视之为跟他的父亲佩琉斯(Peleus)一样的老人,并由此想到天下所有可怜的老人。怜悯涉及放宽视野,让人摆脱对他所属群体的认同,承认人类共有的品质。①

正是寄望于阿伽门农会采纳这种观点,放眼长远,赫卡柏才哀求阿伽门农(行807-808):

> 请你怜悯我,像画家那样后退一点
> 看我,审视我身受的灾难。

最不能引发怜悯也最可能激怒对方的态度是只看当下,紧盯眼下会导致视野变形。修昔底德笔下的一个片段表明了这种机制。据他说,在雅典公民大会举行的那场 [104] 事关如何处置米提勒涅(Mytilene)城邦的论辩期间,克利翁(Cleon)劝雅典人不要同情叛徒,而要"尽可能设身处地为被害者想想",燃起他们的怒火(Thuc. 3.40.7)。

赫卡柏此前诉诸礼法无果,而今诉诸怜悯亦徒劳。阿伽门农的回应是闪躲,身体后倾的举动在视觉上复刻了奥德修斯尴尬地退避珀吕克塞娜的情景。② 赫卡柏最后让阿伽门农敷衍了事地承认,他的确怜悯她(行851)。但要让阿伽门农出于同情依礼法行事却有个前提,那就是他本人不受任何损失。赫卡柏要的不是这种敷衍了事的廉价怜悯。

---

① 参见 Burkert 1955,页104及下。人们似乎一般认为,怜悯基于同理心。比较行339-341,在那里,赫卡柏表示希望奥德修斯能怜悯珀吕克塞娜,因为"他也有孩子"。

② 见行812,比较行342-344。Steidle 1968,页49提到了这种相似。

赫卡柏没法让她的希腊主子心生怜悯，观众应该一点儿也不意外。因为在之前的戏段里，赫卡柏的类似尝试就以失败告终。赫卡柏与奥德修斯的对话预示了她与阿伽门农的冲突：同样的要素以相反的顺序重现。如前所述，面对阿伽门农，赫卡柏先诉诸礼法，后诉诸怜悯。阿伽门农不为所动，赫卡柏提醒他，鉴于他和卡珊德拉的性关系，阿伽门农理应感激或回报（charis）她。[①]在对奥德修斯言说时，赫卡柏首先提到奥德修斯应报答她的救命之恩，尔后诉诸怜悯。赫卡柏做出乞援姿态，滔滔不绝地谈及自己的悲惨处境和她对珀吕克塞娜的仰靠。她还哀求奥德修斯（行286-287）"看着我，可怜可怜我！"赫卡柏最后诉诸礼法：她提醒奥德修斯"法律面前人人平等"（isos nomos），寄望于这条法律能救珀吕克塞娜一命。

奥德修斯用前文提到的方式反驳了赫卡柏：他说，敬奉死者的礼法至高无上。至于怜悯，奥德修斯表示（行322-326）：

> 那么，听听我相反的想法吧。
> 我们这边也有白发的老母和年迈的父亲，
> 他们的不幸并不亚于你们，
> ……
> 这些苦你就受着吧。

奥德修斯看出了赫卡柏请求中隐含的关联。他表示，赫卡柏与那些跟她年纪和处境都差不多的希腊女人差别不大。但他的等

[①] Kirkwood 1947 分析了赫卡柏据 nomos［礼法］和 peithōs［怜悯］对阿伽门农的发言。但他没有注意到赫卡柏也诉诸了怜悯。关于回报（charis）作为此剧的一个主题，参见 Adkins 1966。

同完全是理性的,[105]透着无情而非怜悯。①赫卡柏接连向两位主子提出怜悯的问题,却没能软化他们的铁石心肠。

无助者的依靠:劝谕

赫卡柏诉诸礼法和怜悯无功而返之后,愤然反思自己没能成功说服的原因(行814-819):

> 我们凡人为何那么辛苦地要
> 研习一切别的学问,何不索性出了
> 学费再去学习并完全掌握
> "劝谕"的技艺,凡人唯一的王,
> 以便能随心所欲说服别人,
> 达到自己的目的?

在一句名言中,品达早已把礼法奉为"万物之王"。②诉诸"统治诸神的"礼法失败后,赫卡柏现在修正了品达和自己的观点,把劝谕(peithō)奉为"凡人唯一的王"。不过,这番话并未表明赫卡柏有什么大的改观。诉诸修辞术本身就是修辞,因为赫

---

① 因此在《伊利亚特》21.105-112,盛怒的阿喀琉斯拒绝了吕卡翁(Lycaon)的怜悯请求。阿喀琉斯完全清楚他本人、吕卡翁和帕特罗克洛斯(Patroclus)都有一死。但认识到这点令他更残暴。

② Fr. 169.相关讨论,参见Heinimann 1945,页67-68,以及de Romilly 1971,页62及下。

卡柏打一开始就使用了劝谕的技巧。[1]她先前诉诸礼法与怜悯，均旨在说服征服者。只因赫卡柏的劝谕未能起到劝谕目的，才没够得上劝谕。

毫无疑问，赫卡柏此刻改变了策略。她先前的观点旨在从具体推及普遍（在礼法的例子中，是对责任感的智性共识；在怜悯的例子中，是设身处地、感同身受），现在，赫卡柏准备颠倒顺序。她为听者量身打造了一套基于回报的有力说辞。但这套说辞也不新鲜，因为赫卡柏早就说过，奥德修斯欠她救命之恩。[2]赫卡柏此时诉诸劝谕并未表明她先前的理想已破灭，而是表明她已心力交瘁、充满挫败、几近绝望。

赫卡柏心知肚明，劝谕不仅取决于口才，也取决于言说者的地位。[3]早先，赫卡柏已表示，奥德修斯保准能轻易说服军队放过珀吕克塞娜（行293–295）：

> [106] 你的名望就能使他们信服，就算说得不好。
> 因为，同样一番话由一位受人敬重的人说出，
> 和由一个无足轻重的人说出，分量不同。

当她开始向阿伽门农论说时，赫卡柏重申了自己的见解。她并不看好结果（行820–823）：

---

[1] Reckford认定赫卡柏在戏剧发展进程中是败坏的，连他都承认（1985，页211，注释7）："赫卡柏一开始就使用了劝谕。"Buxton 1982，页170–178追溯了劝谕在这个戏段之前的展开。

[2] 赫卡柏甚至曾试图把报答的对象由她本人改为珀吕克塞娜，而在这里，她试图把回报的对象由卡珊德拉换作她本人。

[3] Luschnig 1976，页232–233讨论了这点。关于身份与言论自由的关系，参见《安德罗马刻》(*Andromache*)，行153。

还怎能希望将来过上好日子？
我有那么多儿女，如今一个也不剩。
我自己则沦落为战俘，蒙受屈辱。
我瞧见那边特洛亚上空浓烟滚滚。

但阿伽门农认为，赫卡柏高看了自己。赫卡柏可以宣称自己无家、无邦、无地位，但她却用一组有力的类比使这些缺失显得无关紧要。阿伽门农让卡珊德拉做了妾，赫卡柏的话却好像他已娶她为妻。赫卡柏提到，阿伽门农欠卡珊德拉一个回报（charis），以报答他得享鱼水之欢——现在竟成了该向赫卡柏报恩。赫卡柏主张，阿伽门农要以姐夫的身份为珀吕多罗斯报仇（行827–835）。

评论家往往认为，赫卡柏诉诸阿芙罗狄忒，表明其品性败坏，她提及女儿与阿伽门农的关系实属"不光彩"。"成何体统。"[1] 这些吹毛求疵的反应没有考虑公元前5世纪的惯例。无论在她的文化中还是在戏剧舞台上，赫卡柏谈论的都不是什么禁忌话题。赫卡柏唯一担心的是她的请求"可能一点用都没有"。[2] 值得忆起的是，埃斯库罗斯《乞援女》(*Suppliants*) 中的达那俄斯（Danaus）、《特拉基斯少女》(*Trachiniae*) 中的赫拉克勒斯、《安提戈涅》(*Antigone*) 里的克瑞翁（Creon）、《安德罗玛刻》(*Andromache*) 里的墨涅拉俄斯（Menelaus），以及《特洛亚女

---

[1] "不光彩"：Buxton 1982，页179。"成何体统"：Reckford 1985，页121。亦参Michelini 1987，页151："赫卡柏让自己沦为老鸨。"

[2] Isōs kenon，行824。Nauck的isōs xenon（为Diggle采纳）表明，有人在编订时依自己对文本关联的理解进行了窜改。

子》中的赫卡柏，都公开细问过儿女的性生活。①

性关系构成回报的观念，戏剧中已有恰切的先例：索福克勒斯笔下的特刻墨莎（Tecmessa）也向埃阿斯提出了相同的观点。特刻墨莎非埃阿斯之妻，卡珊德拉亦非阿伽门农之妻。两人皆为战俘，均被选作主人的妾室。但与赫卡柏一样，特刻墨莎令人信服地把妾室说成合法夫妻。她以人妻自况。事实上，人们自古认为，特刻墨莎[107]几乎照搬了赫克托尔的妻子安德罗玛刻在《伊利亚特》卷六所言。②与赫卡柏一样，特刻墨莎认为，男女关系包含了回报。她小心翼翼但明白无误地暗示，这种回报源自性快乐（《埃阿斯》，行520-522）：

> 也别忘了我。一个真正的男子汉，
> 从谁那里得到过快乐，应该永志不忘。
> 善意永远应该得到善意的回报。

这些类似情况表明，公元前5世纪的观众不会认为，赫卡柏要求回报性快乐的观念有什么不寻常或有什么体统可失。赫卡柏

---

① 《乞援女》，行996-1009：达那俄斯警告女儿不要（无意地？）勾引他人。《特拉基斯少女》（*Trachiniae*），行1221及下：赫拉克勒斯要求儿子迎娶伊娥勒（Iole）。《安提戈涅》（*Antigone*），行569：克瑞翁表示，儿子必须"另犁别的地"。《安德罗马刻》，行370-371：墨涅拉俄斯准备"襄助"女儿，因为他认为，无性生活事关重大。《特洛亚女子》，行700：赫卡柏建议儿媳安德罗玛刻色诱主人，因为这种做法最终会让所有特洛亚人受益。亦参《伊利亚特》9. 450-454（佛伊尼克斯[Phoenix]和母亲）和希罗多德，《原史》1. 61（墨伽克勒斯[Megacles]和女儿）。

② 关于荷马与索福克勒斯片段的详细比较，参见Easterling 1984。

寻求她视为女婿的人庇护，也没什么不合常规。[①] 赫卡柏请求中唯一超出通常看法的一点，是她模糊了卡珊德拉的地位。但我们在特刻墨莎身上已经见过类似的策略，阿伽门农本人也没有否认珀吕多罗斯是亲人（philo）。[②]

阿伽门农愿意承认赫卡柏的话有说服力，赫卡柏却并未完全说服阿伽门农。阿伽门农告诉赫卡柏，她若想复仇，他不会阻挠，但不会在行动上帮助她。诚如赫卡柏所忧心的，归根结底，劝谕与地位和威望密切相关。弱者再雄辩滔滔，也收效甚微。

弱者的依靠：复仇

从一开始，赫卡柏就起身反抗强者施与家人的无端暴力。在每种情形下，赫卡柏都追求正义：保护无辜的女儿珀吕克塞娜，惩治不忠的东道主珀吕墨斯托耳。

我们不必一边称颂她第一次追求正义，一边又谴责她第二次寻求正义。对希腊人而言，无论公开还是私下复仇，都是正义的必要组成部分。赫卡柏自行复仇，是在她徒劳无功地请求阿伽门农捍卫

[①] 婚姻必然牵扯全族（oikos）成员，而不只是两情相悦。这种观点体现于《安德罗玛刻》，年迈的佩勒俄斯前来襄助儿子的妾室，也在《发狂的赫拉克勒斯》中得以体现，年迈的安斐特吕翁想要保护儿媳和孙儿孙女，他只是力不从心。在《伊菲革涅亚在奥利斯》（行 905-907）中，克吕特墨涅斯特拉（Clytemnestra）成功说动阿喀琉斯助她一臂之力，理由是他与女儿有婚约（两人都清楚，婚约是假的）。

[②] 见行 859-860，Elmsley 把行 859 确定为 d'emoi［于我而言］。若按 soi［你］这一文本修订来理解，就会变成阿伽门农把赫卡柏和珀吕多罗斯的亲人关系说成一种假定，这毫无意义。

礼法并徒劳无功地吁请第三方公断之后——埃斯库罗斯关于正义与复仇的早期剧作《俄瑞斯忒斯》(Oresteia) 载录了这个创意。

在俄瑞斯忒斯三联剧的最后一部剧中，雅典娜用 [108] 一个基于法律的新的正义体系，取代了复仇女神所象征的古老的复仇体系。但复仇女神并未退出正义领地。她们的角色可能受新的法律架构削弱，但绝未遭废弃。复仇女神仍居住在雅典，她们的存在象征着古老的复仇原则生生不息的力量。赫卡柏最终凭靠的正是复仇女神代表的那种正义。目睹珀吕多罗斯的残尸后，复仇成了赫卡柏的动力——她认为的这种新礼法，不过是一种备受她的社会推崇的观念。① 赫卡柏的故事显得是《俄瑞斯忒斯》的翻转：诉诸制度化正义失败之后，私人复仇登场。②

赫卡柏靠欺骗完成了复仇，传统认为，这是弱者和无助者最后的武器（Buxton 1982，页 64）。赫卡柏去信邀请珀吕墨斯托耳参与一件他和赫卡柏本人"都"感兴趣的事（行 892）。赫卡柏诉诸珀吕墨斯托耳的自利，拿准了他的性格。珀吕墨斯托耳火速赶来。但在开启计划前，赫卡柏先考验了珀吕墨斯托耳。珀吕墨斯托耳输得一败涂地。他不仅以前违反主客友谊，让珀吕多罗斯暴尸荒野，"既不敬地下的诸神，也不敬天上的诸神"（行 791），现在还在赫卡柏和观众眼前表明，他罔顾一切友爱（philia）礼法。

剧中无人质疑这些礼法的适用性。当然，战争期间，珀吕墨斯托耳不是特洛亚人的军事同盟，但他也并没有在政治上保持中立。他自诩特洛亚王室的密友（见行 953，行 982）。珀吕墨斯托

---

① 参见行 685-687。Reckford 指出（1985，页 211，注释 7），这里就 nomos 的双重含义（"法律"和"曲调"）玩起了文字游戏。

② 参见 Nussbaum 1986，页 416。但她在对比这两个文本时认为，复仇女神从野兽上升为女人，赫卡柏却从女人下降为野兽。

耳眼下的处境实属不易，因为他要应对希腊人擅闯忒腊克土地。但他决定谄媚征服者，却带有机会主义的意味，因为这个决定违反了朋友应同仇敌忾的原则。①

珀吕墨斯托耳的背叛并不止于此。不言而喻，朋友不应大难临头各自飞，珀吕墨斯托耳却公然背义。②只要特洛亚完好无损（行16-20），珀吕多罗斯这个男孩就能茁壮成长。珀吕墨斯托耳乘（特洛亚）人之危、背信弃义。赫卡柏抵达忒腊克时，珀吕墨斯托耳闭门不见，直到赫卡柏诱之以利。

友爱的另一项成规是朋友要坦诚相见。（在《阿尔刻斯提斯》[109]中，赫拉克勒斯就责怪阿德墨托斯："我们应对朋友坦诚相见。"）然而，珀吕墨斯托耳为这场老友相见定下了欺骗的基调。珀吕墨斯托耳一上场就滔滔不绝地高谈阔论，口若悬河，对话很快演变成一系列双关。③当赫卡柏问及儿子和那笔钱财时，珀吕墨斯托耳顾左右而言他，岔开话题，而后明显迫不及待地把话头转向特洛亚的金子。珀吕墨斯托耳图财害（珀吕多罗斯的）命，罪有应得。

---

① 参见《伊利亚特》9.612-615。这一观点体现在symmachia（同仇敌忾）的誓言中：结盟"就是结成有共同敌人和朋友的攻守同盟"（Thuc. 1.44.1）。

② 参见行984-985和行1226-1227，亦参《发狂的赫拉克勒斯》，行57-59及Bond（1981）在注释里提到的其他文献。

③ 见行957-958，珀吕墨斯托耳在喟叹自己生命无常时描述了自己的所作所为，但他认为赫卡柏不会作此联想。在行990、1000及行1021-1022，赫卡柏向观众挑明了她的看法和意图，珀吕墨斯托耳却误以为赫卡柏不清楚他的罪行。欺骗有时候有几重作用，比如珀吕墨斯托耳告诉赫卡柏（行993），她的儿子悄悄动身寻她去了。珀吕墨斯托耳可能借此就自己为何没法交出珀吕多罗斯哄骗赫卡柏。但观众和赫卡柏对他的话的理解完全不同，因为他们清楚，珀吕多罗斯真切地曾以鬼魂的形式悄悄给母亲托了梦。

在这场戏中,珀吕墨斯托耳暴露了本性:他贪得无厌、谎话连篇、诡计多端。①珀吕墨斯托耳杀死珀吕多罗斯之后草草处置了尸体,似乎并未考虑有人惦念着这个男孩:尸体一旦浮上岸,他的罪行也很快会败露。珀吕墨斯托耳对自己所犯罪行满不在乎的态度,成功让观众认同赫卡柏的复仇。

全面试探珀吕墨斯托耳后,赫卡柏许以更多财宝诱他入帐。受害者本人珀吕墨斯托耳表示,他双眼已被戳瞎,两个孩子也惨遭戕害,实在令人震惊——这在审美上令人厌恶,正如珀吕克塞娜的自我牺牲在审美上令人着迷。但在此案中(珀吕克塞娜的例子也一样),我们最好循着文脉考察戏剧行动。剧末那场审判的戏,就是要让观众结合赫卡柏的复仇背景,评判珀吕墨斯托耳的罪行——一系列无端暴行中的最后一桩。

剧本给出了让我们正面评价赫卡柏的线索。值得注意的是,阿伽门农、歌队、赫卡柏,甚至珀吕墨斯托耳本人都承认,赫卡柏惩治珀吕墨斯托耳是在伸张正义。②此外还有一个有趣的细节表明,赫卡柏的行为多少充当了恢复宇宙秩序的工具。这场审判戏结束时,阿伽门农劝赫卡柏尽早让儿女入土为安:他已觉察到,风终于来了(行1289-1290)。当然,这可能纯属机缘巧合。但我们也得考虑这种可能:诸神没有接受珀吕克塞娜的献祭,却接受了珀吕墨斯托耳的失明。

---

① 比较 onaimēn tou parontos [我满足于自己现有的],行997。珀吕多罗斯本想表明自己知足正直,却适得其反。

② 参见行853、1024、1052-1053、1253和行1274出现的 dikēn didonai/hypechein。Meridor 1978,页30汇集并讨论了相关台词。他表示:

> 用这种措辞表明珀吕墨斯托耳欠赫卡柏的……似乎旨在表明"赫卡柏的复仇"是一种官方正义行为……

不过，还有一些线索显得与并不支持以上推断。因为就手段和结果而言，赫卡柏和珀吕墨斯托耳颇为相似。珀吕墨斯托耳戕害了赫卡柏无辜的孩子，还欺瞒她。他失明后［110］爬出营帐，就像一条惊恐万状的狗样生物。赫卡柏也欺骗珀吕墨斯托耳，杀害了他的两个无辜孩子。据预告，赫卡柏最终会变成一条狗。他们两个难道不是一类人吗，同是罪犯，同样败坏？[①]

学者们通常举出两件事来证实赫卡柏的败坏。第一件是赫卡柏诉诸阿伽门农与卡珊德拉的性关系，向阿伽门农索要回报。不过我们已看到，这种索求符合她所处文化的规范。第二件是赫卡柏的变形。学者们往往认为，这在道德上批评了赫卡柏的复仇行动，或者至少批评了其复仇体现的惨无人道。[②]

毫无疑问，文本预设了复仇行动与赫卡柏变形之间的关联。[③]要弄清这种关联的性质，我们需要考察一下希腊文学中狗的一些含义。这些含义远没有评论家们通常认为的那么负面。[④]

赫卡柏的行为和她的变形之间最明显的关联，以复仇女神厄里倪厄斯（Erinyes）的形象呈现：这些像狗一样的生物，司掌着

[①] Nussbaum 1986，页417，及Michelini 1987，页170强调了二者的互利。

[②] 譬如Mthaei 1918，页155；Daitz 1971，页222；Reckford 1985，页118；Nussbaum 1986，页416–417。

[③] Meridor 1978，页33认为这种变形没有任何象征意义，和珀吕墨斯托耳预言阿伽门农和卡珊德拉之死一样，只是一种惯例。但这就忽略了行1173和行1174的意象（在那里，珀吕墨斯托耳把女性描述为"嗜血的狗"，他本人则既是"野兽"，又是"猎人"），这些意象把复仇和赫卡柏的变形暗中关联在一起。

[④] 对希腊文学中狗的研究，参见Lilja 1976。显然，评论家们会选择性运用狗的含义：Nussbaum 1986，页414选取了狗的负面含义，Kovacs 1987，页146，注释68则选取了狗的正面含义。

血腥的复仇。在忒俄格尼斯一段令人费解的诗里，他也把复仇和狗关联在一起（行349–350）：

> 我是一条狗，穿过黑色的溪流，意图
> 报复一切。我要痛饮他们的黑血！

就算我们认为，"意图报复"经后人修订因而不足信，这种关联依然成立。[①]一条狗或者说像狗一样的复仇女神，心怀无法消除的复仇欲望。不过，《俄瑞斯忒斯》和索福克勒斯的《俄狄浦斯在科洛诺斯》（*Oedpus at Colonus*）都表明，复仇三女神同时执掌敬和畏——她们当然是可怕的力量，但并不只有野蛮和可怕。通过把赫卡柏喻为一位复仇女神，变形去除了她的污名，赋予她夺目的光芒。

狗的另一个特征由《奥德修斯》（20.14–16）中的一个比喻透露。奥德修斯瞅见家中的女仆们溜去伺候求婚者。此情此景令

> 他的心在胸中怒吼，
> 有如雌狗守护着一窝柔弱的狗仔，
> 向陌生的路人吼叫，准备扑过去撕咬。

［111］这个片段表明，护崽心理令狗很凶猛。所有动物其实都护崽心切。全剧提及赫卡柏的儿女，都借助了动物意象：小鹿、马驹、幼崽、夜莺、牛犊。这些意象让观众觉得他们是某个生物的幼崽，赫卡柏则是它们的母亲。[②]母亲对脆弱的后代护卫心

[①] 对这几句台词的讨论，参见 Nagy 1985，页68，注释1。
[②] 参见行90、142、205、337和行526。Gellie 1980，页32搜集了这些指称。关于母亲的保护，比较《伊菲革涅亚在奥利斯》（*Ih. Aul.*），行918。

切，这一点人兽无别。

年幼的儿女死后，赫卡柏怀着没有实际价值的愤怒攻击了其中一位凶手。此举既不能弥补损失，也没法让孩子们起死回生，我们不妨想一下，动物并不会做出这样的复仇行为。然而，动物世界根本不会像剧中赫卡柏的征服者那样肆意而冷漠地残害生命。动物既不具备正义的观念，也无力展开象征正义的行为。[①] 由是观之，赫卡柏的复仇行动证实了她的人性而非兽性。赫卡柏的复仇虽与珀吕墨斯托耳的行为构成对称，两人的罪行却有一个重大差别。珀吕墨斯托耳违反了支撑人际交往的所有礼法：友爱、主客情谊、安葬。赫卡柏的复仇却捍卫了这些礼法。[②]

最后一个适用于赫卡柏的狗的特征是狂吠不止。我们可以把这种狗叫声理解为呼吁复仇：在《伊菲革涅亚在陶洛人里》（*Iphigenia among the Taurians*，行293-294）中，俄瑞斯忒斯误将狗吠当成复仇女神的怒吼。与阿伽门农交谈时，赫卡柏早已表示愿意变成一件会说话的乐器："我的胳膊、手、头发、脚步能够发出声音说话！"——齐声高呼正义。[③] 赫卡柏将得偿所愿，她变

[①] 关于动物没有正义，见赫西俄德，《劳作与时日》，行276-279。

[②] 参见Nussbaum 1986，页408对"违背习俗"的出色讨论。不过，她认为复仇并非"重整乾坤的新方式"（页409），而是一种旧方式，其实是一种传统礼法（nomoi）。

[③] 参见行836-840。Michelini 1987，页152认为，这个（和剧中别处的）意象"荒诞不经"。尽管这种判断归根结底取决于个人感受，但值得思考的是，赫卡柏希望借助这种拟人化的变形获得成功。孤立无援的赫卡柏试图通过让自己变成三头六臂，令她对阿伽门农的请求更有力——和希珀吕托斯（《希珀吕托斯》，行1078-1079）希望"另一个自己"哀叹其不幸有点类似。Kurtz 1985，页314指出了这种幻化的效果，还提请我们注意这几句台词"强烈的修辞感染力"及其创作技巧。我认为，赫卡柏令人心酸的处境及其形象的艺术技巧，让这个戏段充满严肃和激情（完全不可以荒诞论之）。

成一条狗，声声不断地呼唤着复仇。剧末的这种呐喊会给观众留下深刻印象：这是弱者唤起强者注意的唯一途径。

作为典范的赫卡柏

一听到关于珀吕克塞娜之死的描述，赫卡柏就开始思考人性的稳定性。戏剧行动大体证实了她所言。阿伽门农和奥德修斯的行为前后一致，也吻合传统人物刻画。虽然我们没法参考[112]更早的文学形象来评判珀吕克塞娜和珀吕墨斯托耳，他们却分别表明了与生俱来的好天性和与生俱来的坏天性。我们又该如何评价赫卡柏本人呢？是否如某些评论家所言，赫卡柏其实是剧中唯一前后不一的人？抑或她根本就没有提供标准或典范，帮他人理解善恶的区别？

赫卡柏两度谈及人类如何确定道德标准的问题。她描述了教养如何敦化伦理，人们如何通过好这把量尺衡量羞耻（行600-602）。赫卡柏告诉阿伽门农，正是通过礼法，我们才能区分正义与不义（行801）。此剧一开始，赫卡柏就好像充当了不幸的标杆，用来衡量他人的苦难。① 到剧末，赫卡柏本人不仅成了衡量不幸的标杆，也为受害者报复施害者提供了依据——她主张不惜一切代价维护正义。

珀吕墨斯托耳预言，赫卡柏的坟茔会成为"水手们的灯塔"（行1273）。她的墓塚会警示水手们，警示那些走上帝国远航之路的人（譬如雅典人），莫要再冒进。赫卡柏早前已告诉阿伽门农，世间无人真正自由：连强者也受制于强迫（行863-867）。赫卡

---

① 比较行581-582、660、667、721、786和行811，以及Michelini 1987，页133的分析。

柏的复仇就是在警告强者：事情做得太过火，对他们来说就是在玩火，因为复仇可能不会来自诸神，却会来自受欺压的受害者本人。母狗之塚充当灯塔暗示了，对正义的渴求深深植根于人性，暴力无法拔除。

欧里庇得斯的观众有充分理由听进去这则警示。公元前431年，雅典和斯巴达的对抗爆发。公元前425/4年——《赫卡柏》可能就于是年上演，雅典取得了此战最引人瞩目的军事胜利。克利翁占领斯普法克特里亚（Sphacteria）岛，生擒斯巴达驻防全军，取得了令人难以置信的胜利。在科尔库拉（Corcyra）历经数番血战，支持雅典人的民主党派胜出。雅典军队成功攻入科林斯人的领土。作为对这些事件的回应，斯巴达提议缔结尼喀阿斯和平协定（Peace of Nicias）和临时休战。雅典人却向"属邦"（先前的同盟）——自己的德洛斯同盟（Delian Leagus）索要三倍贡赋。①

正是在这种耀眼的军事成就背景下，欧里庇得斯创作了一部剧，借此反思权力、无力以及人性的亘古不变。雅典人没有听取《赫卡柏》指出的教训。公元前426年，雅典人入侵了保持中立的墨洛斯（Melos）岛，结果胜负未分。②公元前416年，雅典人又给墨洛斯下达最后通牒，要它向雅典帝国称臣纳贡。在讲述这起事件时，修昔底德编造了一场雅典人和墨洛斯人的对话。我们在前文已看到，对话主题涵括了《赫卡柏》中提出的诸多问题。当

---

① 关于从同盟沦为属邦，参见Meiggs 1972，页171和附录12，页425-427。关于三倍贡赋，参见Meiggs-Lewis 1969，#69，页188-201。

② 修昔底德，《伯罗奔尼撒战争史》3.91.1。既已资助斯巴达战争，墨洛斯可能并非完全中立。参见Meiggs-Lewis 1969，#67，页181-184，Meiggs 1972，页314。

然，这两个文本的相似之处并不表明直接关联。但欧里庇得斯和修昔底德均再现的那些智识观点，肯定曾在公元前430到420年间的雅典广为流传。①

讨论伊始，雅典人就正告墨洛斯人，休扯什么正义，因为平等的人之间（apo isēs anankēs）才有正义可言。在不平等的情况下，

> 强者为其所能为，而弱者步步迁就。（5.89.1）

雅典人由此表明了对强者自然权利的服膺，《赫卡柏》中奥德修斯的发言就持这套言论。

墨洛斯人反驳说，倘若那些身处险境的人能得到公平对待，对谁都好，就算他们的有力辩解并非无懈可击，但也应该得到一些善待。墨洛斯人警告雅典人，有朝一日他们战败，也会招来"最严厉的报复"（5.90.1）。这让我们想起了赫卡柏为说服他人所作的努力：赫卡柏说"法律面前人人平等"（isonomia）适用于她和珀吕克塞娜，并扩大了回报（charis）的范围。我们不妨想想赫卡柏对奥德修斯的警告：没人能长盛不衰（行282-283）。

雅典人根本听不进这些话。他们再次诉诸必然性，宣称"出于自然的必然性"（hypo physeōs anankaias），人类一有能力就要统治（5.105.2）。雅典人提醒墨洛斯人（5.107.1），自利才能确保城邦安全，顾念正义和荣耀则会使之陷入险境——阿伽门农起

---

① 关于《赫卡柏》与时间上更接近的普拉塔厄阿论辩（Plataean Debate）的平行对比，参见 Hogan 1972。关于欧里庇得斯别的剧与墨洛斯对话的平行对比，参见 Finley 1938，页56-58——他对这两位作家关系的研究，至今无人超越。

初回应赫卡柏时就是这样盘算的。就像奥德修斯当初教诲赫卡柏那样（行299-300），雅典人劝墨洛斯人说（5.111.4），自己完全是一片好意。最后雅典人表示，要想生存就得牢记：对实力相当者，平起平坐；对实力强于我者，识相知趣；对弱于我者，温和有度（5.111.4-5）。他们关于正义分级标准的观点，让人想起《赫卡柏》中希腊首领们的说辞。

然而，说完自己的观点后，墨洛斯人最终站在了正义和荣耀一边。他们拒绝加入同盟，宣布要为自己的独立而战。雅典人封锁墨洛斯人，对其加以报复。墨洛斯城邦一陷落，雅典人就处死了城中男子，将妇孺变卖为奴（5.116）。换作阿伽门农本人，结局也不会有什么不一样。

第四章 《发狂的赫拉克勒斯》

[121] 赫拉克勒斯是最持久受人喜爱的希腊英雄，艺术和文学对赫拉克勒斯的诸多呈现证明了这一点。尽管赫拉克勒斯很可能出生于近东，斯巴达国王们却竞相宣称赫拉克勒斯是他们的祖先。到了公元前5世纪，赫拉克勒斯的传说成了民间故事、崇拜、文学和艺术素材，在整个希腊世界广为传颂。事实上，赫拉克勒斯一度成为"盖世无双的泛希腊英雄"。[①]

赫拉克勒斯广受欢迎，可能部分因为这个事实：他不是一个不食人间烟火、拒人于千里之外的人物，赫拉克勒斯在成神之路中遭受了太多磨难。终其一生，赫拉克勒斯不是在与神对抗，就是在为一个不如自己的凡人效命。赫拉克勒斯自幼就不得不应对赫拉的敌意——她敌视宙斯的凡人子女和他们的母亲。[②] 赫拉偷偷把大蛇放入尚在襁褓中的赫拉克勒斯的摇篮。待他长大成人，赫拉发动了一场更缜密的攻击：她让赫拉克勒斯在疯狂中杀死亲生骨肉。不过，倘若赫拉克勒斯揽下这些苦差并听命于怯懦的欧律

[①] Galinsky 1972，页4。关于赫拉克勒斯的出身，参见 Burkert 1985，页207-211。关于斯巴达宣称赫拉克勒斯是斯巴达人，亦参 Goossens 1962，页347。

[②] Mattes 1970，页37-38，给出了受赫拉迫害的人的名单。他指出，赫拉的愤怒甚至殃及阿尔塔马斯（Athamas）和伊诺（Ino），她们是尚在襁褓中的狄俄尼索斯的乳母。

斯忒俄斯（Eurystheus），是为了偿赎赫拉引发的谋杀，那么他出奇成功地完成任务就令这些苦差的起因变得无足轻重。[1]正因经受了苦差的磨炼，赫拉克勒斯才赢得诸神中的一席之地。赫拉克勒斯通过人类独有的艰苦劳作赢得不朽。赫拉的恶意到头来使他开启了功成名就的事业。[2]

赫拉克勒斯成为肃剧主角之前，就已受到荷马、赫西俄德、品达和巴基里德斯颂扬。表现其苦差的组画，还绘于宙斯的奥林波斯神庙、雅典的赫斐斯托斯神庙（Hephaestaeum）及雅典人设在德尔斐的国库。[3]人们虽谙熟赫拉克勒斯的故事梗概，却没法对他的性格盖棺定论。打一开始，他就是个令人捉摸不定的[122]人物，能满足各种艺术需要。[4]历代艺术家对他的处理不尽相同，时而强调他孔武有力，时而又强调他的人情味（human sympathy），时而强调他性好过度，时而又强调他的虔诚和可敬，时而强调他的斗争，时而又强调他最后的回报。

---

[1] Bond 1981（下文仅注"Bond"），vvviii-xxx，认为这暗示性地而非结论性地证实，把谋杀安排在苦差前，是欧里庇得斯之前的传统。在Bond的说法之前，学者们就已采用Wilamowitz 1985（卷二，页109）的看法，认定这就是事情发生的传统顺序。该传统在欧里庇得斯之后的描述中依然存在，这表明欧里庇得斯至少可以选择事情发生的时间顺序，因此，他把谋杀安排在苦差之后，显得是为了有意突出主题。

[2] Pötscher 1971认为，赫拉克勒斯的名字保留了关于赫拉是赫拉克勒斯的保护神的早期传说，这个传统随后失传。欧里庇得斯的处理方式出人意料地回到这个版本：通过让赫拉克勒斯退回其凡人身份的传统，赫拉意外地成了他的恩人。

[3] 对这些苦差的艺术性呈现，参见Brommer 1953。Galinsky 1972概述了关于赫拉克勒斯的文学传统。

[4] Galinsky 1972，页1-2。他指出，并非所有神话人物都具有这种可塑性。

赫拉克勒斯的艺术形象表明，人们早已把他视为典型的文化载体（culture-bearer）和文明代理人。与赫拉克勒斯崇拜相关的那些名号，颂扬了赫拉克勒斯的非凡力量，也表明了他的仁慈：他是邪恶的对抗者（Alexikakos），亦是光荣的胜利者（Kallinikos）。

不过，早期文学对这位英雄的一些再现揭示了截然不同的一面：无人谈及他的神化，反而凸显他的有死性；这位英雄历尽了人世沧桑。帕特罗克洛斯被杀后，阿喀琉斯决定重新参战时——他清楚这项行动会让他战死沙场，正是赫拉克勒斯的榜样坚定了阿喀琉斯的心。他沉思道（《伊利亚特》18. 117–119）：

> 强大的赫拉克勒斯也难逃一死。

巴基里德斯笔下的赫拉克勒斯在冥府遇见墨勒阿革耳（Meleager），听他说起令人忧伤的往事时，赫拉克勒斯破天荒（也是唯一一次）落下了眼泪，

> 怜悯这个不幸的人的命运。（Bachylides 5. 157–158）

欧里庇得斯利用这种张力构思了他的赫拉克勒斯的故事。他不仅只字未提不朽，而且颠倒了赫拉克勒斯旅程的传统方向。欧里庇得斯笔下的赫拉克勒斯不是一位走向成神的英雄，而是一开始显得非同凡响，尔后在野兽般的疯狂中沦为彻底的凡夫俗子。

通过改变神话素材的时间顺序，同时凸显赫拉克勒斯两位父亲的主题，欧里庇得斯完成了这种转向。在《发狂的赫拉克勒斯》中，疯狂的戏份不是苦差的序曲，而是苦差的高潮。戏开始时，赫拉克勒斯正要把刻耳柏罗斯（Cerberus）从冥府带走——

这是国王欧律斯忒俄斯派给他的最后一项任务。他回到忒拜，解决了那个篡权并扬言要杀死赫拉克勒斯家人的僭主，此时的赫拉克勒斯有理由相信，他终于摆脱了苦差。赫拉克勒斯似乎迈向了传统回报给他的不朽：他已通过欧律斯忒俄斯设定的所有考验，也不忘履行家庭责任。疯狂来得[123]毫无征兆，打断也颠转了这个凯旋的进程。恢复神智的赫拉克勒斯发现，这段插曲不仅质疑了他的未来，也赋予他另一个视角审视自己的过去。赫拉克勒斯不再自称宙斯之子，也不再是不可战胜的孤胆英雄。相反，他诉诸源于安斐特吕翁的凡人传统。

赫拉克勒斯地位的改变包含了一个政治信号，因为通观全剧，不朽和英雄成就不断被等同于贵族价值，有死性和普通人的努力则与平等主义情感关联在一起。归根结底，赫拉克勒斯认准的东西发生了翻天覆地的变化：他用安斐特吕翁取代宙斯，用雅典取代忒拜，用共同体取代了孤独，用平等主义标准取代了精英标准。历经磨难之后，赫拉克勒斯形成了一套契合民主城邦思想的价值体系。欧里庇得斯成功让雅典占有了这位泛希腊英雄。[①]

高贵的天性

由于此剧第500行之前赫拉克勒斯没有登台亮相，他不在忒拜，确切说他不在阳间，剧作只能让次要角色引入这位英雄的经历最终要解决的问题。戏剧行动由墨伽拉和安斐特吕翁的争论开启，随后由安斐特吕翁和吕科斯（Lycus）继续，最后又在墨伽拉和安斐特吕翁的争吵中结束（关于这场争论的结构，参见Hamilton

---

① Goossens 1962（页6–7和页347–348）就这么认为。Foley 1985（页189和页195）认同了Goossens的看法。

1985）。在对"最好的人"（anēr aristos）的理解上，每个角色看法不一，他们在定义"高贵"（eugeneia）时也各执一词。[①] 阐明这些观念，与墨伽拉和安斐特吕翁切身相关，因为他们试图用自己的理解指导行动，但最后还是赫拉克勒斯给出了"高贵"的权威定义。从冥府回来营救家人，杀死僭主吕科斯的那一刻，赫拉克勒斯显得集传统高贵（eugenēs）的所有品质于一身。然而，发狂的插曲质疑了他的身份，最后压倒一切的是一种对高贵的修正理解。

Eugenēs［出身高贵］是贵族最引以为傲的标志之一。这个语词令人联想到一系列品质：与生俱来的特权、个人成就的高标准、贵族责任感（noblesse oblige）、渴望声望（eukeia），以及至关重要的拥［124］有与生俱来的卓越品质。[②] 出身高贵（eugenēs）即天性好（agathos），该词传达了社会优越感和伦理优越性，含"高贵"和"好"两重含义。[③] 不过，在公元前5世纪的进程及民主的语境里，这些观点开始瓦解，贵族把血统等同于性情高贵的

---

① 尽管Chalk对此剧的许多看法很精彩，也富有洞见，但我认为，他误解了此剧的主题。和Wilamowitz一样，他聚焦于德性（aretē）而非出身高贵（eugeneia）。事实上，出身高贵才是他探讨的诸多戏段的主题。行659之后德性一词就再未出现（eugenēs却晚至行1227仍出现），理由也很充分：Adkins 1966，209以下指出，没有证据表明，经修正的德性定义适用于失败的赫拉克勒斯（经修正的高贵定义却适用）。Chalk（页9-10）也表示，在此剧过程中，赫拉克勒斯从安斐特吕翁的行动主义转向了墨伽拉的坚忍哲学。我认为，这种观点颠倒了这两个人物代表的态度。满怀希望静观其变的人是安斐特吕翁，墨伽拉才力主一死了之。

② 参见Donlan 1973，他提到（页65）："Eugeneia［出身高贵］是贵族独有的卓越标志，这种特征，非贵族效仿不来，也接受不了。"不过，此剧表明了如何重新定义该词，使之也能用在非贵族身上。

③ 对agathos［好的］及其他评价性语词的讨论，参见Adkins 1960，页30及下。

做法也越来越受抨击。

　　肃剧中的戏段表明，大家都试图搞清并重新定义eugenēs［出身高贵］。欧里庇得斯《厄勒克特拉》(Electra) 中的俄瑞斯忒斯（行367-385）就提请人们关注隐含在贵族自诩的卓越中的困境：他说，英勇（euandria）可不只是遗传。高贵的父亲可能生养品性低劣的儿子。相反，三尺微命也可能拥有好判断。俄瑞斯忒斯认定，只能通过行为辨别高贵者（eugeneis）——英雄不问出处。索福克勒斯《埃阿斯》中的特刻墨萨持相同看法，她以感恩和正直为准绳定义了eugeneia［出身高贵］(《埃阿斯》，行522-524)。欧里庇得斯的残篇虽无上下文，却清楚无误地否定了血统决定论，肯定了eugeneia［出身高贵］的内在伦理品质。《狄刻图斯》(Diktys) 里的一个角色宣称，

> 对我来说，好（esthlos）人就是出身高贵的人，
> 但不义之人，就算他的生父
> 比宙斯还好，也出身微贱。

《亚历山德罗斯》(Alexandros) 中的歌队留意到，贵族自诩高贵，完全是习俗使然：

> 好出身和坏出身本质上都出自同一种族。
> 时间和习俗联手，
> 使出身成了一件夸耀的事。[①]

---

① 见 Fr. 336 N2 和 52 N2；亦参 495 N2，40-43。关于欧里庇得斯特洛亚三联剧中 eugeneia［出身高贵］和 dysgeneia［出身卑贱］的主题，参见 Scodel 1980，页84-89和页108-109。

通过对赫拉克勒斯的缺席造成的局面各抒己见，墨伽拉、安斐特吕翁和吕科斯都加入了同时代对eugeneia［出身高贵］性质的讨论。剧本开场，安斐特吕翁声称（行22-25），为了完成最后一桩差事，赫拉克勒斯已下到冥府寻找刻耳柏罗斯。赫拉克勒斯还未从这趟旅程归来，他的消失给家族带来弥天大祸。篡位者吕科斯（Lycus）残害了墨伽拉的父亲——国王克瑞翁。他篡夺了忒拜权力，现在扬言要取赫拉克勒斯全家性命。安斐特吕翁、墨伽拉和孩子们都被逐出家门，缺衣少食，被迫到宙斯的祭坛寻求庇护（行44-45）。他们的处境一开始就危在旦夕，随后雪上加霜：吕科斯现身，扬言要把他们活活烧死在祭坛前（行240-245）。

这场危机引发了各种反应。赫拉克勒斯的儿女坚定不移地等待着父亲到来的那一刻（行73-75），大人们的反应则更为复杂。安斐特吕翁仍希望［125］赫拉克勒斯重现（行95-97）。墨伽拉、吕科斯和歌队成员却认为，赫拉克勒斯没能从那样一个去处赶回，只能意味着他已死去。[①] 甚至在吕科斯到来前，墨伽拉就认定他们必死无疑（行70-71）。她还迫使安斐特吕翁承认，他们得救无望。

墨伽拉发表了一通观点证明自己的悲观。墨伽拉从实际层面指出，大家没法脱逃，因为边境有人把守，亲友也无法施予援手（行82-85）。（接下来她会提到，放逐肯定都将充满艰难困苦，行302及下。）她还指出，让吕科斯发善心也绝无可能（行298-299）。

墨伽拉对获救不抱任何希望，说到底与赫拉克勒斯的消失有关。她认为，根本不能指望他回来（行296）：

---

① 与吕科斯（行145-146）、墨伽拉（行295-296）和歌队（行420以下）形成鲜明对比，安斐特吕翁对赫拉克勒斯的长期缺席未置一词（行25）。在行553，墨伽拉告诉赫拉克勒斯，欧律斯忒俄斯的传令官宣告了他的死亡。

又有哪个死人曾打冥府回来过呢?

赫拉克勒斯既已不在,一切希望就都破灭了。墨伽拉告诉孩子们(行460–461):

> 我有多少梦想的希望——当初我听了你们
> 父亲说的话形成的,都破灭了。

随后,墨伽拉忆起儿子们"死去的父亲"(行462)玩笑般地许诺让一个儿子统治阿尔戈斯,让第二个儿子当忒拜王,把奥俄卡利亚(Oechalia)分给第三个儿子。这每一份遗产,都和赫拉克勒斯让第二个孩子抓住的大棒一样,而今似乎都成了"假装给你的礼物"(行471)。由于墨伽拉的希望取决于赫拉克勒斯,既然认定丈夫已死,她便心生绝望。

但墨伽拉还有一套说辞用来劝安斐特吕翁赶快自行了断。宿命论是墨伽拉的信条甚至义务。她告诉安斐特吕翁,

> 我们不能期望无望的东西。(行92)

墨伽拉认为,只有蠢人才会对抗必然性。[①]"与命运苦苦争斗"(ekmachthein tychas,行309)是蠢行。因为,

> 无人能改变必然的事情。(行311)

[①] 墨伽拉用的语词是skaios[愚蠢的](行283)。Bond解释说,该词不仅蕴含贵族意味,也蕴含审美、智识和道德鄙视。

墨伽拉这么快就甘心屈服于吕科斯，非因她不爱孩子们（她指出，行280-282），也非因她认为死亡不可怕，而是因为她认定，[126] 赫拉克勒斯会希望家人英勇死去。墨伽拉认为，"一世英名的夫君"（eukleēs posis，行290）不会为了让孩子们活命而身败名裂。因为，

> 高贵的人
> 常因子女的耻辱感到痛苦。（行292-293）

墨伽拉认为自己有义务效仿丈夫（行294），维护家族的高贵传统。她让安斐特吕翁忆起自己年轻时在战斗中赢得的美名，说他有义务以死捍卫名誉（行288-289，比较行60-61）。最后，墨伽拉恳请安斐特吕翁（行307-308）：

> 下定决心跟我们一起死吧，死反正在等着你。
> 老人家啊，我凭你的高贵出身敬告你。

墨伽拉拥护的这种宁死不屈的贵族立场，也曾是美狄亚、斐德拉、玛卡利亚（Macaria）、珀吕克塞娜、《伊菲革涅亚在奥利斯》中的伊菲革涅亚，以及《特洛亚女子》中的安德罗玛刻所持的立场——她们都是名门女英，遵循一种原本属于男子的标准。① 正是遵循这套行为准则，墨伽拉才宣称，她不希望敌人笑到最后。墨伽拉承认，于她而言，让敌人笑到最后其实比死亡更可

---

① Adkins 1966（页211）认为，作为女子，墨伽拉不能追求充满男子气的aretē [德性]。尽管aretē用在男人、妇孺、奴隶和自由民身上含义不同（参见柏拉图，《美诺》[Meno] 71e），但由于众多肃剧女主角都追求"男

怕（行285-286）。由于认定赫拉克勒斯已死，墨伽拉认为，只有一种行动称得上高贵和她对丈夫的追随：不反抗命运，而是毫不迟疑、高傲地英勇就死。①墨伽拉深爱着赫拉克勒斯，也热切盼望丈夫归来，哪怕丈夫化作鬼魂或者托个梦也好（行490-495）。自豪与宿命论的混杂，竟令她忽视了丈夫举世无双的能力。因为无人能像赫拉克勒斯那样让惊喜从天而降，"避免让必然之事发生"（参见行311）。

安斐特吕翁对墨伽拉所说的这套被迫的看法截然不同。他本人无疑出身高贵，自我介绍时列数了英雄祖先（行2-3）。如前所述，墨伽拉也特别提到他的高贵出身——但他绝非这些典型的贵族价值的拥趸。安斐特吕翁尤其不认为，死是身处困境之人唯一可取之道。②和《阿尔刻斯提斯》中的斐勒斯一样，安斐特吕翁问心无愧地贪恋生命。他告诉墨伽拉（行91），

　　我留恋生命，也爱它的希望。

安斐特吕翁没有任何具体计划，只想得过且过，寄望于问题自然地解决（行87、93）。安斐特吕翁没有绝望，反倒满怀希望——希腊传统对希望的态度模棱两可，但显然在英雄价值体系

子"德性，我们或许就不能断定这些女子行为反常，而应认为英雄德性是一个"无标记"范畴，男女都适用。关于美狄亚的英雄主义，参见Knox 1977，页196-198。已有人关注了男女经验的相同，参见Loraux 1981A。

① 关于英勇战死（Heldentod）作为荷马笔下的理想（而非现实），参见Renehan 1987。

② 安斐特吕翁在行316和行1073-1075为自己继续活下去辩护时，就表明他意识到了英勇战死（Heldentod）的理想。

中无足轻重。[1]安斐特吕翁非但没有为自己的态度感到愧疚,还用修正主义的观点质疑了墨伽拉:[127]"最好的人"贵在乐观(行105–106):

> 最好的人信靠希望,
> 绝望是懦夫的行为。

安斐特吕翁满怀希望,不只是随遇而安的性情使然,还有其经验和哲学依据。安斐特吕翁信天由命、顺其自然(行101–104):

> 人的不幸会逐渐减轻,
> 暴风雨不会长久保持力量,
> 幸运的人也不会一直幸运到底。
> 因为,一切皆变,彼此转换。

变化和更迭构成了自然世界,这是司空见惯的希腊思想。但有人设想自己是在顺应自然,也有人设想自己是在与之对抗。索福克勒斯笔下的埃阿斯(另一位著名的高贵者),就用独白有力地表明了他的前后不一(nonconformance):

> 冰雪覆盖的冬天让位给果实累累的夏季。
> 当白天点亮光柱,骑着白马疾驰而来时,
> 幽暗的黑夜便转身后退。
> 风暴的可怕呼吸也让

---

[1] 关于希腊文学对希望的不同看法,参见Bond对行105的笺释。

疲惫的大海休息、平静
甚至万能的睡眠也得释放他的俘虏,
不能永远抓住不放。
那么我们,我们又怎能不学会屈服?①

埃阿斯没有回答自己的反问,但他随后的行动表明,他拒绝改变自己的方式,宁可自杀也不愿屈服于羞辱过他的希腊将领。在埃阿斯的世界里,没有妥协的余地:

要么光荣地活着,要么光荣地死去,
这才是一个高贵者该做的。(《埃阿斯》,行479-480)

墨伽拉会对埃阿斯惺惺相惜。但安斐特吕翁认为,人类和自然力一样,变化是常道。因此他认为,寄望于意想不到之事似乎不过是常识。和墨伽拉一样,安斐特吕翁也想让赫拉克勒斯如愿以偿,但他想到的是赫拉克勒斯保全儿女的命令(行44-46,行317-318)。安斐特吕翁远没有儿媳那样在意荣耀,他更在意活命。

但要怎样才能活下去呢?痛苦地意识到自己年事已高、力不从心(行41-42、228-231),安斐特吕翁只能指望他人 [128] 襄助。安斐特吕翁埋怨家族的亲友(philoi,行55-56)冷漠无情、袖手旁观,谴责忒拜和全希腊没人出手相救(行218、222以下),还特意在吁求宙斯时大声疾呼。因为宙斯也是赫拉克勒斯的亲

---

① 参见《埃阿斯》,行670-677。[译注] 参见张竹明译本,收于《索福克勒斯悲剧》,南京:译林出版社,2007。关于赫拉克勒斯与埃阿斯的对比,参见 de Romilly 1983。

友，是赫拉克勒斯eugeneia［出身高贵］的一种来源，这还牵扯出赫拉克勒斯父亲身份的复杂问题。

双重父亲身份

戏一开场，安斐特吕翁就在寥寥数语中提及赫拉克勒斯的怪异身世（希腊传说中绝无仅有）。安斐特吕翁自诩

> 宙斯的共妻者，
> ……
> 赫拉克勒斯的父亲。

神话英雄中不独赫拉克勒斯夸口有两个父亲——法厄同（Phaethon）、忒修斯、海伦和伊翁都有同样的特质，但唯有他的两个父亲似乎在某种意义上融为了一体。为了引诱贞洁的阿尔克墨涅，宙斯不得不伪装成她的丈夫。奸污阿尔克墨涅的是冒牌安斐特吕翁，虽然真正的安斐特吕翁很快回来认领新娘。因此，安斐特吕翁在造就这位英雄中扮演了某种至关重要（虽然生物学上无法确定）的角色。

安斐特吕翁非但没有隐瞒宙斯在他新婚时的角色，还一再提到这一点。充满敌意的吕科斯，甚至连充满同情的歌队成员都公开质疑了这个故事的真实性。而对安斐特吕翁来说，这完全是他亲身经历的事实。但他没有原谅宙斯的行为。安斐特吕翁似乎总是一厢情愿地跟宙斯唱对台戏。不管什么时候，他都拿自己的行为跟宙斯的行为作比，指出宙斯的缺点。安斐特吕翁提请人们注意这个家族在拯救者宙斯（Zeus Sōtēr）祭坛前避难，尔后宣称他们"缺乏安全"（aporiai sōtērias，行54），他似乎借此暗示，宙斯

徒有虚名。安斐特吕翁警告吕科斯,他必将受到惩罚,

> 如果宙斯对我们心存公道的话。(行212)

稍后,感觉死到临头的安斐特吕翁明显心有怨恨地对这位神说道(行339–347):

> 宙斯啊,我徒然让你做我的共妻者,
> 也徒然称你同为我儿子的父亲。
> 对我们你不像从前表现得那么友爱(philos)。
> 我虽是凡人,[129]但在德性上胜过你这天神。
> 因为,我没有背弃赫拉克勒斯的儿女。
> 你当年偷偷上我的床很是能干,
> 未经允许占有了别人的妻子,
> 可是,救(sōizein,比较行48、54)你的亲人(philoi)你就没有法子了。
> 你是糊涂神一个,不然就是天生不义。

最后安斐特吕翁向宙斯祈祷时(墨伽拉此时在向赫拉克勒斯祈祷),仍在攻击宙斯(他怒称,"我白费力气",行501)。让安斐特吕翁与宙斯较劲可能是为了搞笑——戴绿帽子的安斐特吕翁将成为后世剧作家大书特书的主题,但剧中对此进行了严肃处理。这位老者的谴责,引人关注赫拉克勒斯的存在的悖论基础:这个悖论在他成功时鲜有人质疑,而他一旦落难就遭到批评。

赫拉克勒斯有两位父亲:宙斯和安斐特吕翁——至少故事是这么说的。赫拉克勒斯"出身高贵"(eugenēs,行50),但这该归功于宙斯还是安斐特吕翁呢?这个问题引发了一个更普遍的疑

问：真正的出身高贵源于神性，还是典型的人类特质的升华？同样的思考也隐含在墨伽拉与安斐特吕翁的争论中。出身高贵体现在像贵族那样选择高贵死去，还是体现在常人的乐观和坚持中？"最好的人"认为，人生命运的改变给人希望，还是令人绝望？懦夫该选择生还是死？

在这些问题上，墨伽拉和安斐特吕翁针锋相对。但他们的分歧并未引发争吵，再者，也被吕科斯的出现骤然打断。由于遭突发事件打断，这场争论要到剧末才能解答。

吕科斯上场后也加入了这场关于高贵天性的讨论。他怒斥了安斐特吕翁和墨伽拉的

> 空言夸口，一个你，
> 你和宙斯共妻，共同生过儿子，
> 还有一个你，被称作最好的人的妻子！（aristou phōtos，行150）

赫拉克勒斯没能从冥府返回，让敌人可以借机否定宙斯是其父的身份。这个结果表明，赫拉克勒斯不过凡夫俗子（Chalk 1962，页10）。至于赫拉克勒斯"最好的人"的身份，吕科斯通过质疑其功绩来开始他的攻击。吕科斯表示，猎杀动物算不得[130]真正的勇敢。赫拉克勒斯从未经受勇敢的真正考验：在重装步兵队伍中作战。相反，赫拉克勒斯依靠弓箭：懦夫的武器（kakiston hoplon，行161）。

吕科斯这般贬低赫拉克勒斯，有同时代看法的支撑。弓这种武器的地位不如重装步兵的标枪。重装步兵作战是那些能出生入死之人的选择（Goossens 1962，页348-354。亦参Snodgrass 1965）。但由于弓是赫拉克勒斯英雄身份的标志，吕科斯攻击的

就绝不仅仅是他选择的武器。吕科斯和安斐特吕翁的对话，引入了个人成就与协作成就（在剧末将显得极为重要）的辩证法。悖谬的是，说到底还是可恶的吕科斯看得更透彻。①

安斐特吕翁不屑回应吕科斯对赫拉克勒斯出身的诋毁。他直言不讳，那是宙斯的事儿（行170–171）。不过，他也会为赫拉克勒斯辩护，驳斥他是懦夫的"令人发指的"指控（行173–175）。安斐特吕翁据英雄传统为赫拉克勒斯使用弓辩护，驳斥了吕科斯。他解释说，弓让人能独立作战，这一点对于需靠同伴保护的重装步兵来说就无法实现。手执弯弓的赫拉克勒斯既能自保，又无坚不摧，不"受困于机运"（行203），能在战争中随机应变。

安斐特吕翁的辩护提请人们注意，赫拉克勒斯如贵族一般独立于其他人类的共同体。赫拉克勒斯遵循史诗中孤胆英雄的模式独自完成了差事。但这种自足也有欠缺：尽管赫拉克勒斯铲除怪物，夺回土地和海洋，造福了人类，他却没能建立一张人情网，以备家人不时之需。② 赫拉克勒斯解救忒修斯是总体模式的例外，不是其英雄计划的一部分，而是个人冲动的友爱行为。此举耽误了冥府里的赫拉克勒斯，导致他差点儿来不及解救家人（行619）。不过，当他不得不放弃弯弓所象征的独立，向人类共同体求助时，此举将有利于他。

安斐特吕翁提到赫拉克勒斯的英勇的著名见证者——诸神，他们在对抗提坦族的战争中有机会评判赫拉克勒斯的英勇。接着，安斐特吕翁还气愤地质问吕科斯，半人马们会认为谁是"最好的人"（andr'ariston, 185）：难道不就是吕科斯方才诋毁的他的

---

① 关于这场戏与剧作主题的关系，参见 Hamilton 1985。
② 赫拉克勒斯没让其他人参与自己的英勇行为可能缓解了受益者的危险感，受益者对他也就没那么感恩戴德。连他打败迈锡尼人为武拜人赢得自由，此处也不过一次单枪匹马的战斗：参见行220，亦参行50、560。

儿子吗？事实上，正是吕科斯，而非 [131] 赫拉克勒斯，被人公开骂作懦夫（deilia，行210、235）。吕科斯先前已表明，铲除赫拉克勒斯的家人，并非因他无耻犯罪，而只是为了斩草除根：他既已杀死克瑞翁，就不能让赫拉克勒斯的儿女长大后为外祖父复仇（行165–169）。安斐特吕翁现在痛斥了这种观点。他解释说，吕科斯

　　　　自己是懦夫，害怕高贵者的儿女。（tōn aristōn，行208）。

　　安斐特吕翁的话有力地驳斥了僭主。不幸的是，这位老人只是嘴上赢了。他和歌队都太弱小，没法采取任何有效行动（行228–231，行268–269），吕科斯才是有权力采取行动之人（行239）。僭主扬言要马上处死这家人时，墨伽拉的宿命论理解似乎获胜了。这位老人和这位年轻女子一道体面而勇敢地对抗吕科斯。他们主动离开祭坛，希望能死得有尊严——他们好歹掌控了在哪里死去（行320–321）。

　　第一合唱歌扩展了赫拉克勒斯出身高贵的主题。起初，歌队成员在称谓上犹豫不决：他们该称赫拉克勒斯为"宙斯之子"呢，还是"安斐特吕翁之子"（行353–354）？歌队成员的犹豫表明了，他们不看好赫拉克勒斯的命运。和吕科斯一样，由于赫拉克勒斯还留在冥府，歌队成员只能就此认定，赫拉克勒斯是凡夫俗子。但即便认定赫拉克勒斯已死，歌队成员依然愿意歌颂他，愿用歌声编就"一顶颂扬苦差的花冠"。[①] 以此
　　　　作为给死者高贵

[①] 见行355–356。Bond对行348及下的笺释指出了这首颂歌的双重功能。这首颂歌是"献给死去的赫拉克勒斯的thrēnos [哀歌]"，但其"基调不是哀悼"。

> 辛劳的光荣纪念。(行357-358)

这段歌功颂德的话明显带有竞技凯歌的意味。这首合唱歌对赫拉克勒斯的描述,用的就是品达或巴基里德斯颂扬凯旋的竞技者的方式(Bond,行355-358的笺释总结了二者的相似之处)。赫拉克勒斯行为高贵(gennaioi,行357),是德性的化身(aretai,行357)。赫拉克勒斯的"男子气"(euanoria,行407)使他接近神——赫拉克勒斯显然当之无愧,因他代替阿特拉斯(Atlas)

> 支撑着诸神
> 星光灿烂的家。(行405-406)

通过把苦差置于竞技凯歌的语境中,歌队成员强化了安斐特吕翁把儿子描述为传统英雄的做法。歌队成员尽可能最好地呈现赫拉克勒斯的功绩,因为这些差事的方方面面——从源头开始,都需要解释。目前为止,众说纷纭:有人说,赫拉克勒斯做这些苦差是为了完成安斐特吕翁和欧律斯忒俄斯的部分交易[132](行17-19),有人说起因是赫拉(行20),还有人说是出于必然性(行21)。我们已经听吕科斯说过,这些苦差表明赫拉克勒斯是懦夫,也有人会认为,这些苦差令人厌倦、单调乏味。事实上,赫拉克勒斯稍后就如是看待这些差事。① 但这首合唱歌宣称,赫拉克勒斯已把这些差事转化成希腊人的福祉,也为他本人赢得了荣

---

① 见行1269-1278。关于ponos[劳作、苦工、任务]的范围和含义的研究,参见Boegehold 1982。不过,ponos在口号中的特定政治含义(即便如Boegehold所言,公元前4世纪20年代就在使用)与《发狂的赫拉克勒斯》并不相干,因为该剧很可能创作于公元前420年至公元前415年之间。

耀。唯有此番冥府之行尚未获得回报,"最后这趟差事"(行427)显然恰好让他命丧黄泉。

赫拉克勒斯的消失揭示了一个令人不安的事实。他的家人孤立无援:

> 门庭冷落,没有朋友。(行430)

歌队成员没法亲自前去襄助这些身处险境的乞援人。他们和安斐特吕翁一样哀叹,年老体衰使他们爱莫能助(行436-442,比较行268-269)。歌队成员的抱怨凸显了常人与赫拉克勒斯的距离感:他们要么年老体衰,心有余而力不足,要么冷眼旁观,袖手不管;赫拉克勒斯却年轻力壮、乐于奉献。家人们寄望于赫拉克勒斯——用歌队的话说,寄望于他的双手(行434-435),而他却远在天边。

赫拉克勒斯的回归

赫拉克勒斯的重现,证明了他的非凡声望——英雄、"最好的人"、宙斯之子。就在生死攸关之际,赫拉克勒斯归来营救了家人。当时,安斐特吕翁、墨伽拉和孩子们都已穿上寿衣,齐聚宫前。通过让赫拉克勒斯在关键时刻(行532、630)从"从未有人打那里回来"的地方(比较行297)奇迹般归来,赫拉克勒斯坚定了安斐特吕翁的信念,打消了墨伽拉的绝望、歌队的悲观和吕科斯的嘲讽。墨伽拉认为,"苦苦对抗命运"徒劳无益,赫拉克勒斯却恰恰完成了最后一桩差事,胜利归来。

由于赫拉克勒斯归来那场戏给观众提供了唯一直观这位英雄发狂前的机会,对其性格的完整呈现不得不压缩到一百多行以内。赫拉克勒斯的智识和果断、柔情和实力,都令人印象深刻。

赫拉克勒斯一出场就发现不对劲。他马上询问原因。一番快速对[133]答下来(行542-560),他就获悉了吕科斯如何篡权、家人为何放弃他归来的希望、有无朋友前来襄助,赫拉克勒斯由此确立起掌控全局的形象。他抵达忒拜的方式也富有先见(pronoia,行598):赫拉克勒斯途遇一只不祥的鸟儿,便决定不事声张,秘密进城(行596-598)。这位赫拉克勒斯不只孔武有力,他还具备某些鲜明的现代特质。他显示出"基于理性思考的快速行动"能力,这种能力为公元前5世纪的雅典称道,也是雅典最佳领袖的典型特征。①

正如所料,赫拉克勒斯主要表现为行动的人。他没有浪费时间讲述自己的冥府历险,虽然这个话题值得大书特书,也显然让听众感兴趣(比较行610、612)。赫拉克勒斯与索福克勒斯笔下的埃阿斯是同一类型的英雄。和埃阿斯一样,赫拉克勒斯既不蠢,也有条不紊,但既然行动是他的自然表达方式,言辞就毫无用处。如果说这种人尤其容易发狂,不是因为他们智力有缺陷,而是因为他们体力超群、无懈可击。诸神对待不同英雄采取不同策略,埃阿斯或赫拉克勒斯这类人的力量坚不可摧,只能让他们误用自己的力量。

听到吕科斯篡权的消息,赫拉克勒斯勃然大怒,他充分证明,吕科斯错误地质疑了他的勇敢。赫拉克勒斯打算尽快直接复仇。他一弄清状况就表示(行565),

> 我要马上着手此事。

---

① Knox 1957,页23。关于pronoia[先见],参见修昔底德《伯罗奔尼撒战争史》1.138.3、2.65.5及2.65.13。

看上去，歌队先前就已建议赫拉克勒斯的家人寄望于"他出手"（行434）相救。赫拉克勒斯的措辞显然充满暴力：他扬言要把王宫夷为平地，割下吕科斯的脑袋扔去喂狗，还要让不忠的邦民血染狄耳刻河（行565-573）。不过，我们没理由认为，赫拉克勒斯的话表明了疯狂发作时的野蛮。[1]暴力是赫拉克勒斯一生的特征，但一般而言都是为了行善，眼下则是为了保护家人（行574-575）。赫拉克勒斯的威胁比安斐特吕翁（行232以下）或歌队（行254以下）的威胁更有杀伤力，因为他实力更强，责任也更大。赫拉克勒斯的行事是在履行国王职守的传统。[134]长期离家的赫拉克勒斯，一归来就肃清了城邦中的敌对分子。埃斯库罗斯笔下的阿伽门农也声称要（和赫拉克勒斯一样）大开杀戒，却没有时间行动。荷马笔下的奥德修斯从特洛亚一回到伊塔卡，其实就开始了这项计划。

但这场戏的基调是温情，而非暴力。对墨伽拉来说，赫拉克勒斯是她"最心爱的人"（行514）。于安斐特吕翁而言，赫拉克勒斯是"归来的光明"（行531）。赫拉克勒斯的儿女紧紧抱住他不撒手，而他也没有挣脱。赫拉克勒斯温柔地向他们保证，他没长翅膀，飞不走（行628）。赫拉克勒斯全心全意地回应了家人的情感。他肯定了个人关系的重要（行574-576）：

> 对于我，还有什么人比妻儿和老父
> 更该保护的呢？别了苦差！
> 我徒然做了那些事，却没帮上亲人。

---

[1] Wilamowitz 1895，卷二，页129的观点。他后来否定了这个看法，但这种理解再次出现，譬如Pohlenz 1954，页299，Burnett 1971，页168。相关讨论，参见Bond, xix。

赫拉克勒斯用了强调和反问语气。此时此刻，他并没有要否认苦差的意思。相反，赫拉克勒斯想要强调他的生活的两方面（个人义务和职业责任）同等重要。[1]赫拉克勒斯由此身兼公共责任与家庭责任，契合了史诗中的完美英雄的样式。在《伊利亚特》（6.390-393）中，赫克托尔作战间隙与安德罗玛刻温柔交谈，逗弄怀中尚在襁褓中的儿子。在《奥德修斯》（11.494、540）中，已下冥府的阿喀琉斯急切地问候年迈的父亲，听到儿子的消息也感到欣喜。索福克勒斯甚至为笔下的英雄埃阿斯设置了一个表现家庭生活的场景（虽然气氛令人很压抑）（《埃阿斯》，行541-595）。

通过凸显赫拉克勒斯对家人的柔情，欧里庇得斯绝不只是充实了对这位英雄的传统描述。这个主题充当了一个结构性要素，连接起这部肃剧互不相关的各部分。[2]下一场戏将表明，赫拉克勒斯在整场戏中显露的亲情另有深意：当观众发现赫拉克勒斯杀害了妻儿，他们就会回过头去看赫拉克勒斯归来的那场戏，观众也就会醒悟，赫拉克勒斯的罪行与他的性情完全矛盾。他竟想伤害家人，这纯属无稽之谈。赫拉克勒斯一回来就表达了对家人的呵护之情即是明证。压垮赫拉克勒斯的疯狂没有揭示其天性中的隐情，反而导致他与先前的自我疏离（xensis，行965）。

［135］亲情的主题也为剧末奠定了基础。赫拉克勒斯本人指

---

[1] 我不同意Bond 行575的笺释中提出的观点：此话表明赫拉克勒斯与过去一刀两断。Kamerbeek 1966（页14）的理解正确："如果不能解救儿女，赫拉克勒斯就认为苦差（ponoi）毫无用处。"

[2] 对《赫拉克勒斯》的统一性的讨论，参见Gregory 1979，页250-260及注释2和3中提到的参考文献。关于Bond对此剧结构的解读，见xvii-xxii。

出，所有人都有亲情（行634–636）：

> 高贵的人也好，一文不值的人也罢，
> 都爱自己的孩子。财产上他们有分别，
> 有的人富有，有的人穷，但所有人都爱儿女。

通过强调亲情这种人之常情，欧里庇得斯为剧末转变后的赫拉克勒斯作了铺垫：他将去除这位传统英雄身上的孤芳自赏，让他过上公共生活，帮助他人。[①]

不过，赫拉克勒斯回归的那一刻，没人想到会发生这种反转。在歌队看来，这位英雄自冥府归来，表明了他与神的关联。他们宣称（行696），

> 他是宙斯之子。

歌队成员着意提到赫拉克勒斯非凡的高贵出身（eugeneia）——现在似乎可以确定，这种高贵源自一位神界的父亲。赫拉克勒斯铲除吕科斯后，歌队再次表达了敬仰之情。如果说赫拉克勒斯证明了自己的高贵，吕科斯的失败则表明了自己的卑鄙（dysgeneia，行810）。吕科斯企图暴力对抗比他好的人（行741），最终自食其果。赫拉克勒斯与吕科斯互换了位置（行769–770），吕科斯下了冥府，赫拉克勒斯则重见天日。这种对调坚定了歌队对命运的自然沉浮及"回天的神力"的信念（行739）。无人哀悼僭主之死。歌队成员满怀欣慰，这个不虔敬之人死了（行760），好人逢凶化吉。歌队再度

[①] 参见Bond在注解行634–636时对isotēs［独立］的解读；亦参Foley 1985，页189。

表示自己相信赫拉克勒斯两个父亲的故事（行798–804）。赫拉克勒斯时来运转。他不负众望，从冥府归来、英勇无比，印证了宙斯的确在他的生命中扮演了角色。[1]这些事件对诸神是否关心正义的问题给出了肯定回答（行814–815）。

赫拉的愤怒

然而，歌队成员刚说出"正义"一词，就发生了一件事。此事表明，诸神要么根本不关心正义，要么对正义的理解与人类截然不同——安斐特吕翁早就怀疑（行347），宙斯要么无知，要么不义。两个幽灵显现，歌队成员惊恐万状。两个伊利斯（Iris）中的一位率先发言，一来是让这些老人放心，城邦安然无恙（行824），二来是想确认此番要找的对象的身份。

[136] 伊利斯声称，她们来此，只为

一人，人称宙斯与阿尔克墨涅之子。

伊利斯只言片语提及赫拉克勒斯的身世，就解释了赫拉的愤怒。当然，赫拉克勒斯不仅是宙斯与阿尔克墨涅之子，他还是安斐特吕翁之子，这些复杂性都暗含在伊利斯的"人称"（phasin，行826）中。和先前的吕科斯一样，伊利斯通过诋毁赫拉克勒斯的身世，贬低了这位英雄。但似乎很明显，赫拉本人就把赫拉克勒斯视为宙斯的亲生子。惹怒赫拉的就是赫拉克勒斯的出身，剧

---

[1] 这些歌队成员很可能是在指他们原先的看法：赫拉克勒斯已死，由此揭示了凡人与宙斯成问题的关系。但就算相信赫拉克勒斯的父亲是神，歌队成员也仍坚持自己的信念：参见1019，行1086–1087。

中每个主角都这么认为。①

别无他因。不可能有人会谴责赫拉克勒斯因行为不法惹怒了赫拉。毫无疑问，赫拉克勒斯没有不虔敬。相反，他为拯救者宙斯（Zeus Sōtēr，行48）设下一座祭坛，还把金角牝鹿（Ceryneia）的后腿敬奉给阿尔忒弥斯（行375-379）。疯狂女神吕萨（Lyssa）本人指出（行825-853），

> 他独力复兴了对诸神的崇拜。

赫拉克勒斯恭敬地站在祭坛前，正准备向家神献祭时，疯狂将突然降临在他身上。② 稍后，赫拉克勒斯会把自己描述为

> 希腊的恩人，
> 虽然他完全无辜。

赫拉克勒斯的功绩证明了他所言不虚。

事实上，剧中对赫拉克勒斯本人功绩（无论好坏）的讨论，

---

① 参见行1127、1189、1263-1264、1309-1310。Burnett 1971（页176及下）没有充分重视这些台词：Burnett认为，赫拉发怒，不是因为赫拉克勒斯是宙斯的后代，而是他的肆心。Burnett相信了伊利斯（和赫拉）的话：她们宣称，惩罚赫拉克勒斯是替"诸神"行事（行841），但从文脉来看，复数形式的theoi［诸神］似乎是为了有利于她们的托词，因为这样一来，赫拉的个人怨恨就成了普遍争斗，也与ta thnēta［凡人］（行842）同样含混的复数形式平衡。对这种肆心理论的反驳，参见Bond xxiv-xxvi及行841的笺释。

② 对这种仪式的讨论，参见Foley 1985，行152-155，但他的观点没有说服我：反常献祭的主题是此剧的要害。欧里庇得斯并置献祭行为与疯狂杀戮，似乎是为了呈现最强烈的戏剧性对比，而非为了暗示因果关系。

仅限于他长期从事苦差,从而得以逃脱赫拉的怒火(行827及下)。赫拉克勒斯至今避开赫拉的怒气,就是一种挑战。伊利斯解释说,赫拉若不达目的,诸神将"一文不值"(行841)。赫拉派来吕萨,不过表明她在这场至今未赢的战争中已黔驴技穷。先前派去扼杀尚在襁褓中的赫拉克勒斯的那些"有着戈耳戈般眼睛的大蛇"(行1266)出师不利。这一回,赫拉派来了

有一百个蛇头咝咝作响的
戈耳戈,目射凶光的疯狂女神。(行883-884)

赫拉用以消除愤怒的最后一个工具最终得逞了。

传统上认为,希腊诸神睚眦必报。事实上,引发争议的不是赫拉,而是宙斯在赫拉克勒斯的发狂中扮演的角色。因为人们以为,赫拉克勒斯的父亲宙斯会保护儿子及其家人——安斐特吕翁早前一再提到这一点。歌队老人甚至在僭主就要大开杀戒时吁请宙斯看顾(行886-888)。他们简直难以置信,宙斯知晓这场灾难却仍袖手旁观。安斐特吕翁同样难以置信(行1115、1127)。唯有伊利斯透露了一点事实真相。

伊利斯解释说,只要赫拉克勒斯忙于苦差,[137]必然女神就会保护他,宙斯也不会让伊利斯或赫拉伤害他(行827-829)。在开场中,安斐特吕翁就不确定,这些苦差该由必然女神还是赫拉(行21-22)负责。现在,我们能依据伊利斯的权威断定,苦差源自必然女神(与宙斯通力合作),换言之,这些苦差当中机会与艰辛参半,是赫拉克勒斯命运中的积极面。但苦差既已完成,宙斯是否就不再出手帮助儿子了呢?伊利斯没有直说,但似乎只有这样才能解释宙斯为何在这场危机中置儿子于不顾。

我们从文本至多能推知,根据奥林波斯的原则,诸神必须尊

重彼此的职权，因此，宙斯和必然女神默许了赫拉带来的疯狂（或者，赫拉克勒斯稍后表示［行1393］，"由于赫拉的祸害"）。①在《伊利亚特》中，阿喀琉斯就已承认，宙斯对赫拉克勒斯的爱也没法让他逃过赫拉的愤怒（《伊利亚特》18. 118–119）。在这里，责任的认定依照了时间线索：赫拉克勒斯一完成苦差，宙斯就把主导权让给了赫拉。换句话说，赫拉克勒斯先由宙斯和必然女神掌控，尔后由命运女神和赫拉掌控。②我们由此可以断定，拥护和反对这位英雄的神根本不像凡人以为的那样彼此不和，而是轮流改变了他的生活。在神看来，凡人眼中的忽视和背叛呈现了命运的模式——这个假设让我们重新审视剧作结构呈现出的混乱不堪。不过，眼下得出这类结论为时尚早。这些结论直到临近剧末才由忒修斯讳莫如深地道出，赫拉克勒斯本人则对此闭口不谈。

　　伊利斯无法独自完成任务。她有疯狂女神吕萨襄助。吕萨和赫拉克勒斯一样，"父母都是神"（行843）。她也和赫拉克勒斯一样，是两种不同要素的产物。吕萨是乌拉诺斯（Ouranos）和黑夜女神（Night）的女儿：一位是天神，另一位则是地府神。欧里庇得斯借这种谱系引入了疯狂女神与受害者之间的一系列相似，这些相似一道逐渐模糊了神的干预与人类冲动的区别。通过这种方式，欧里庇得斯使赫拉克勒斯的疯狂深入人心，同时又保留了

---

① 在《希珀吕托斯》行1328–1330，阿尔忒弥斯解释了这个原则。
② Bond给出了这种时间性解释。他援引《阿尔刻斯提斯》中所说的阿波罗是阿德墨托斯家族的保护神，认为（对行827及下的笺释）神的庇护有时限。他还应该补充一点：神的敌意也有时限。在《埃阿斯》（行756–757）中，雅典娜对埃阿斯的迫害只持续了一年。不过，我说的宙斯和赫拉联手（前者保护，后者迫害赫拉克勒斯）和Burnett 1972，页175的看法不是一回事：宙斯"准许了一切"，因为赫拉克勒斯的伟大威胁了所有神。

传统把疯狂呈现为外力的做法。①

吕萨的心态与她的受害者相似。她虽为疯狂之神，[138]但这位女神的行事起初极为公道。只要吕萨依然理智，赫拉克勒斯就一样理智。吕萨厌恶自己的任务，却不折不扣地执行。她一疯，赫拉克勒斯也马上发狂。随着她的诗行从三音步变为四音步，吕萨的语气也变得狂热、可怖。②吕萨发誓要像猎犬一样追击赫拉克勒斯，还说自己的猛烈攻击就像暴风雨、地震和雷暴来临（行859-863）。由于这位女神与她的受害者的这种相似（前文已简述），吕萨从平静到疯狂的转变，以及她一再使用自然灾难意象，就铺垫了赫拉克勒斯的改变：他从英雄沦为疯子，从神样的人变得毫无人性（from something more to something less than human）。

仿佛为了凸显赫拉克勒斯发狂带来的震惊和恐惧，欧里庇得斯向观众三番描述了他的发狂：吕萨的预言，随后歌队凭印象讲述了赫拉克勒斯近于虚幻的谋杀，以及信使冷静的事后转述。合唱歌唱段轮番哀叹、描述、总结，每个唱段都被安斐特吕翁宫内传出的呼喊打断。合唱歌以哀悼赫拉克勒斯开始（行875-879），随后描述了"黑夜的戈耳戈"（行883）吕萨，她的特征继续与赫拉克勒斯重合。因为若说吕萨是戈耳戈，赫拉克勒斯的双眼也好似戈耳戈（行868、999）。若说吕萨是酒神狂女（Bacchante），赫拉克勒斯就是冥府的狂鬼（行1119、1122）。吕萨和赫拉克勒斯都被喻为驾着马车（行760、880）。两人都携带尖头棒：赫拉克勒斯以为自己手里拿着刺棒（行949），吕萨则带着令人疯狂的木棒

---

① 关于希腊人对疯狂的传统看法，参见 Mattes 1970。

② 伊利斯在行855转向了四音步，吕萨紧随其后。关于四音步的情感效果，参见 Drew-Bear 1968。

（行882）。欧里庇得斯的遣词意在表明，赫拉克勒斯和他的迫害者已在某种意义上融为一体。赫拉克勒斯发狂的要害是丧失人性。双眼通常是表达情感的器官：赫拉克勒斯不断转动着的布满血丝的双眼（行868、932-933）不再发挥这些功能。由于听力出了问题，赫拉克勒斯听不到家人的哀求和提醒。赫拉克勒斯沉默之后的狂笑（行930、935），暗示他已失语。连他的呼吸也不再受控（行869）。赫拉克勒斯的举止已经丧失了人类特有的表达能力。

信使的报告填补了其他说法留下的空白。譬如信使指出，赫拉克勒斯的发疯分几个阶段（Mattes 1970，页85）。他起初中断献祭时就已然"不是[139]自己"（行931），但他还认得出安斐特吕翁是他父亲（行936），对周遭也还有感觉。赫拉克勒斯宣布的计划是杀死欧律斯忒俄斯——这个计划血腥，却也不算疯狂。因为他似乎总想夺取欧律斯忒俄斯的王国（他已把这个王国许给了儿子，行463），这个计划的必然结果是暴力推翻国王。

赫拉克勒斯叫人取来武器，接着踏上了去往迈锡尼（Mycenae）的想象旅程。旁观者仍不确定，赫拉克勒斯是疯了还是在开玩笑（行952）。但很快，赫拉克勒斯就彻底打消了他们的怀疑。他登上一辆想象中的马车，鞭打着看不见的马儿。赫拉克勒斯在这场假定的旅程途中吃了一顿并不存在的饭，还赢了一场子虚乌有的胜利，最后还摧毁了他以为的迈锡尼城墙（其实是他自己的宫墙）。赫拉克勒斯把漫游的隐喻变为行动，在希腊思想中，这与疯狂密切相关（Becker 1937，页156-177）。赫拉克勒斯的行动特别令人动容，因为这些行动重现了他所致力的一生：南来北往、龙争虎斗、觥筹交错。但他早年的旅程目的明确，也为他赢得了光荣获胜者（kallinikos）的名号，这趟毫无意义的劳顿却使他"没有战胜任何人"（kallinikos oudenos，行961）。

直到抵达他认定的迈锡尼,赫拉克勒斯才进入疯狂的最后一个阶段。现在,他不仅不顾周遭环境,不顾受害者的身份,还无视人类最大的禁忌。赫拉克勒斯无视乞援者安斐特吕翁,还手刃亲子。杀死另两个孩子和他们的母亲后,赫拉克勒斯逼近老人。但此时另一位女神介入,这场戏戛然而止。就在赫拉克勒斯瞄准父亲时,雅典娜用一块石头掷中这个疯子的胸膛,使他失去知觉(行1002–1006)。

由雅典娜来制止这场杀戮恰如其分,因为艺术作品(如位于奥林波斯的宙斯神庙中的四面墙所示)常把她呈现为赫拉克勒斯的保护神。不过,雅典娜此处的干预另有深意。根据信使描述,雅典娜全副武装,头戴头盔、手执标枪——这个形象很可能让欧里庇得斯的观众联想到那尊用黄金和象牙打造的雅典娜大雕像,这尊雕像就矗立在雅典卫城之上,捍卫着雅典城邦。[1] 雅典娜的干预,预示了剧末雅典城邦将在赫拉[140]克勒斯生命中扮演的角色。神话传统没让这位女神营救赫拉克勒斯的妻儿,却通过阻止他杀父,使之免除了其暴力引发的最极端后果。[2] 安斐特吕翁

---

[1] 见行1002–1003。关于斐狄阿斯(Phidias)的雕像,参见泡萨尼阿斯,1. 24. 57。Bond行1002的笺释中提到D. S. Robertson一处有意思的修订(PCPhS 1937,页1):他通过增加de清楚区分了雅典娜的显现与雅典娜的雕像。Herington 1955(页55)探讨了"雅典娜与雅典密切的个人关系"。

[2] 石头救了安斐特吕翁一命的故事并非欧里庇得斯杜撰。Bond ad 1004援引了泡萨尼阿斯(9. 11. 2)。泡萨尼阿斯曾亲眼看到这块石头神供在忒拜的赫拉克勒斯神庙。不过,这并非赫拉克勒斯传说中的标准因素:据泡萨尼阿斯称,斯特斯克洛斯(Stesichoros)和帕尼阿西斯(Panyassis)都未处理过此事。欧里庇得斯似乎是在凸显安斐特吕翁幸免于难这个晦涩的细节,既为了强调赫拉克勒斯疯狂打击一切的暴力,也为了凸显这位老者,借此铺垫赫拉克勒斯在剧末认安斐特吕翁为父。

的幸存，对赫拉克勒斯的幸存至关重要，因为正是安斐特吕翁和忒修斯一起，才帮他在疯狂之后重新认清自我。

无论从吕萨、歌队还是信使的角度讲述，赫拉克勒斯发狂这场戏似乎都给出了简单而具有先兆性的教诲。这场戏表明的颠转，全面影响了赫拉克勒斯的存在。宙斯的英雄儿子已变得野兽一般，更像公牛而非人（比较行869）。赫拉克勒斯特有的活力，变成了毁灭性的愤怒。造福一切人类者沦为杀亲者。那位单手托天的英雄（行403-407）而今趴倒在地，倚在一根倒下的柱子上（行1006-1012）。

安斐特吕翁关于顺应自然变化的理论，根本解释不了这种结果。安斐特吕翁展望过一种符合正义的宇宙更替：这就是他为何相信邪恶的吕科斯终将失败的原因（见行216）。歌队的看法也一样，因为在他们的宗教信仰里，时间的作用就是纠正所有暂时的不公，扬善（行805-806）惩恶（行739）。赫拉克勒斯的经历却表明，命运的运转莫名其妙，无缘无故。赫拉克勒斯所犯之罪，不过是先发制人杀死吕科斯。事实却出人意料地证明，好王与僭主、拯救者与毁灭者、君子与小人之间，人无从选择。

果真如此，那么人类完全有理由绝望——我们将看到，这就是赫拉克勒斯的第一反应。欧里庇得斯却不想止步于此。让人认清颠转的简单事实、引人绝望之余，欧里庇得斯还指明了一线希望。有了赫拉和宙斯的无情和漠视作对比，人类共同体出手帮助赫拉克勒斯，安斐特吕翁和忒修斯的柔情和慷慨就变得愈发引人瞩目。赫拉克勒斯的不幸使他获得了自己的另一个传统，获得了赫拉做梦都得不到的财富——人类的怜悯和帮助，最后一场戏浓墨重彩地描写了这笔财富，这笔财富也淋漓尽致地体现在对"朋友"（philos）一词的由衷重复中。

神志恢复与价值重估

赫拉克勒斯清醒之后注意到的头一件事是"天空、大地和赫利俄斯的箭"（行1090）。这是真实的感知，"[他]应该看到了这一切"（行1089），也表明赫拉克勒斯的疯狂正在消退。当他从反常的噩梦中醒来时（比较行1061），赫拉克勒斯患上了失忆症，他忘记了发狂的阶段，回到了疯狂之前。赫拉克勒斯以为自己又踏上了为欧律斯忒俄斯效命的另一趟冥府历险之路（行1101-1102）。但他很快回过神来，因为他没有瞧见西绪弗斯（Sisyphus）的石头或冥府的其他地标。这是赫拉克勒斯神志恢复的第二个征兆：他不再靠想象的路标确认自己。安斐特吕翁走上前时，赫拉克勒斯马上认出了他——这是他神志已恢复的最后一个证据。

赫拉克勒斯开口就唤老人"父亲！"，安斐特吕翁答道，

> 儿啊，你还是我的，虽然这么不幸。（行1113）

安斐特吕翁非但没有在这个关头放弃赫拉克勒斯，还强调赫拉克勒斯是他的儿子。安斐特吕翁是正派和宽厚的典范，他把赫拉克勒斯不知道的一切都告诉了他，先是引导儿子认清事实，是他一手铸成了灾难（行1129），接着辨认尸体（行1131），最后告诉他引发这场灾难的全部事实（行1135）。

和他当初听闻吕科斯篡位的消息后勃然大怒一样，赫拉克勒斯的痛苦和自责一览无遗。一如既往，赫拉克勒斯的冲动一触即发，这回是针对自己。按照传统的贵族看法，赫拉克勒斯担心他的罪行会带来恶名（dyskleia，行1152）。赫拉克勒斯的解决方案和埃阿斯如出一辙，却远不及他果断：自杀，无论跳崖自尽、自焚，还是自刎（行1148–1152）。

忒修斯赶来阻止了赫拉克勒斯的打算。他不仅给出解决赫拉克勒斯实际困难的方案，还另眼看待赫拉克勒斯的过往——疯狂的降临，使得更改过去势在必行，也使之变得可能。由于发狂是赫拉克勒斯历史的一部分，这也就成了最后一场戏的题中之义。一起看似毁灭性十足的事件，最终竟孕育了新生的种子。

忒修斯没认出地上蜷缩的那个人，此人把头埋在赫拉克勒斯的斗篷里。安斐特吕翁急切地认定此人是他的儿子，他还着意提到了[141]赫拉克勒斯辉煌的过去——他在弗勒格拉平原（Phlegra）杀死巨人族（1190及下）。安斐特吕翁据此断定，赫拉克勒斯的英雄功绩仍值得认真对待。忒修斯却用一种截然不同的口吻回答说（行1195）：

哎，有哪个凡人比他更不幸吗？

报告完赫拉克勒斯杀害家人之后，信使曾用同样的口吻结束他的故事：

我不知道哪个凡人比这还不幸。（行1015）

如果说胜利凸显了赫拉克勒斯的神圣传统，不幸则重新把他打回凡间。

忒修斯是双重意义上的朋友（philos）：亦亲亦友（行1154）。他赶到忒拜，帮助赫拉克勒斯对抗吕科斯（行1163–1165），就算战局已变，忒修斯也不改初心。忒修斯认为，第一要务是让赫拉克勒斯揭去头上的斗篷，他还分四点进行了论证。忒修斯的每个观点虽旨在让赫拉克勒斯振作精神，却同时强调，这场突然降临在他身上的灾难影响深远。

忒修斯的第一个观点是，自我逃避毫无用处：再暗的乌云也遮不住赫拉克勒斯的不幸（行1216-1217）。传统认为，赫拉克勒斯的姿势表明了他的谦卑，忒修斯却从中看出了一丝自大：自以为能借此设法抵消灾难。忒修斯试图纠正这种误解。

随后，忒修斯让赫拉克勒斯放心，他本人不怕与之接触带来污染。相反，他很想跟朋友患难与共，就像他之前分享了赫拉克勒斯的胜利（行1220-1225）。这样一来，忒修斯无意之中否定了墨伽拉的看法：

不幸导致没有朋友。（行561）

然而，赫拉克勒斯以前从未有过不幸，从未要求他人回报。正是忒修斯的正派，凸显了已经发生的巨大反转。忒修斯稍后宣称：

因为你现在正需要朋友。
在神看重一个人的时候，他不需要朋友。
神的帮助就足够了，在他想给他荣耀的时候。（行1337-1339）[①]

忒修斯接下来的话恢复了关于出身高贵（eugenēs）特征的争

---

① 见行1337-1339。Bond跟随Nauck和Wilamowitz，用括符括上了行1338-1339。这两行台词的确很像《俄瑞斯忒斯》中"不相干的"行667-668。我认为有必要保留这两句台词，因为这两行台词对比了神性出身与凡人友爱，以及刀枪不入与匮乏，这种对比显然与赫拉克勒斯的经历有关。关于剧中的友爱主题，参见Sheppard 1916。关于编订者们倾向于悬置"总体反思"，参见de Romilly 1983。她罗列的那些被放入括号里的片段具有代表性，见页415-416。

论。戏一开始,这场争论就令墨伽拉和安斐特吕翁分道扬镳(行1227-1228):

> 起来吧,露出你不幸的头!
> 看着我们!高贵的凡人
> 承受神降的灾祸不畏缩。

[143] 忒修斯认为,高贵在于坚忍而非高傲,也必须承认神力掌控凡人的生活并顺从命运。忒修斯的理解改写了传统标准,强调了坚忍,因此更接近安斐特吕翁(而非墨伽拉)的观点。此剧接近尾声时,对高贵的这种理解将占上风。

忒修斯最后表示,赫拉克勒斯的行动对神圣秩序毫无影响:

> 你是凡人,不能把血污传染给天神。

换作别的语境,这个观点带有理性主义甚至渎神意味,忒修斯却在这里用它佐证传统关于谦卑的教诲。① 忒修斯再次直击要害:他发现,赫拉克勒斯之所以老想着污染,是因为背后隐藏着一丝不易觉察的傲慢,他斥责这位朋友想跟神平起平坐。

忒修斯的策略是强迫赫拉克勒斯正视自己:他不过是一个弱小可怜的凡夫。两人在谈及赫拉克勒斯的困境时,忒修斯一再把朋友拉下神坛。忒修斯表示,赫拉克勒斯身上唯一可传到天上的

---

① 参见《安提戈涅》,行1043-1044。在那里,克瑞翁认为没有人能污染诸神,这就成了不掩埋珀吕内刻斯(Polyneices)的正当理由。Michelini1987(页258-260)精彩地讨论了忒修斯批评传统污染观的话。不过,忒修斯的批评中透露出一丝老派的虔敬。这是忒修斯特有的含混。

事就是他的不幸（行1240）。而在赫拉克勒斯眼看就要对神发起挑战时，

> 你以为神会在意你的威胁吗？（行1243）

忒修斯让他住嘴，否则逞能只会给他招来惩罚。

然而，当赫拉克勒斯对忒修斯的训斥耿耿于怀，灰心丧气地重新燃起自杀的念头（行1247）时，忒修斯改变了策略。此刻他暗示，自杀是"等闲之辈"的出路（行1248）。选择死而非生——墨伽拉认为这是贵族的标志，现在被贬低为平庸和懦弱。为了打消赫拉克勒斯自杀的念头，忒修斯让赫拉克勒斯想起他的功绩，言下之意，他有不辱盛名的义务（行1250、1252）。但赫拉克勒斯是光荣的英雄还是可怜的弃儿呢？忒修斯描述的这两个极端，凸显了赫拉克勒斯成功的过去与不幸的现在的矛盾。赫拉克勒斯的经历的统一性已被疯狂摧毁，必须重新评价他的经历。

在大段自传式的补充中，赫拉克勒斯就重新评价了自己的经历（行1255以下）。赫拉克勒斯想表明，他的生活完全失败：

> 现在听着！我要反驳你的劝告。
> 我要对你说明，
> 为什么现在和以前一样，活着无趣。

和墨伽拉一样，赫拉克勒斯从自己的困境中得出了最极端的结论。他诉诸自己的身世据理力争：

> [144]首先，我生自那人：他杀了
> 我母亲的老父，是个杀人犯，

> 又娶了阿尔克墨涅我的生母。
> 繁衍的根基安得不正,
> 后代的时运必定不幸。
> 宙斯呢,不管宙斯是谁,生下我来
> 遭赫拉怨恨。

赫拉克勒斯从安斐特吕翁那里遗传了污染,从宙斯那里招来赫拉的敌意。解释完他的双重阻碍后,赫拉克勒斯转向安斐特吕翁接着说,

> 老人家,请别生气,
> 我把你当作父亲,而不是宙斯。(行1264–1265)

此话解决了赫拉克勒斯两个父亲的问题。赫拉克勒斯方才已清楚表明他有两个父亲的事实(在生物学上并不矛盾)。但他意识到隐含在这种情况下的精神困境。在这个令人痛苦的挫败时刻,赫拉克勒斯做出了自己的选择。其他人或许继续把他视为宙斯之子(行1020、1289),但现在,赫拉克勒斯本人放弃了半神身份,承认自己属于凡人,属于他的凡人父亲。

这正是忒修斯一直想让赫拉克勒斯承认的。但赫拉克勒斯还是根本没法认同他跟芸芸众生一样。赫拉克勒斯虽已放弃半神身份,却坚持传统的高贵标准。死亡看来仍是解决其困境的唯一方式。在回顾自己的苦差时,赫拉克勒斯并不引以为傲,他认为这完全是一连串枯燥无味的劳役,最终还落得杀死儿女的下场。[1]展

---

[1] Hangard 1975,页127写道:"赫拉克勒斯认为,这些苦差一件接一件,令人不堪忍受,因此苦差的顺序和性质都不再重要。"

望未来，赫拉克勒斯从自己的处境中看不到任何希望。他没法待在忒拜，也不能迁往阿尔戈斯（行1280及下）。赫拉克勒斯若旅居任何别的城邦，他能想象（行1288-1290）投向他的怀疑眼光和轻蔑之语，这意味着声名狼藉，高贵之人避之唯恐不及。赫拉克勒斯苦涩地认定，赫拉该高兴了。一切都遂了她的愿，因为赫拉成功毁了"最好的希腊人"（行1306）：

希腊的恩人，
虽然他原本无辜。（行1310）

歌队也认为灾难拜赫拉所赐，忒修斯却接着暗示了一个截然不同的思路。[①] 他指出，凡人和诸神都"逃不脱命运的影响"（行1314）。神话表明，诸神要忍受彼此的不公对待，继续在不那么理想的环境里共存。何以［145］"身为凡人"的赫拉克勒斯竟对命运失去耐心，而诸神却没有呢？[②]

忒修斯拐弯抹角地暗示，发生在赫拉克勒斯身上的事，不应

---

① 行1311-1312由歌队（Camper就这么认为，Bond接受了他的看法）而非忒修斯说出，才说得通，虽然必须假设，忒修斯发言的头一两行台词已散佚。忒修斯已承认赫拉的角色（行1189）。现在，他又继续在发言的主体中指出，凡人和诸神都受制于命运，必须学会坚忍：也就是说，忒修斯把赫拉克勒斯的苦难归因于命运，而非单纯归咎于赫拉。

② 参见行1315-1321。在行1314-1322的笺释中，Bond指出了忒修斯此处的说理与《希珀吕托斯》中乳母从与神的类比中得出的智术师式观点的相似之处（行456及下）。不过，两人在谈及忍耐和忍受命运时，心里预期的结果截然不同：忒修斯让赫拉克勒斯放弃自杀，乳母却想着让斐德拉对希珀吕托斯提出性要求。Michelini（1987，页263）指出，乳母用智术为否定传统道德标准辩护，忒修斯却用这项时兴的技艺为人类应对诸神的传统态度辩护。

简单归咎于赫拉。非但不能怪罪他人，赫拉克勒斯还应认识到，他的一生就由他的命运模式构成。宙斯与赫拉携手合作——这种协作关系触怒了安斐特吕翁（行1127），却把赫拉克勒斯和芸芸众生捆绑在一起。归根结底，触怒赫拉克勒斯的赫拉的意志（行1305），与更为人熟知的宙斯的意志可谓密不可分。既如此，赫拉克勒斯最好接受自己的命运——在忒修斯看来，这个态度说到底就是高贵的标志（行1227-1228）。

忒修斯没有公开指责赫拉克勒斯谴责赫拉，而是很快着手解决赫拉克勒斯最紧迫的困境，并给出了一些切实可行的解决方案。忒修斯邀请赫拉克勒斯前往雅典，在那里进行净化，在他资助赠予的土地上度过余生。忒修斯只字未提不朽，但他明确表示，赫拉克勒斯有望享有英雄的特殊地位。[①]等他"死去，下到冥府"后（行1331），赫拉克勒斯会在雅典受人敬拜。忒修斯最后说道，

> 雅典邦民觉得，帮助了一个有价值的人，
> 因而得到全希腊的美誉，像得到了一顶荣冠。

与安斐特吕翁和墨伽拉的对话一样，忒修斯最初对赫拉克勒

[①] Meridor 1984，页207-208回到了Burnett的观点（1971，页182，注释39）：赫拉克勒斯的神化，出现在歌队行655以下对第二春的讨论时（暗指青春女神赫柏[Hebe]），以及行1151赫拉克勒斯自焚的愿望中（暗示他在奥尔塔[Oeta]山上的传统火葬柴堆）。不过，这些暗示（若真有暗示）一笔带过，讳莫如深，观众不可能领会。Stinton 1986，页67提出的观点有道理，

> 若某个典故在剧中重要，诗人肯定会挑明，隐晦或间接的影射对于把戏看成做戏的人来说意义不大或毫无意义。

斯的忠告，包含了愿意变通的社会性定义的因素：他曾表示，高贵之人不是宁死不屈的传统贵族，而是具有坚忍性情之人。同样的修正主义因素在这里也很明显，因为忒修斯言简意赅地提出了两个观点。第一个观点是：与赫拉克勒斯自己的理解相反，他过去的成就部分得以留存。他在疯狂中做出的举动没有令他名声扫地。贵族行为规范的绝对标准不再适用，因为即便在灾难中，赫拉克勒斯也仍是高贵者（anēr esthlos）。[1]按照忒修斯的理解，高贵取决于性情而非境遇。

忒修斯的第二个结论是：赫拉克勒斯曾经拥有的荣冠和荣耀（stephanōma，行355；eukleēs，行290；eukleia，行1370），现在将[146]成为所有雅典邦民的特权。这种变化契合集体利益高于个人利益的政体思想。雅典葬礼演说的一项相关研究已表明，在公元前5世纪和公元前4世纪，那些先前与贵族个体相关的主题和特质，最近都被用于城邦（Laroux 1985，页56）。这种转变此处清晰可辨，因为先前由竞技者佩戴的荣冠，如今被许诺给了雅典城邦，奖励不是因为胜利，而是因为同情。

不过，我们对赫拉克勒斯本人的讨论还没有结束。赫拉克勒斯对忒修斯的回答表明，他对朋友体贴入微。他一上来就否定了忒修斯关于奥林波斯神行为不检的那些神话。赫拉克勒斯表示，这些神话不过诗人们的杜撰。

> 神若是真神，他没有
> 任何需求。（行1345–1346）

赫拉克勒斯虽对赫拉怀恨在心，他对诸神的信仰却仍坚不

---

[1] Bond在行1335的笺释中就这么认为，他反驳了Adkins 1966。

可摧。赫拉克勒斯选择谴责那些关于诸神的不实故事而非诸神本身。①

尽管赫拉克勒斯直接提到了忒修斯口中的例子，由此提出的结论却同样适用于他本人的情况。在这里，赫拉克勒斯总结（但他放弃）了曾经支配他早年生涯的标准。作为追求不朽的宙斯之子，赫拉克勒斯模仿诸神，曾过上自足的英雄生活。赫拉克勒斯一度长期孤独地成长。他曾致力于造福家人、忒拜和整个希腊，不图（也不求）回报。

神若是真神，他没有任何需求。

人类却羸弱不堪。他们需要联合起来弥补个体的无助。②赫拉克勒斯承认自己有所求并接受忒修斯的友谊，对他认清自己是凡人（确切说是认清自己是安斐特吕翁之子）至关重要。

---

① 大费周章的忖度使得学者们要么认为这段戏是在攻击诸神，要么认为诗人借此暗示诗歌创作（相关文献综述，参见 Halleran 1986，亦参 Michelini 1987，页275及注释194）。但 Bond 强调（行1341–1346的笺释），关键是据文脉断定，这是在回应忒修斯。（Grube 1961，页58已指出，"和忒修斯一样，赫拉克勒斯是在思考奥林波斯神山上的生活"。）赫拉克勒斯的核心看法是，诸神不可能充当人类的表率（Burnett 1971，页174也这么认为）。赫拉克勒斯决心活下去的理由，不是像忒修斯认为的那样要像诸神一样生活，而是基于他对像诸神一样生活于凡人意味着什么有了新的理解（Halleran 1986，页177提出的观点）。不过，Halleran 接下来的观点没有说服我：这个戏段让观众自己批判诸神。

② 关于 chreia［需要］作为推动共同体形成及文明发展的力量，参见柏拉图，《普罗塔戈拉》322b 及 Diodorus 1.8。

赫拉克勒斯一向行为友善。现在,他愿意接受别人的好意。[1]赫拉克勒斯认同了忒修斯的观点,认为自杀是懦夫行为,也认同了他对高贵即坚忍的定义(行1347–1357):

> 我虽身处灾难,却仔细想过,
> 免得我死了被人视为怯懦。
> 因为,一个忍受不了苦难的人
> 也不能承受凡人的刀剑。
> 我要坚强地活下去。[2]我会到
> [147] 你的城邦去,感谢你的无数馈赠。
> 我尝过无数辛劳,
> 从不曾有过一回畏缩,眼睛
> 从未落过一回泪。不做梦也没曾想到,
> 我会落到这般田地,让眼泪滴了下来。
> 但这回,我似乎非做厄运的奴隶不可了。

赫拉克勒斯的话揭示了蜕变的痛苦,因为新旧观点杂糅其间。言语间,赫拉克勒斯依然决定按照英雄准则生活,依然关心

---

[1] 大体而言,友爱(philia)是一个政治主题,因为友爱引导人们关注人类共同体的价值。但依我之见,我们不应把此剧中的友爱解读为Connor 1971和Hutter 1978探讨的"政治友爱"。在《发狂的赫拉克勒斯》中,欧里庇得斯没有使用hetairos[朋党]一词(例如,他在《俄瑞斯忒斯》行804就用了该词)。该词的确传达了独特的政治含义(关于hetairos[朋党]或贵族"结党",参见Connor 1971,页25及下,页75及下)。友爱一词远没有hetairos[朋党]具体,虽然该词有时也可以用来指结党。

[2] Wecklein的行1351为bioton,Wilamowitz和Bond都沿用了他的版本。该词对剧作把勇敢和高贵重新定义为坚忍至关重要。

勇士的名声。与此同时，他落泪并接受忒修斯的好意，表明他接受了自己转变后的身份，也接受了需要他人帮助的凡人属性。①

赫拉克勒斯解决由他的武器所引发问题的方式，让人想起吕科斯和安斐特吕翁之前的那场争论，也表明了赫拉克勒斯眼下的处境：他小心翼翼地平衡着尊严与绝望、愤懑与忍耐，以及对高贵的新旧理解。赫拉克勒斯寻思着自己前往雅典时该不该丢下武器。但他最终决定带上这些武器，哪怕留作永久的念想和鞭笞（行1376-1385）。人们始终把赫拉克勒斯的弓与主人视为一体，有时弓成了某种象征。现在，赫拉克勒斯决定留着这张弓，但其情状大不如前，现在是"痛苦地"（athliōs，行1385），就像他的父亲（行1365）和他本人的生活一样（行1375）。赫拉克勒斯的

---

① 这段戏的一个细节表明，欧里庇得斯承认又同时改变了自己的文学来源。这个细节会让我们想起，巴基里德斯笔下的赫拉克勒斯（5. 155-158）在冥府遇到墨勒阿革耳（Meleager）时平生首次也是唯一一次垂泪。Richard Garner已向我指出，"赫拉克勒斯的首次落泪"已经成了一个传统主题（topos），索福克勒斯和欧里庇得斯都有过处理。欧里庇得斯改编了源自另两个版本的要素，但总体而言，他从巴基里德斯那里受益更多。巴基里德斯笔下的赫拉克勒斯情不自禁地落泪，不由自主怜悯墨勒阿革耳代表的人类处境。赫拉克勒斯尚未遭遇个人不幸（虽然文脉提到戴阿尼拉 [Deianira]，强烈暗示灾难近在咫尺）。索福克勒斯笔下的赫拉克勒斯在生命的最后一刻潸然泪下。他因身体的痛苦落泪，虽然他谴责自己像女人一样脆弱（《特拉基斯少女》，行1070-1075）。欧里庇得斯笔下的赫拉克勒斯在时间上居间：他已遭受不幸，但还没到死亡边缘。《发狂的赫拉克勒斯》中的赫拉克勒斯借用了索福克勒斯笔下的赫拉克勒斯的某些措辞（参见Bond行1353-1357的笺注），也同样评价了自己的落泪。但他并没有谴责自己哭泣。在描述自己落泪时，欧里庇得斯笔下的赫拉克勒斯有一丝巴基里德斯的意味：默默垂泪但感人肺腑。巴基里德斯笔下的赫拉克勒斯随后借一则传统格言告诉墨勒阿革耳，"凡人最好不要出生"，但他随后坚定地放弃了这类想法。这种理论上的绝望与个体决绝的结合，似乎预示了欧里庇得斯对这位英雄的刻画。

弓并未如安斐特吕翁所说的那样,让他的生活不受命运伤害(行203)。相反,赫拉克勒斯现在明白了,他无疑是命运的奴隶。[①] 不过,赫拉克勒斯既不会丢下他的弓,也不会轻生。因为这意味着怯懦,而安斐特吕翁早已承认,谁要说赫拉克勒斯怯懦,就是说他的儿子坏话(行174–175)。

出乎忒修斯意料,赫拉克勒斯全盘接受了自己的看法和帮助。他让忒修斯陪他一道处理了冥府看门狗刻耳柏罗斯。丧亲之痛令赫拉克勒斯担心自己情绪失控(行1385–1387)。以前从不落泪的赫拉克勒斯,现在悲痛不已(忒修斯认为他悲伤过度)。忒修斯觉得有必要再让赫拉克勒斯忆起自己的英雄功绩(行1410以下)。在与安斐特吕翁最后的交谈中,赫拉克勒斯答应参加他的葬礼——这是儿子能为父亲尽的最后义务。最后,赫拉克勒斯倚靠着忒修斯离去。连他的姿势都表明,赫拉克勒斯接受了有死性。通过接受忒修斯身体上的支持,赫拉克勒斯重申了他与诸神的距离以及他需要仰仗凡人的帮助。

[148] 如果说还有某种挥之不去的不彻底感,这是因为赫拉克勒斯本人似乎误解了自己的经历。最终,赫拉克勒斯仍认为,他的生活是一场绵延不断的灾难,并把一切归咎于赫拉和机运(tychē):

> 我们所有不幸的人,
> 全在赫拉这个祸害打击下毁灭了。(行1392–1393)

[①] 见行1357。Hamilton(1985,页23)指出:

事实证明,吕科斯提出的这些观点……意外地与赫拉克勒斯关联在一起:在重装甲步兵中列队作战是真正的勇敢——友谊比自主更重要——自主就是赫拉克勒斯立身行事的信条。

但观众要考虑的是赫拉克勒斯的行动而非言辞:这位英雄是行动胜于言辞的典型。最后,赫拉克勒斯决定继续活下去,做出这个决定就意味着他有了盼头。赫拉克勒斯的最终选择否定了传统高贵的宿命论,颂扬了充满希望的坚忍与慷慨互利的价值。

观众能明白(虽然主人公不明白),赫拉克勒斯命运的这两个方面——宙斯与赫拉、必然性与命运,实际上是一体两面。这并非什么新发现,而只是回到古老的智慧,承认诸神分配给凡人的东西有时掺杂了恶,有时是压倒性的恶,但从来不会是纯粹的好。[1] 新的看法是,人类共同体能够抗衡上述力量反复无常的掌控者。

《发狂的赫拉克勒斯》对神性的批评,让人想起《阿尔刻斯提斯》和《希珀吕托斯》。这三个剧本都表明,诸神所在的世界与凡人截然不同,来自人类的帮助比诸神不确定的帮助更稳定、更慷慨,也更符合人类的需求。不过,尽管欧里庇得斯揭示了神的承诺与行为不一致,他的重点却不是谴责诸神的行为,更不用说质疑诸神的存在。[2] 神的不足虽非欧里庇得斯批评的重点,却为完全属人的解决方式提供了机会。

这些解决方式可能包括重新理解传统。剧末的赫拉克勒斯依然是高贵者,依然是好人(esthlos)——忒修斯清楚无误地表明了这一点,但因赫拉克勒斯发狂受苦,两个语词引发了截然不同的联想。赫拉克勒斯已放弃强调个人荣耀与成就的贵族价值体

---

[1] 关于阿喀琉斯讲述的宙斯的两个坛子的故事,见《伊利亚特》24.527-533。

[2] Burnett 1971(页176,注释26)提到,欧里庇得斯"从未表明,他认为世间之恶与天上有诸神存在的观点互生龃龉"。亦参Lefkowitz 1989。

系。和他决定接受忒修斯的帮扶一样，赫拉克勒斯预计的雅典生活，也象征了其态度的转变。

《发狂的赫拉克勒斯》无疑向欧里庇得斯厌战的同胞们传达了某种振奋人心的信息。[1]剧末提及[149]忒修斯，并透过忒修斯之口提及雅典，越发加深了这种印象。歌队表示（行1405），

　　愿那个生育了他的祖邦有福，多生好儿郎。

当赫拉克勒斯选择定居雅典并依靠忒修斯的友谊时，他似乎确信，哪里的生活都比不过雅典人的生活。

---

[1] Bond（xxxi）认为，此剧创作时间是公元前416或公元前414。

第五章 《特洛亚女子》

[155] 通常认为，《特洛亚女子》探讨了绝望。[1]和《赫卡柏》一样，《特洛亚女子》从阴郁的视角审视了特洛亚战争，聚焦于战败的特洛亚人而非获胜的希腊人。[2]但在此剧中（公元前415年上演，是一组处理特洛亚问题的三联剧的压轴剧），特洛亚女战俘的处境更令人绝望。由于刚刚战败，她们还没有机会让自己适应不幸。事实上，刚刚开场，这些特洛亚女子的精神就已遭受重创。安德罗玛刻解释说（行639-640）：

---

[1] 参见 Wilamowitz 1906，卷三，页163；Havelock 1968，127；Poole 1976。

[2] Šičalin（1983，页105）注意到这种视角。他认为，这表明欧里庇得斯反对伯罗奔半岛战争。但鉴于在《波斯人》（Persians）中，埃斯库罗斯也没有只用爱国主义或赞美的方式处理军事胜利，欧里庇得斯对战争受害者而非胜利者的关注，似乎可能反映了肃剧这种文类特有的伦理复杂性，而非对政治的具体影射。Murray 1946认为，特洛亚三联剧与公元前416墨洛斯的毁灭有关，Maxwell-Stuart 1973则将之视为对西西里远征的批评。描写战争的三联剧在战时上演，显然会引发人们对时事的普遍关注，欧里庇得斯的观众看戏时，"脑海里最可能想起"（Maxwell-Stuart，页397）上文提到的西西里远征。不过，van Erp Taalman Kip（1987）已指出，从时间上看，特洛亚三联剧绝无可能明确影射了墨洛斯的命运。从时间顺序来看，这组三联剧也不可能明确影射西西里远征（参见 Parmentier 1925，页14）。

曾经幸运的人落了难，

在与过去的幸福比较中体味痛苦。

实际上，情况糟得不能再糟。战事刚了，特洛亚王室战俘尚未分配给希腊人：奴隶尚能从主人那里获得起码的保护，而她们却连奴隶都不如。身为战俘，这些特洛亚女子的活动范围严格受限。她们可以捶胸扯发抒发痛苦：赫卡柏提到（行793–795），她们还能主宰这些举动。特洛亚女子可以相互提供有限的帮助，譬如，安德罗玛刻和赫卡柏分别为珀吕克塞娜和阿斯图阿纳克斯（Astyanax）临终祈祷（行626–627）。她们甚至求死不能，因为塔尔提比俄斯提防着她们蓄意自杀（行299–305、1284–1286）。唯有在言辞领域，这些特洛亚女子尚留些许独立，但连这也得小心翼翼：塔尔提比俄斯使出浑身解数让卡珊德拉的预言失效，让安德罗玛刻住嘴（行734–736）。

《特洛亚女子》的戏剧行动揭示了一连串灾难，一个比一个无妄。戏剧开场时，特洛亚城邦已陷落。男子都已战死沙场，女子沦落为奴。希腊人继续施暴：他们祭杀珀吕克塞娜、残害阿斯图阿纳克斯、火烧特洛亚。[156] 持续不断的祷告也于事无补、无济于事。尽管观众从开场得知，希腊人很快就会因他们的渎神罪遭受惩罚，这些特洛亚女子却并不清楚这一点。她们心灰意冷，认为诸神根本不会伸张正义。从戏剧行动看，《特洛亚女子》堪称欧里庇得斯创作的一部最阴郁的剧作。

然而，这种看法没有考虑其他戏剧要素。现实的时间框架似乎旨在弱化戏剧行动的暴力，确立某种中断和悬疑感。场景设置在一座已是废墟的特洛亚城邦与战舰之间的滨海营房：这些女子曾在特洛亚安家，战舰很快会把她们送往希腊的新归宿。波塞冬在开场白中宣称，特洛亚一片荒凉（erēmia）（行26，比较行

15），但特洛亚共同体的余部已在海滨重组。

于被征服者和征服者而言，《特洛亚女子》都是一个过渡期。戏剧行动一开始，希腊人就在装载战利品，同时等候着能把他们带回家的顺风（行18-22）。至于那些特洛亚战俘，她们已然损失惨重（赫卡柏提到，她们已失去父邦、儿女和丈夫，行107），随后还要各分东西（行484-488、1089-1099）——在剧情发展中，这的确无情地发生了。但目前，她们还在一起。领导者的在场、共同的悲痛、相互扶持、旧的张力和差异的持存，促成了共同体意识，也推迟了与过去的最后决裂。

这个等待期给特洛亚女子提供了难得的反思机会。往日，她们不得闲：这些女子只有在织机前干活时才能回忆特洛亚（行199-200）。将来，她们也别想得闲：这些女战俘将充作希腊主子的司阍或女仆、妾室、挑水工和面点工（行194-195、202-206、491-494）。她们眼下得享的是奴隶的闲暇，时间由主子支配，这一点突出表现在：塔尔提比俄斯命卡珊德拉上下舞台，以及安德罗玛刻还没掩埋孩子就被迫登船，因为紧急情况召涅俄普托勒摩斯回希腊。不过，即便这种不稳定的闲暇，也给这些女人提供了停下来思考的机会。这些源于精神迷茫的沉思——源自安德罗玛刻的"精神困惑"，最终带来了［157］影响深远的结果，不仅使这群特洛亚女子成功抵制了精神上的解体，还为她们重拾自信、维持共同纽带起了积极作用。

这部奇妙的回忆剧的主体部分就是反思，其语气和结构让人觉得，这是一场发生在特洛亚女子中的广泛讨论，虽遭希腊人的暴行中断，却从未终止。[1]这些戏段的共同点是从过去审视现在。

---

[1] 关于这种两面性，参见Scodel 1980，页11和页121；亦参Lloyd 1984，页303。

在赫卡柏与女儿以及儿媳的一系列对话中,每个年轻女子(葆有处子身的预言家卡珊德拉、忠贞的妻子安德罗玛刻以及水性杨花的海伦)都代表了一种不同的经历和精神特质(体现在她们对所发生之事的理解上)。

赫卡柏与每位对话者的交谈都不同,在她依次回应每个人时,赫卡柏的基本立场浮出水面。赫卡柏与卡珊德拉的分歧,在于选择恰切应对不幸的态度:赫卡柏选择哀悼,卡珊德拉则选择庆祝。至少,赫卡柏一开始就发现,卡珊德拉的态度令人费解。但她在与安德罗玛刻对话的过程中调整了先前的观点。即便赫卡柏不愿和卡珊德拉一道感恩,但她也不认同安德罗玛刻彻底的绝望。相反,赫卡柏力劝安德罗玛刻随遇而安。在与海伦的争论中,赫卡柏最终界定了灵活性(flexibility):她截然区分了屈从必然性与纯粹的机会主义。

这些女子的回应各不相同,使观众强烈感受到过去与现在持久的关联。给这些女人带来厄运的命运转向(metaballonmenos daimōn,行101),没有摧毁她们各自的标准或看法——这就表明,此剧关注的不是"灭顶之灾",而是身处绝境的人类特有的在绝望与坚毅之间的摇摆不定。[1]这些特洛亚女子认为,她们已失去一切——她们的身份随城邦、家人、财富和自由一道湮灭。安德罗玛刻声称,

> 高贵者成了奴隶,
> 这是多大的变化啊!(行614-615)

但这些插曲表明,高贵完好无损,因为每位女子 [158] 身

---

[1] "灭顶之灾"(total disaster)源于Poole的文章标题(1976)。

上都带着从前就具备的安身立命的依凭（resources）。①

这些依凭体现在每个女子对logos［言辞］的运用上——这个语词可指理性与反思、言辞与措辞、诗歌与咒语、论证与解释。②欧里庇得斯创作特洛亚战争三联剧前后，智术师高尔吉亚（Gorgias）完成了他的《海伦颂》（*Encomium of Helen*），用极富技巧和修辞的手法颂扬了特洛亚的海伦。欧里庇得斯很可能受到这部作品影响，因为《特洛亚女子》一再触及高尔吉亚的主题。③事实上，我们不妨把此剧称为"言辞颂"（Encomium of Logos），它反思了肃剧诗对雅典城邦的用处（虽然也反思了其限度）。

言辞的力量

在颂扬言辞的力量时，欧里庇得斯只是引入了一个老生常谈的话题。《伊利亚特》早就认为，言辞和行动是人类成就中的两个同等重要、互为补充的领域：佛伊尼克斯（Phoenix）提醒阿喀

---

① 有人提出了相反的观点，认为此剧表现的是战争如何促使人类做出权宜之计，参见Waterfield 1982。他认为，赫卡柏告诫自己应"随波逐流"就点了题（行102-104）。但随遇而安的建议不一定指权宜之计：参见索福克勒斯，《安提戈涅》，行710-718，欧里庇得斯，《希珀吕托斯》，行1115-1118。

② 对logos一词语义的简要讨论，参见Kerferd 1981，页83-84及MacDowell 1982，页12-13。关于公元前5世纪和公元前4世纪对logos的态度，参见de Romilly 1975。Goldhill 1986，页3-31及全文各处探讨了肃剧中的logos主题，但他强调了logos的欺骗性和不可靠。

③ 对这两个文本的关系的看法，参见Segal 1962，页137，注释11。Scodel 1980，页90，注释26指出，特洛亚三联剧取材于高尔吉亚的《帕拉墨得斯》（*Palamedes*）和《海伦颂》。这种看法没法证明，但貌似有理，也有吸引力。

琉斯，他的父亲望他长大后成为

> 会发议论的演说家，会做事情的行动者。(《伊利亚特》9.443)

后来，这个组合明确构成了希腊思想特有的一组二元对立。① logōi men...ergōi de［一方面，言辞……另一方面，行动］的对立，不厌其烦地（有时逻辑根本不通）充斥于各种语境。这些搭配往往反映了对言辞的些许质疑，因为这暗示，言辞得在行动领域中得到验证。人们大可"用言辞"表明行动，但真正的考验是将之付诸行动。②

在民主制下的雅典，言辞尤为重要：能在公民大会或法庭明晰有力地演说，对有志于公共服务的邦民至关重要。政治决断得经广泛讨论做出，虽然这种做法的价值引发了一些争议。修昔底德笔下的克利翁就认为，雅典人对言辞的精细理解，妨碍了他们对行动的评价：克利翁宣称，过分看重说得漂亮，妨碍了政治判断（3.38.4-7）。相反，修昔底德笔下的伯里克勒斯[159]声称，雅典人的决策方式把"言辞"与"行动"结合得恰到好处：

---

① 关于希腊二元对立的研究，参见 Lloyd 1966。关于言辞-行动这组对立的简史，参见 Heiniman，1945，页43-58；亦参 Parry 1981，页15-57。

② Parry（1971，页15-16及各处）认为，对 logos 的这种质疑与"流行"思潮有关。它截然有别于视言辞与行动为互补的"文学"思潮，也截然有别于"哲学"思潮。哲学思潮在根本上认为，言辞领域比行动领域更真实也更现实。Parry 的提法不能令人信服（因为任何作家［就像他在修昔底德的例子中表明的］都能在任何时候采用这三个观点中的任一个），但这些区分本身有意思也有益。

我们惯于对事务做出准确的判断或分析，我们并不认为，言辞是行动的障碍，而是认为，开展恰当的行动前若不事先通过论辩[logoi]获得指导，会更具毁灭性。(Thuc. 2.40.2)

这类片段运用了言辞与行动的传统对立。但公元前5世纪也出现了一种关注言辞本身的兴趣。智术师们不仅教授适用于政治或司法领域的说服性言说技巧，还把这种语言现象当成学术研究的对象。[1]高尔吉亚本人尤其醉心于研究言辞的心理影响。他认为，言辞用通常认为"行动"(ergon)才具备的一切力量影响灵魂。[2]高尔吉亚写道（《海伦颂》，9）：

言辞是一位伟大的王，用其微不足道，甚至不可见的身体带来神圣的结果。因为言辞能终止恐惧、消除悲伤、带来欢乐、加深怜悯。

欧里庇得斯《乞援女》中的一段话表明，言辞具有某种重要的开化作用。在这段话里，忒修斯列数了能让人类摆脱其原初野蛮状态的要素。思索人类发展的进程，似乎是公元前5世纪"启蒙"的典型特征。类似的要素清单还出现在《安提戈涅》和《被缚的普罗米修斯》中。[3]但唯有欧里庇得斯在他的清单中赋予理性和语言至高无上的地位（《乞援女》，行201-204）：

---

[1] 对这些专业的技术性研究的讨论，参见 Classen 1976；亦参 Kerferd 1981，页68-77。

[2] Parry 1982，页79-80。对相关心理过程的描述，参见 Segal 1962。

[3] 参见《被缚的普罗米修斯》(*Prom.*)，行447-468、478-502；《安提戈涅》，行332-375。Lovejoy and Boas 1935，页192-221整理并讨论了其他表明"反原始主义"(antiprimitivism)的戏段。

> 我赞美那位神，他把我们的生活安排得
> 秩序井然，使我们脱离了混沌和野蛮，
> 首先植入了理性［synesis］，其次给了语言［logos］
> 用来说话，好彼此了解。

对忒修斯而言，理性和语言是诸神最重要的馈赠，因为二者使人类与野兽区别开来，为未来的进步奠定基础。这一观点后来为伊索克拉底（Isocrates）（Nicocles 5=Antidosis 256）吸收。他进而认为，[160]语言不仅有利于与他人交流，对个人思考也有好处：

> 有了这种能力，我们既能就有争议的问题展开论辩，也能独立思考未知之事。因为我们在公共讨论中说服他人，与我们自己思考时使用的是相同的论证模式。

言辞可以替代行动，对抗混乱、引导自我、影响他人——所有这些方面都凸显在《特洛亚女子》中。这些女战俘的思考就源于言辞（忆述），并借助言辞（言语和语言）表达出来。言辞转而帮助她们遏止失落的情绪，提醒观众，某些人类品质能在命运的变迁中留存下来，也能反抗奴役。《赫卡柏》和《赫拉克勒斯》表明了欧里庇得斯对不受外界影响的高贵品质的关注。① 《特洛亚女子》则借这个主题证明性情如何通过语言呈现。

---

① eugeneia［出身高贵］是《亚历山大》（特洛亚三联剧的头一部）的一大主题，参见Scodel 1980，页83-89。我认为，在评价欧里庇得斯笔下人物在此处及别处表达的自然平等观点时，Scodel过于谨慎。即便欧里庇得斯笔下的高贵的奴隶，其行事也仍像奴隶而非自由民，这就证实了欧里庇得斯的心理敏锐和他对教养结果的理解。这并不意味着他是在认同或捍卫奴隶制。

赫卡柏与哀悼

正是赫卡柏的哀悼（常被视为她精神崩溃的证据），首先证明了言辞的支撑力。波塞冬在开场白中就提请人们注意这位前王后遭受打击的形象（行36–39）：

> 如果有人想看见那不幸的赫卡柏，
> 他可以看见她正躺在大门口，
> 为许多伤心事流了许多眼泪。

赫卡柏半支着身子说了第一段悼词（行98），但在卡珊德拉退场后（行462）又躺倒在地。在剧情推进的过程中，我们往往会发现，赫卡柏要么瘫倒，要么跪坐在地，一副孤苦无助的样子。[①]

然而，剧本一开始就表明，赫卡柏存心甚至故意摆出这副姿态。赫卡柏的身体语言强化了她的口头哀悼：她匍匐在地不是因为得不到帮助，也不是因为精疲力竭，没法站立，而是由于她[161]认为，这种姿态契合她的处境。当歌队女子试图扶她起身时，赫卡柏拒绝了她们的帮助，并说，她们虽是好心，却纯属多此一举（行466）。她告诉这些女子，

> 就让我倒在这里吧！因为，从我现在的受苦
> 以及我曾受过及将受的苦来看，我都应该倒在地下。

赫卡柏的话和姿势都经过精挑细选，以精准传达她的苦难感。赫卡柏问道，她怎能不悲痛——她失去了城邦、子孙和丈夫（行105–

---

① Steidle 1968，页51详析了赫卡柏姿势的改变。

107)？她该对什么沉默，又该悲悼什么（行110–111）？这些问题反映的根本就不是不确定性，而是表明了一场传统悲悼（thrēnos）的开始——传统悲悼常以疑问的口吻开始（Alxiou 1974，页161）。赫卡柏习惯性地对比过去的荣华与当下的不幸，也与传统悲悼若合符节（Alxiou 1974，页165）。赫卡柏已找到一种表达她丧亲之痛的方式。

欧里庇得斯不只是在用悲悼传统艺术性地呈现一位不幸的老媪初显的悲痛。他把这种修辞因素刻画为赫卡柏本人的成就：她自觉地用语言安慰自己，左右他人。赫卡柏宣称，她渴望一边淌下"止不住的痛苦的泪水"（行199），一边在地上打滚，并补充说，

> 对于不幸的人，音乐就是
> 叹唱伤心的哀歌。（行120–121）

卡珊德拉离开后，赫卡柏开始了一场再度唤起她往日幸福的哀悼，她坦承，此举是为了让人更同情她眼下的不幸（行472–473）。我们兴许还记得，消除痛苦和强化怜悯，均属于高尔吉亚确定的言辞的用途。和高尔吉亚一样，赫卡柏清楚言辞对灵魂的影响。赫卡柏之所以大张旗鼓哀悼，不仅因为她理直气壮，还因哀悼能疗治引发哀悼的死亡。不独赫卡柏一人意识到了语言的治愈能力。歌队女子也惊叹，

> 哭泣、诉苦、唱一支忧伤的歌，
> 对于受苦的人是多么甜蜜的宣泄！[①]

[①] 在行608–609。关于哀悼的慰藉，参见欧里庇得斯，《安德罗马刻》，行93–95，《厄勒克特拉》(*Elec.*)，行125–126，《乞援女》，行79，fr. 573 N2。Denniston 1939指出（《厄勒克特拉》行125–126的笺释），这种观点在荷马笔下已出现（tetarpomestha gooio，《伊利亚特》23.98）。

传统认为，悲悼有两个公认的功能：安抚逝者、慰藉生者（Alexiou 1974，页165）。此剧重点是慰藉生者。毫不意外，这些特洛亚女子对死者处境的看法摇摆不定。她们呼天抢地地提到那些死者，就仿佛他们在冥府中还活着。卡珊德拉高呼父兄，安德罗玛刻则呼唤着赫拉克勒斯的阴魂。赫卡柏对着阿斯图阿纳克斯的尸体诉说，让他放心，他的父亲会在冥府照看他。她稍后还呼唤起儿女——歌队马上提醒她说，这些人皆已故去。①

在情绪稍微平复的时刻，这些女子认识到，死者没有意识。这就是安德罗玛刻的观点的要害：珀吕克塞娜的境遇比她自己的更好（行636–642）。当赫卡柏提醒安德罗玛刻，她的眼泪救不活赫克托尔时（行697–698），她的意思是生者对死者没多大用处。死者也没法帮助生者：安德罗玛刻告诉儿子，赫克托尔没法从冥府回来解救他（行752–754）。赫卡柏表示，坟前琳琅满目的装饰物对逝者毫无意义。这些排场不过是"生者的虚荣罢了"（行1248–1250）。但通过参加死者的葬礼、放声痛哭，生者的确能获得心理慰藉。我们已经看到，这些角色本身清楚哀悼的效力。

哀悼不仅抚慰了这些女子，还充当了连接过去的纽带。尽管特洛亚的男子已死绝，赫卡柏仍把特洛亚人视为一个共同体（她本人则是首领）。当塔尔提比俄斯前来宣布战俘分配方案时，赫卡柏先询问了每个年轻女子的命运，尔后才打听自己的命运，这

---

① 卡珊德拉：行459–460。安德罗玛刻：行587（赫卡柏回应时提醒安德罗玛刻，赫克托尔已死；歌队还会在行1304提醒她这个事实）。赫卡柏：行1188及下（赫卡柏对着阿斯图阿纳克斯的尸体言说与安德罗玛刻[在行740以下]跟这个还活着的孩子道别形成对比）。赫卡柏在行1234提到赫克托尔，还在行1303跟自己的儿女们说话。

贴合她的首领角色（行235以下）。稍后，赫卡柏劝安德罗玛刻让新主子息怒，好救她的孩子一命：这么做会让"亲友一起"（philoi，行701）高兴。哀悼使赫卡柏得以维系社会纽带，并维持她先前的权威。观众或许能从《伊利亚特》记起，当赫卡柏开启或"带头"哀悼时（行147，比较行152），她是在恢复她在特洛亚也扮演过的角色。[①]哀悼通常是专属于女性的社会功能。因此，只要女人们忙于哀悼仪式，她们就不会明显觉察到男人的缺席，虽然事实上，女人哀悼的正是男人们的死亡。这也是哀悼贯穿全剧的另一个原因——在特洛亚女子对不幸的各种反应中，哀悼最为持久。

卡珊德拉与欢庆

[163]如果说卡珊德拉采用了一种截然不同的模式，那么这种模式清楚体现在她的过往和精神气质中，虽然其他特洛亚女子觉得她的模式难以理解。塔尔提比俄斯宣布特洛亚战俘的分配方案时，赫卡柏震惊于这个矛盾：阿波罗赋予卡珊德拉神圣不可侵犯的地位，阿伽门农却决定纳她为妾（行251-258）。但更令她震惊的是，卡珊德拉欣然接受了自己的命运。卡珊德拉跳着舞登台亮相，她一边唱着婚歌，一边挥舞着松枝火炬。卡珊德拉的欢快与赫卡柏的泪水形成对比。她还邀请母亲和她一道起舞（行315-340）。在语气和话题上，卡珊德拉和母亲一样有所选择，但目的

---

① 参见《伊利亚特》24.748-759。卡珊德拉对奥德修斯漂泊的简要总结（行431-443）表明，欧里庇得斯可能很自然地认为，观众对荷马耳熟能详。观众对荷马的熟稔将在海伦论辩（agōn）结束时很有用。

不同。卡珊德拉的缪斯不愿成为"邪恶的歌者"。[1]她借助于婚歌（hymenaios）形式的语言，旨在达到高尔吉亚确认的另一个目的：带来快乐。

赫卡柏一开始根本不想让卡珊德拉进场（行169–173）。现在，她试图制止女儿欢庆，重新确立哀悼的气氛。赫卡柏下令，

把那松枝火炬拿进去，
别唱她的婚歌了，换成痛哭流涕！（行351–352）

赫卡柏认为，卡珊德拉的欢欣完全不合时宜。她也只能想到一个解释：不幸没有让卡珊德拉恢复理智，她一如既往地疯着（行349–350）。当然，事实其实是，卡珊德拉一如既往地清明，一如她对未来的预见准确无误。通过把卡珊德拉的预言与波塞冬和雅典娜在开场同意的行动计划相关联，观众就能预见即将降临到希腊人头上的所有毁灭。

但一如既往地，卡珊德拉还是没法让人相信她的话。就算有人把她的话当回事，那也是不吉利的煽动之言。塔尔提比俄斯表示，卡珊德拉要是不疯，他也不会让她用这样的话送希腊将领离开（行407–410）。既如此，塔尔提比俄斯"把［她的话］丢在风中"——这种措辞既表明他没把卡珊德拉的话放在心上，也透露出一丝不安的辟邪念头。尽管在这场戏发展的过程中，卡珊德拉

---

[1] 见行384–385。为了切合logos的主题，mousa［音乐］一词一再出现在剧中，见行120、284、512、609和行1245。我同意Parmetier 1925，Biehl 1970和Lee 1976（下文仅注"Lee"）应保留行384–385的看法，不认同Diggle 1986（下文仅注"Diggle"）。这几行诗很合适，因为卡珊德拉正从希腊人的罪恶转到特洛亚人的辉煌命运。

将使自己的身体摆脱阿波罗女祭司的束缚（行451–454），她却仍然保有先前身份的特权和限度。因此，与赫卡柏的哀悼一样，卡珊德拉的婚歌成了她与自己的过去持存关系的标志。

[164] 卡珊德拉之所以高兴，是因为她的预言天赋让她确信，希腊人将来要遭难，特洛亚人会报仇雪恨，这一切都源于她和阿伽门农的结合。卡珊德拉一进场就嘲弄地提到希腊婚礼的传统象征：婚姻之神许门（Hymen）、火炬、舞蹈和花冠。卡珊德拉甚至把自己想象成婚歌传统中最温顺的新娘（行355–356）。在这场戏的最后，借助一个陡转的意象——她把自己想象成复仇女神厄里倪斯（Erinys），通过化身为摧毁阿伽门农的工具证明父兄无辜，她将以胜利者的姿态前往冥府。卡珊德拉神秘兮兮地提到将要发生之事：她提到赫卡柏的死、奥德修斯的漂泊、她本人和阿伽门农的被杀。但在这场戏多处，卡珊德拉抛开抒情方式，撇开她的"神灵附体"和"酒神狂女般的疯狂"（行366、367），运用了一种说理的方式（先用了冷静的三音步，接着用了感人的四音步），好让母亲和其他特洛亚女子都能完全明白。卡珊德拉谱写了一首讽刺希腊人的颂歌（epainos，行383；塔尔提比俄斯认为这更像是唾骂，oneidē，行418）及一阕对特洛亚人的真诚祝祷。[①]

卡珊德拉的看法基于同时代思想中的一个著名区分：自愿行动与被迫行动。在对比希腊侵略者与为邦捐躯的特洛亚人时（行

---

① makariōteran（行365）暗示了祝福（makarismos）。卡珊德拉的祝祷无疑充满悖谬，因为希腊人已赢得战争，而特洛亚人是战败者。不过，她没有从一时成败看问题，而是审视了这场战争的终极意义。卡珊德拉也清楚，希腊人现在的幸福不会长久；Scodel（1980，行115）进一步强调了这一点，他把波塞冬对希腊人的批评称为"反向祝祷"（reverse makarismos），见行95–97。

387），卡珊德拉解释说，特洛亚人比希腊人更有福，因为他们打的是保卫战而非侵略战。她表示，阿伽门农放弃骨肉并非万不得已，其实是为了一个抛弃丈夫的女人，"出于自愿，而非被劫走"（行370-373）。卡珊德拉认为，理智的男人对战争避之唯恐不及，但"就算走到这一步"（行401，亦即若战争最后无法避免），仍有机会获得荣耀。卡珊德拉暗示，发生的一切全拜希腊人所赐：战争、孩子被献祭、改嫁他人，都是希腊人主动强加给特洛亚人的暴行。

卡珊德拉这么说的目的是让特洛亚人完全撇清与这场战争的关系，因为到欧里庇得斯创作此剧之时，被迫的理由具有主导司法和心理的效力。可以肯定，希腊古风时期的思想并不看重动机和意图（认为这些微不足道），而是强调行动和结果。[1] [165] 不过，在公元前5世纪期间，行为主体的意图越来越受关注，连十恶不赦的罪行也能通过辩称那是迫于强力或强力的威胁、外在的必然性乃至强制的社会规范，从而争取从轻发落。[2] 譬如，高尔吉亚在《海伦颂》（行6）中声称，无论海伦的动机是什么，她都没有作恶，因为无论哪种情况，海伦的行动都是被迫的：

> 海伦的行动，要么由于机运女神的意愿，要么是诸神的意图和必然女神的命令，要么因为暴力，或者受人言辞蛊惑，要么被爱蒙骗。

---

[1] 参见Adkins 1970，页29-42；Rickert 1985阐明并评述了古风时期在思考道德责任方面的这种公认看法。

[2] 关于这些区分，参见Rickert 1985，页6-33；亦参Saïd 1978，尤其是页178-198。

和高尔吉亚一样，卡珊德拉审视了强迫与道德责任的关系，虽然她就海伦得出了截然不同的结论。此剧稍后将凸显卡珊德拉区分自愿与被迫行为的重要性，具体的例子还是海伦。在当前的文脉里，这种看法可以使她免除赫卡柏和歌队对她精神失常和麻木不仁的指控（行348-350、406-407）。观众认为，卡珊德拉放肆的欣喜情有可原，她也是为了宽慰（而非惹怒）母亲。卡珊德拉宣称，哀悼过去大可不必，因为这是荣耀的来源。哀叹当下也大可不必，因为当下蕴藏着日后复仇的可能。言辞的两种意想不到的形式——婚歌和祝祷，让卡珊德拉能清楚道出她对过去、现在和未来的持久关联的看法。

安德罗玛刻与"极美的论证"

安德罗玛刻没有卡珊德拉那么离经叛道：她一上场就平静地和赫卡柏一起轮唱悼歌。但随即，安德罗玛刻改弦易辙，向赫卡柏发了一通长论（rhēsis），一段"极美的论证"（kallistos logos），好"博赫卡柏欢心"。和剧本别处一样（行386、1282），此处的 kallitos［极美的］一词表明她诉诸了贵族传统。和卡珊德拉的情形一样，宽慰听者的话有助于表明言说者的思想。与赫卡柏和卡珊德拉一样，安德罗玛刻把［166］自己昔日尽享荣华富贵时的惯有做派带入了新处境。

当她把吕克塞娜的死讯告诉赫卡柏时，安德罗玛刻谈及言辞的方式让人想起《乞援女》中的忒修斯。安德罗玛刻试图委婉转达死讯，她让丧亲的母亲放心，珀吕克塞娜的境况其实比她本人还好：死亡带走了珀吕克塞娜的意识，生者却依然痛苦地意识到他们的不幸（行636-640）。说到自己的境况时，安德罗玛刻用了一个形象的类比，表明她反对另结新欢的看法。安德罗玛刻解释说,马儿尚难离开共轭之伴,何况乎人!安德罗玛刻脑中浮现的是婚姻的枷锁、奴役的枷锁、必然性的枷锁,因此,她的意象显得恰如其分(行667–672):

> 可我还是蔑视这种女人:抛弃前夫,
> 在新的婚床上爱上别的男人。
> 一匹马如果失去了共轭的伙伴,
> 尚且不肯再拖着这车走呢!
> 要知道,它只是个生来不会说话[aphthongos]
> 没有理智[synesis]的畜生,天性不如人。

安德罗玛刻方才谈及珀吕克塞娜时已表明,活着就会有意识,这是不幸的根源。但她同时认识到,人兽的分别就在于人类有语言和理性而野兽没有。伤人之物也能疗愈人:言辞的这种才能可以减轻对恶的感知带来的痛苦。《特洛亚女子》就表明了这个痛苦与慰藉的过程。①

我们看到,安德罗玛刻珍视的那些信念,也体现在欧里庇得斯笔下的其他女主角身上(例如墨伽拉和珀吕克塞娜)。归根结底,安德罗玛刻是贵族——和夫君很般配,她认为赫克托尔

> 在才智、地位、财富和男子气上出类拔萃。

安德罗玛刻声称,珀吕克塞娜的境况比她更好,因为死亡比意识到不幸更好——这种看法现在清楚地表明了一种贵族观点:宁死也不苟活。在英雄传统影响下,安德罗玛刻这样的女人只能

---

① 对这个过程的精辟分析,参见 Pucci 1980,页21–45。

身不由己地应对女性命运的变故。她们害怕的羞耻或许是女性生命所特有的，但她们提出的解决方式——［167］宁可高贵死去也不苟且偷生，却不分性别。

但安德罗玛刻也据女性行为规范调整了行为。她解释说，她努力"按照被认为适于（sōphrōn）女人的方式"（行645）行事。sōphrosynē一词含义广泛。当它指节制、忠贞和诚实时，就是希腊女性最重要的德性（prime virtue）。[①]在她表明自己现在仍对赫克托尔忠贞不渝时，安德罗玛刻解释了她如何在过去养成了节制。想到要与希腊主子结合，安德罗玛刻便心生恐惧（行659-669）。她清清白白嫁为人妇（行675-676），婚后深居简出，为的是避免招来女人招摇过市的恶名。[②]安德罗玛刻不让任何"流言蜚语"进入家门（行651-652），由此也避免了希珀吕托斯害怕的那种可畏流言（《希珀吕托斯》，行645-650）。安德罗玛刻所谓的sōphrosynē并非完全克己，因为她很清楚婚姻中的责任划分，进退有据（行655-656）。这一切意味着好名声是贵族最宝贵的财富——安德罗玛刻一开始的目标就是赢得美名（eudoxia）（行643）。

安德罗玛刻对过去生活的描述表明，需费尽思量和努力才能做到节制。安德罗玛刻明白如何保留自己的意见：

满足于自己教育自己向善。（行652-653）

---

① 关于女性碑文中颂扬的sōphrosynē［节制］德性，参见North 1966，页252-253。关于sōphrosynē的政治含义，见第二章。

② 见行647-650。关于女性应待在家中闺房，参见欧里庇得斯, fr. 521 Ne；亦参《美狄亚》（*Medea*），行214-215和《腓尼基少女》（*Phoen. W.*），行88-100。

安德罗玛刻显然善思。她也看重夫君的才智。在总结赫克托尔的品质时（行674），安德罗玛刻不仅提到丈夫的出身、身份和男子气，也提到他的才智（synesis），并反常地将之列为贵族最重要的德性。

安德罗玛刻集斐德拉可望而不可即的所有品质于一身，也符合高尔吉亚理想中的优秀女子（Diels-Kranz B22）：

> 大家应该认识女人的名声，而非外貌。

安德罗玛刻解释说，这就是她的不幸所在。希腊人注意到安德罗玛刻的名声，导致涅俄普托勒摩斯要把她占为己有（行657-660）。

安德罗玛刻认为，她的非凡才智造成了她眼下的处境。在谈论那些（和自己一样）被迫委身他人的女人的困境时，安德罗玛刻顺带评点了卡珊德拉对自愿选择和被迫的区分。卡珊德拉不（行665-666）相信一日夫妻百日恩的普遍观念。对于那种[168]感情上不忠于前夫，向别的男人"投怀送抱"，"爱上"新主子的女人，安德罗玛刻嗤之以鼻（行662、668）。她本人对过去，对赫克托尔的回忆的坚守，与卡珊德拉对未来的信靠一样鲜明，一样笃定。安德罗玛刻认定，就算左右不了自己的实际处境，她也能左右自己的情感，但她也决定不为背叛感情负疚，虽然她清楚自己将被迫为希腊主子提供性服务。

情况完全事与愿违，安德罗玛刻从自身的情形中看出了某种因果颠倒。她不仅认为自己的好名声导致了眼下的困境（行657-660），稍后还将认为赫克托尔的高贵地位（曾救过众多人的命）导致了阿斯图阿纳克斯的死（行742-743），她认为，那个生来就要统治特洛亚的孩子，却要成为希腊人的牺牲（行747-748）。这些完全是悖谬，但说出这些话使安德罗玛刻能以自己的方式（就像赫卡柏和卡珊德拉一样）感受到与过去、现在和未来的联系。

不过，对赫卡柏而言，安德罗玛刻的观点似乎基于对过去的过高估计。赫卡柏试图从儿媳的角度看问题，改变自己的看法。早前，赫卡柏拒绝放弃匍匐在地的姿势，因为她解释说自己已绝望（行505），而今，赫卡柏认为，活着才有希望（行633）。安德罗玛刻想让赫卡柏"高兴"，赫卡柏则为了给儿媳提建议停止了对珀吕克塞娜默哀（aphthongos，行695）。

赫卡柏提议忘掉过去，接受新现实，劝儿媳不要沉湎于怀念赫克托尔，而要迎合新主子。这样一来，她兴许能成功抚养阿斯图阿纳克斯成人，他就能建立一个新的特洛亚王朝（行702-705）。赫卡柏的句法表明，她明知希望渺茫，却还是给出了希望。[1] 渺茫但不轻言放弃的希望，是遭遇不幸的人能从言辞中获得的另一种支撑。赫卡柏为盼头辩护，不是因为希望能成真，而是她对生活本身的固有态度。

赫卡柏刚表明希望，希望马上就遭塔尔提比俄斯掐灭。在他宣告对［169］阿斯图阿纳克斯的判决后，这些女子再次陷入哀悼。尽管塔尔提比俄斯禁止她们以任何形式抗议，但安德罗玛刻才思敏捷，想到用一种新的、有力的语言方式发泄感情——诅咒。

---

[1] 见行703-704。我认为，Diggle的hin' hoi…ex sou无论如何都比Lee采用的einai…ex hou（Lee把行705的祈愿式［optatives］理解为意欲祈愿式［cuptitives］）更可靠。在行702，赫卡柏小心翼翼地使用了ekthrepsaias［抚养成人］一词，最清楚地表明了她的态度：她根本不指望安德罗马刻能把阿斯图阿纳克斯养大成人，更不用说更长远的未来。Meridoe 1989（页33）似乎忽略了赫卡柏的迟疑，她认为，欧里庇得斯极力凸显了赫卡柏"紧迫的真正"希望与塔尔提比俄斯的残暴消息的对比。

塔尔提比俄斯宣布,希腊人已决定处死阿斯图阿纳克斯,他劝安德罗玛刻像贵族那样节哀顺变。①塔尔提比俄斯警告说,不要以任何方式抵抗,无论身体的还是言辞的(行731-736):

> 你一个女人怎能和我们全军作战?
> 为此我不愿看见你争斗,或做
> 任何丢脸、令人憎恨的事,
> 也不愿看见你诅咒阿开俄斯人。
> 因为,如果你说什么话激怒了军队,
> 你的儿子会得不到埋葬、得不到怜悯。

塔尔提比俄斯试图用这些威胁让安德罗玛刻住嘴,但安德罗玛刻找到了智取他的方式。安德罗玛刻诅咒的不是全军,而是连希腊人自己都痛恨且不信任的那个希腊人。安德罗玛刻把对所有征服者的仇恨发泄到海伦身上(行766-773):

> 啊,廷达柔斯的女儿啊,宙斯何曾生过你?
> 我说你有很多父亲,它们生了你:
> 第一个是冤仇,第二个是嫉妒,
> 还有残杀和死亡,以及大地所生的一切罪恶。
> 反正我敢断言,你绝不是宙斯所生。
> 你是无数特洛亚人和希腊人的害虫。
> 见鬼去吧!你用那对最迷人的眼睛

---

① 参见行727: eugnōs...algei kakois [高贵地忍受这灾祸]。《赫卡柏》(行404-408)中的珀吕克塞娜也试图劝母亲不要紧抓住她不放。身体拉扯显然给人不得体之感。

可耻地毁灭了弗里吉亚人著名的平原。

由于安德罗玛刻认定海伦是特洛亚毁灭的祸首,她愤然否定海伦与宙斯的联系也表明她认为,神根本就没有插手特洛亚战争(Scodel 1980,页135)。但观众从开场白获知,安德罗玛刻错了。让海伦充当战争的替罪羊,想法未免太过简单。对外力与内心意愿、必然性与自愿选择的一再提及,恰恰表明了剧中的凡人角色难以辨清的复杂归因模式。赫卡柏与海伦的争论将回到这个归因问题。

[170] 尽管安德罗玛刻的话没有准确道出战争根源,却为她宣泄无助的愤怒提供了出口。安德罗玛刻的话也提醒了赫卡柏。在下一场戏中,赫卡柏将之扩展为一段正式发言。赫卡柏不仅继续谈及海伦罪行的问题,还谈到宙斯干预人类事务的问题。安德罗玛刻的诅咒由此构成了下一场戏的一个转折点。另一个转折点是忠贞的安德罗玛刻(因美名著称)与淫荡的海伦(因美貌著称)暗示的自然对比。塔尔提比俄斯提醒安德罗玛刻,希腊人对付她这"一介女流"易如反掌(行731-732),此时我们想起了海伦这"一介女流"成功摧毁了所有特洛亚人(行372、498-499、行781)。这就让观众脑海中浮现出这两个女人做出的不同选择及其无法预知的后果。安德罗玛刻有德性却无力回天。海伦的影响力却与她的品质不相称。

自始至终,海伦就像一个谜团:该把她当成希腊人还是特洛亚人,胜者还是战俘?波塞冬开场就把海伦和特洛亚战俘一道归入"正义"一方(行34-35)。特洛亚女子却撇清了与海伦的关系:赫卡柏坚称海伦是希腊人,称之为

那个给卡斯托尔

和欧罗塔斯河
带来耻辱的人。（行131-133）

我们已经看到，安德罗玛刻认定，海伦的身世既非人类也非神，而是野兽。[1]至于墨涅拉奥斯，他认为连说出"那个曾是我妻子的人"的名字都令人作呕。[2]眼下即将起程，海伦的忠诚问题在赫卡柏与海伦的对质中臻至顶峰。在这里，为了劝谕的目的，赫卡柏用言辞反驳了对手，试图借此让语言最大限度影响行动。

海伦、赫卡柏与劝谕

墨涅拉奥斯一进场，赫卡柏就用一段引人注目的祈祷引起了他的注意（行884-888）：

啊，你把宝座安放在大地上又是大地的依托，
宙斯啊，你到底是什么，我搞不懂。
[171]无论你是自然的必然性还是人类的心智，
我都崇拜你，因为，你把凡间的一切
循着无声的轨道引向正义。

赫卡柏认为，宙斯司掌着人间因果。她满怀希望、掷地有声

---

[1] 见766-773。这些特洛亚女子仅在一处没有诋毁海伦，见行398。在那里，卡珊德拉把海伦称为"宙斯的女儿"，目的是给帕里斯的婚姻贴金。

[2] 见行869-870。应删除提及海伦名字的行862-863（Diggle跟随Herwerden做了这种处理），因为这两行不仅与行869-870矛盾，也显得多余。

地断言，这位神正义地影响人类的境遇，这表明了她对眼前计划的展望——墨涅拉奥斯会处死妻子，而非她一贯绝望地怀疑神助。[①]赫卡柏显然没有信口开河。相反，她全神贯注于情境的要求。因此，当赫卡柏用anankē physeos［自然的必然性］和nous brotōn［人类的心智］代称宙斯时，我们没有理由认为，欧里庇得斯是在用"根本就不是戏剧的方式"宣扬其晦涩的哲学知识。[②]赫卡柏提到的这些代称既切合第一个例子中她与海伦的争论，也切合整剧。

赫卡柏虽言简意赅，每个术语的含义也富有争议，但如此并置"自然的必然性"和"人类的心智"，似乎指向了自愿选择与强制这组此刻大家已熟知的矛盾。如果说宙斯或因果就是"人类的心智"，那么赫卡柏似乎意在表明，某些推说（因此也就好开脱）源于神的事，其实是人类有意为之。这些事明明是个体冲动的产物，作恶者却试图推给诸神以摆脱罪责。

接下来那场戏将表明了赫卡柏的想法。海伦将采用的策略就是，推说自己是受迫于神的受害者以开脱罪责：她将把自己对帕里斯的爱欲诱惑，归因于阿芙罗狄忒令人无法抗拒的影响力（行940-950）。然而，赫卡柏将用干脆利落的释义驳斥海伦的辩解：

你的心思转向了阿芙罗狄忒（nous epoiēthē Kypris，行988）

通过在这场戏一开始就表明，人类吁请"宙斯"（或者就海

[①] 赫卡柏在别处明确表明自己不信诸神：参见行469–471、1240–1242和行1280–1281。

[②] Lee提出这种批评（行884–888的笺释）。对这段祈祷的哲学背景的进一步探讨，参见Ebener 1954, Scodel 1980, 页93–97, 以及Lloyd 1984。

伦的情况而言，吁请阿芙罗狄忒）其实不过一厢情愿，赫卡柏预告了海伦的观点并大大削弱了它的说服力。

不过，赫卡柏并不是在否定诸神对人类命运的影响——在剧中别处，她表明自己完全清楚这项原则，她也不是在驳斥出于强迫[172]便可以减轻罪责的看法（见行612-613和行1240-1242）。赫卡柏没有宣称，宙斯只是或始终是"人类的心智"。通过把宙斯另外描述成"自然的必然性"，她似乎承认，对于有些强迫，人类除了屈从别无选择，因为它们源于个人之外（谈及奴役时，赫卡柏已[行616]在这个意义上使用了必然性[anankē]一词）。确有强迫，赫卡柏也能体谅。为此，她劝安德罗玛刻有意识地利用自己的性魅力（行700），稍后却谴责海伦的性魅力（行892-893）。这两个女人的处境截然不同，因为安德罗玛刻的确受制于强力，海伦却假装受制于强力。

当然，从一开始，海伦显得和别的战俘一样无助。和卡珊德拉、安德罗玛刻和阿斯图阿纳克斯一样，海伦遭希腊兵士粗暴对待（行895-897，比较行617、774-778）。但很快，差别就来了。海伦抓住主动权，亲昵地直呼墨涅拉奥斯，抱怨自己受到粗暴对待，并要求为自己"辩护"（ameipsasthai logōi，行903）。

墨涅拉奥斯起初拒绝了海伦的请求，理由是他看重行动，而非言辞：

> 我来不是为了与你辩论，是为了杀你。（行905）

赫卡柏却劝墨涅拉奥斯让海伦发言，然后让她本人借机反驳。赫卡柏坚信，她的话能让墨涅拉奥斯采取行动，

> 所有的罪名加在一起（ho pas lpgos），

> 她［海伦］必死无疑。（行909-910）

赫卡柏自信满满，因为墨涅拉奥斯已表明，他打算把海伦带回阿尔戈斯后就杀了她（行878）。

海伦先发言，使用了一系列为自己开脱且自相矛盾的策略。海伦的第一个策略是归罪他人，以减轻或转嫁自己的罪行。为此海伦宣称，赫卡柏生下帕里斯之时，就"生下了这个邪恶的根源"。普里阿摩斯也有错，因为他没在帕里斯出生时除掉他。最后，海伦说墨涅拉奥斯"坏透了"，因为他在帕里斯到访期间出访克里特，留下海伦独自应对帕里斯和更麻烦的客人阿芙罗狄忒。[①]

海伦还蜻蜓点水地提到她本人对战争的责任。在这一点上，海伦表示，她不仅无罪，还始终表现出色。回到帕里斯裁决的主题，海伦声称，[173] 若赫拉或雅典娜未胜出，希腊早已被外邦的特洛亚人征服。海伦本质上为母邦牺牲了自己（行932-934），理应受到嘉奖而非惩罚（行936-937）。海伦故技重施，她说，帕里斯死后，她谨遵妇道，几次三番要回去和夫君团聚（行955-958）。

海伦结束这个观点时表示，她虽的确背叛了家庭和母邦（行947），却完全是强力的受害者。海伦对强力的定义含混而笼统。她宣称自己受制于阿芙罗狄忒的强力才跟帕里斯走。毕竟，没人（连宙斯自己也不）能招架得住阿芙罗狄忒。[②]事实上，海伦是被

[①] 俄瑞斯忒斯也用了牵强的指控这招（《俄瑞斯忒斯》，行585-588），他谴责廷达柔斯生了克吕特墨涅斯特拉。关于这种策略的其他例子及对海伦的观点更富同情的描述，参见Llyod 1984，页305。

[②] 见行948-950。在所有肃剧主角中，海伦完全自私地"托言爱欲无法抗拒"，参见de Romilly 1976。

迫出嫁的（bia［强力］，行962）。后来，帕里斯死后，守卫们还严防她出逃。① 和为她辩护的高尔吉亚一样，海伦心知肚明，她最擅长以受强迫为借口——特别是若能证明强迫来自诸神，以此为由最可能让她逃脱罪责（syngnōmē，行950，比较行1043）。

赫卡柏的反驳着力于诸神在诱拐海伦中扮演的角色。赫卡柏不仅驳斥了海伦关于帕里斯裁决的说法，还把先前已阐明的人类品质的稳定性运用于诸神。赫卡柏表示，海伦的说法毫无意义，因为奥林波斯诸神的欲望始终如一。已经嫁给宙斯的赫拉没理由追求最美，让处子身的雅典娜突然萌发嫁人的念头也很荒唐。还有，阿芙罗狄忒若想把海伦带到特洛亚，根本用不着离开奥林波斯就能办到。赫卡柏认定，该为诱拐海伦负责的不是诸神，而是海伦自己（行987–988）：

> 我儿生得太美，
> 一瞧见他，你的心智就变成了库普里斯。

赫卡柏还说，这位爱神的名字（Aphroditē）与"愚蠢"（aphrosynē）一词以相同音节开头，并非偶然。对于海伦曾试图以因果关联起来的那两个概念，赫卡柏在词源学中发现了它们的真正关联。赫卡柏表示，Aphroditē［阿芙罗狄忒］和aphrosynē［愚蠢］本质上一样，是同一种现象的不同叫法。②

---

① 应删除行959–960（Diggle跟随Wilamowitz做了这种处理）。Llyoyd 1984（页309）指出，行962的阳性代词无疑指帕里斯，因为赫卡柏在行998–1001谈到他时重新提起他，若前面几句台词说的是得伊福玻斯（Deiphobus）（［译注］赫卡柏的另一个儿子），就是另一回事了。

② 高尔吉亚（《海伦颂》，行19）也认为，爱情可能要么"是某位有神力的神"，要么是"某种人类疾病"。但他没有据此为海伦辩白。

赫卡柏坚称，海伦并非被强行带离斯巴达（biai，行998）。在特洛亚，海伦利用了每一次命运转变，毫不在乎名节（行1004-1009）。海伦曾有机会［174］逃跑或自杀，她却都没有。她根本不是不愿留在特洛亚，而是选择了留下。她也根本不是奴隶，而是享受充当东方王后的乐趣（行1020-1021）。此外，海伦患难也死性不改，因为她依然打扮得花枝招展，依然肆无忌惮、恬不知耻（行1022-1027）。海伦的例子表明，人类的善恶是一贯的。

赫卡柏似乎赢得了这场辩论，因为墨涅拉奥斯说到海伦的动机这一要害时认定，妻子自愿（hekousiōs）离开了他，把阿芙罗狄忒扯进来只是为了混淆视听（行1037-1039）。但赫卡柏怀疑，墨涅拉奥斯还没下定决心。和这场戏开始时一样，赫卡柏最后警告这位国王不要靠近妻子（行1049，比较行891）。赫卡柏很清楚（行988），双眸传情，墨涅拉奥斯一旦看到海伦就会沦陷：

> 是情人就会有爱。①

墨涅拉奥斯回答说，结果取决于被爱者的心智（nous，行1051）。他似乎同意赫卡柏的观点：意愿能激发欲望。墨涅拉奥斯还重申了一回家就处死海伦的打算（行1055-1057，比较行876-879）。

然而从荷马那里，观众会记起，墨涅拉奥斯根本没有采取行动惩罚海伦。卡珊德拉之前在讲述奥德修斯的故事时提到海伦，就为观众在此刻记起她欢迎特勒马科斯来到斯巴达做了铺垫

---

① 见行1051。关于视觉与欲望的关系，参见高尔吉亚，《海伦颂》行18-19）及 Dover 1973，页59的讨论。

(《奥德赛》,卷四):这位操持墨涅拉奥斯王宫的优雅女主人在富丽堂皇的宫殿里肆无忌惮地谈论着往事,一边与宾客推杯换盏、醉生梦死。观众会认识到,赫卡柏虽赢了论辩,海伦却笑到了最后。[①]

但与其说赫卡柏嘴上赢表明了言辞毫无意义,不如说表明了一种因果标准不足以让个体为整个战争负责。与海伦和安德罗玛刻一样,赫卡柏惯于寻找替罪羊。对那些身陷战争不幸的个体而言,这种想法显得合情合理。但诸神或卡珊德拉更长远的视角,表明了这些事件截然不同的版本。神的干预似乎取决于个体的罪行:譬如,俄伊勒厄斯(Oileus)的儿子埃阿斯亵渎她的神庙后,雅典娜才与希腊人反目。但事实上,雅典娜认为,全体希腊人该为渎神负责。雅典娜[175]向波塞冬强调(行71),正因全体希腊人没有惩戒埃阿斯,才让她改变了心意。同样,海伦也只是推动了特洛亚远征。正是希腊人"为了一介女流"(行368,行781),发动了一场充满血腥、劳民伤财、旷日持久的战争——归根结底,责任该由这个女人承担。

开场让观众得以一瞥此剧的宇宙观,也让他们确信,诸神将继续介入特洛亚的问题。波塞冬从海中升起,表明他因特洛亚被毁而悲痛,

> 涅瑞斯(Nereids)的女儿们踏着美妙的脚步
> 在那里轻歌曼舞,来到这里。(行2-3)

当雅典娜邀他一道打压希腊人时,波塞冬斥责她朝三暮四(行67-68):

[①] Meridor 1984(页211)的观点有意思。他指出,歌队让我们注意,海伦手里握着一面金色的镜子(行1107-1109)——一种与战俘不相称的器物,这就再次证明她想逃脱惩罚。

> 你为何这样喜怒无常，
> 恨得过分，爱得随意？

雅典娜向波塞冬提起埃阿斯的渎神行为，为自己心意的改变辩护。交谈的最后，波塞冬似乎认同了她的观点：希腊人咎由自取（行95-97）。观众由此确信，正义最终会得到伸张。开场确保了某种宇宙秩序。欧里庇得斯根本没有控诉诸神只关心自己的事务，一贯对人类的苦难漠不关心。①

不过，戏剧行动勾销了开场给出的保证，因为特洛亚女子忙着弄清波塞冬的问题（而非雅典娜的回答）。赫卡柏的发言呼应了波塞冬，她把命运称为反复无常的疯子（行1203-1205）。海伦离开后，歌队女子描述了宙斯对特洛亚的抛弃（proudokas，行1062）以及她们自己的被抛弃感（行1071-1080）：

> 不见了给你的献祭仪式，
> 不见了歌队的欢呼，
> 不见了黄金的雕像，
> 和通宵达旦的夜间祭仪，
> 以及弗里吉亚人
> 十二个神圣的月圆节日。
> 我很想知道，很想知道
> 高坐在天上高坐空中的
> 主神啊，你到底在不在意：

---

① Meridor 1984（页210）反对说，开场"凸显了这个事实：诸神根本没有惩治冒犯人类的行为"。不过，希腊诸神的确从未施行过这种惩罚，除非有人在冒犯人类（譬如：不掩埋死者）的同时侵犯了神的特权。

> 我的城邦灭亡了，
> 叫烈火烧毁了。

[176] 她们曾寄望宙斯青睐特洛亚，因为他钟情的伽努墨德（Ganymede）是特洛亚人。[1] 宙斯却袖手旁观，眼睁睁看着这座城邦遭到劫掠和焚毁。观众相信，神义会及时到来，但这个前景遥不可及，没法帮这些特洛亚女子脱离苦海。她们只能对诸神绝望，仰靠自己的情感资源和智力资源。

赫卡柏、阿斯图阿纳克斯与哀悼

在最后一场戏中，目睹孙儿阿斯图阿纳克斯的尸首，赫卡柏再次转向哀悼。此时此刻，赫卡柏脆弱的平衡不堪一击。孙儿死无全尸的可怕事实就摆在她眼前。此外，由于赫卡柏准备用孩子父亲的盾掩埋阿斯图阿纳克斯，她还得重温赫克托尔的死。

赫卡柏的最后一段话，是献给这个死去男孩的一段痛苦的祭文：

> 这个孩子，
> 阿尔戈斯人因恐惧杀了他。（行1190-1191）

赫卡柏却嘲笑希腊人害怕阿斯图阿纳克斯，她本人早已看出，他有望成为创立新特洛亚城的先驱（行703-705）。因此，阿斯图阿纳克斯之死暗示了希望的破灭——赫卡柏早前辩称，活着就有希望（行633）。在整个发言中，赫卡柏都在崩溃的边沿颤

---

[1] 参见行820-838。对这首颂歌的研究，参见Burnett 1977。

抖,最后还想象了一个充满混乱的画面——这正是言辞试图避免的前景(行1203—1206):

> 其实,机运女神的性情像个狂人,
> 时而跳向这人,时而跳向那人。
> 没有一个人总交好运,永远不变。

守灵的仪式以及对孩子生前言语的回忆,根本没有平复赫卡柏。安德罗玛刻和卡珊德拉都想用言语劝慰赫卡柏。现在,赫卡柏重述了她们的部分观点,虽然只有只言片语。赫卡柏以安德罗玛刻的言说方式提到死亡带来的遗忘(行1172)和事与愿违。赫卡柏回忆说,阿斯图阿纳克斯曾答应她会领着儿孙来给她上坟。而今,反要她这个老婆子安葬这孩子(行1182—1186)。

赫卡柏用卡珊德拉的言说方式,给那些因特洛亚而英年早逝的人祈福。早夭会让阿斯图阿纳克斯有福(makarios,行1170)。赫卡柏迟疑地补充道,

> 如果这里边有什么称得上幸福的话。

赫卡柏还求助于卡珊德拉的[177]传统慰藉:名声的回报。[①]卡珊德拉曾提到(行395—399),赫克托尔和帕里斯的名声都归因于海伦。现在,赫卡柏认定:

> 若非神把我们倒栽葱摔倒在地,

---

① 出自荷马:参见《伊利亚特》6.357—358(此处由海伦说出!)和《奥德赛》8.579—580。Lee行1242—1245的笺释也提到这些文献。

> 我们便会默默无闻,不能在诗歌里
> 受到赞颂,不能给后人留下诗题。①

由于赫卡柏料计,特洛亚人会因诗歌传颂赢得不朽,她也就一时具有了类似卡珊德拉预言的客观性。在赫卡柏说话的时候,她的现在与未来、戏剧世界与观众世界的界线逐渐减弱并随之消解。观众不由自主地发现,赫卡柏的预言一说出口便已成真:赫卡柏在她那个时代所说的话,使她成为观众所处时代的歌颂对象。通过把赫卡柏的悲痛升华为艺术,《特洛亚女子》让赫卡柏获得了她预想的诗性不朽。但说出这番洞见后,赫卡柏本人又回到令人同情的当下。她的预言为观众恢复了开场确立的长远视角。随着戏剧行动接近尾声,这个预言给观众留下了些许安慰。

希腊人最后的暴行是火烧特洛亚。戏一开场,特洛亚就已是一片浓烟滚滚的废墟(行8–9),这座曾经伟大的城邦(megalopolis,行1291),而今将灰飞烟灭(apolis)。歌队令人绝望地如是断言。当然,对观众来说,特洛亚的名字显然不会消失,而只会比它的实体更坚固。②现在,赫卡柏沉思着用最"美"

---

① 见行1242–1245。Stephanus的 ei de mē theos(行1242,Biehl 1970和Diggle采用他的读法)似乎比抄件中 ei d' hēmas theos(Parmentier 1925和Lee采用了抄件)这个读法可取。在这个节骨眼上引入毁灭的快慢对比似乎没必要。再说,提及命运无常是切合主题的。Ebener 1954从此剧中找出了表现"今昔"(Einst und Jetzt)主题的23个例子。

② 关于特洛亚的名称,参见行1278、1319和行1322。Scodel 1980(页141)提到,"这个名称并未湮灭"。他还提请我们注意贯穿整个特洛亚三联剧的"著名的伊利昂"(famous Ilium)主题。[译注]特洛亚(Τροία)又名伊利昂(Ἴλιον),分别对应拉丁拼法Troia和Ilium。荷马史诗《伊利亚特》(Iliad)记录的那场战争就因发生在特洛亚得名。

的方式结束生命：投身火海，让自己与城邦命运与共。这种冲动既表明了赫卡柏的绝望，也表明了她不灭的精神高贵。塔尔提比俄斯先前（行302）已承认，自杀是自由的一种表现。

塔尔提比俄斯在赫卡柏冲进火海前抓住了她（行1284-1286）。未能得偿所愿的赫卡柏仍锲而不舍。她摔倒在地（行1305），自己挣扎着站起来，都不用塔尔提比俄斯下令。赫卡柏最后对忍耐进行了一番礼赞。歌队女子效仿赫卡柏做出放弃的姿势（行1307），但在这部肃剧的离场歌中，歌队也呼应了赫卡柏认命的语气：

> 哎呀，我不幸的特洛亚城啊！
> 你还是走上阿开俄斯人的船吧！

她们所说的"还是"（homōs，行1331），[178]透露出继续活下去的决心。忍耐的胜利（虽算不上赢），也算是一种胜利。

剧作最后无疑表明了欧里庇得斯心灰意冷。他根本不认为，无论从哀悼中获得慰藉，坚信希腊人会受到惩罚，还是通过诗歌传颂获得不朽的前景，都没法完全弥补特洛亚女子的苦难。不过，言辞（logos）在与行动（ergon）的较量中虽没有分量，却也绝非笑柄或骗术。①《特洛亚女子》证明，言辞具有帮助人类忍受不堪忍受之物的力量。因此，语言当下就缓解了这些女子的痛苦，而不只是在赫卡柏预计的遥远未来。

对特洛亚女子而言，语言形式多样，每种形式都让她们得以

---

① 关于logos=apatē并非高尔吉亚的看法的理由，参见MacDowell 1982，页13-14。

从不同角度审视自己的处境：哀歌、婚歌、祷歌、颂歌、辱骂、诅咒、祈祷、争论、祭文。语言使她们能清楚表达，由此保留过去的看法。语言使她们能赋予宇宙秩序，否则她们没法理解宇宙。剧中人物对这种秩序的理解各不相同，但此剧把用语言阐述理解的过程誉为一种人类特有的拯救活动。

欧里庇得斯与言辞

当然，能够把言辞打造成这种艺术形式的人，不是特洛亚女子，而是她们的塑造者。欧里庇得斯深谙悲痛之道，因为肃剧自身就有化痛苦为甘甜的魔力。欧里庇得斯也切身了解言辞的限度。他向雅典同胞提供了诗人看问题的视角——此剧对战争后果的看法，比他们从公民大会听来的看法更有警示意义。不过，欧里庇得斯既不指望也不认为自己能直接左右事件本身。与修辞家相反，诗人认为言辞不能直接影响行动。

但凡事有例外。《特洛亚女子》上演于西西里远征前夕。这次帝国冒险最后给雅典带来灾难。叙拉古湾一役生还的四万雅典人，多数都在试图退返陆地途中惨遭屠戮。约七千幸存者被俘，被遣往叙拉古的采石场囚禁（Thuc. 7. 75–87）。[179] 在叙述有些人如何幸存下来时，普鲁塔克讲了一个故事，故事感人肺腑，我们希望确有其事：

> 好些人因欧里庇得斯而得救，西西里人似乎竞相传阅他的诗歌……据说，许多安全回来的战俘回家后都跑去感谢欧里庇得斯，这些人讲述着他们中有些人如何通过教授他们记得的欧里庇得斯诗歌得了救，另一些人又如何战后掉队，因

背诵欧里庇得斯的一些抒情诗换来吃的喝的。①

欧里庇得斯若知自己的言辞（logoi）曾救雅典同胞于危难，定会心生欣慰。

---

① Plut. *Nic.* 29。可惜，*Life of Lysander*（ch.15）中的另一种说法（doublet）质疑了这个故事：普鲁塔克讲道，伯罗奔尼撒战争结束后，就在斯巴达人欲摧毁雅典城邦时，一个名叫普弗喀俄斯（Phocian）的人援引欧里庇得斯《厄勒克特拉》的出场歌劝阻了他们。

结　语

[185] 本书立论的前提是，阿里斯托芬对肃剧目的的看法能可靠地指导分析。和他的肃剧家同行的作品一样，欧里庇得斯的剧作意在教育邦民，而肃剧家最迫切的任务，是调和传统的贵族价值与民主秩序。由于肃剧取材于传统，肃剧语言的素材却来源于公元前5世纪，肃剧让我们能一瞥整个微妙的调整过程：随着一种新的社会结构在雅典确立，观点、价值、语言和范式都出现了微妙变化。借助戏剧这种媒介，我们既能看到"一个新社会从旧社会中脱胎"，也能看到"旧社会在新社会中延续"（Finley 1966，页2）。

我也已力图表明，阿里斯托芬准确无误地认为，肃剧的"民主化"（《蛙》，行952）是欧里庇得斯的独特贡献。这不仅因为，欧里庇得斯让所有人登台并发言：

> 女人和奴隶、主人、
> 年轻姑娘和干瘪的婆子。（《蛙》，行948-949）

更要紧的是欧里庇得斯表明，某些政治上的区分（political categories）一定程度上远比政治（the political）影响更大。一个社会对自由与强制、平等与特权、个体与共同体的看法，会影响社会成员如何看待死亡，影响他们对爱欲的反应，并决定他们如何应对成败。本书探讨的四部剧就传达了这个教诲。第五部剧

《特洛亚女子》向肃剧本身举起一面镜子，指出语言的作用就是充当诠释并铭刻经历的工具。

一个社会对死的看法，显然与它为生者确立的标准有关。《阿尔刻斯提斯》就让观众以死观生。贵族阿波罗为他垂青的凡人谋取特权，让阿德墨托斯逃脱了通常而言不可预见、无从避免、无可挽回的死亡。塔纳托斯［186］极力反对这种靠欺骗并违背其意愿的安排。结果给阿德墨托斯带来不幸，到了剧末，一切恢复如初（status quo ante）。阿德墨托斯的经历表明，阿波罗的恩典其实根本不是恩典，正常死亡强于一切反常的安排。在民主制下，整个教诲完全可以延伸到生活领域，虽然剧中从未明确作比。

史家已注意到，在雅典，"普遍公认的还是贵族的价值观"，民主制"从未获得自己的语言"。[①]这种局面有两种解释：有人认为，雅典只是名义上的民主制，贵族仍占上风；也有人认为，贵族词汇被"反用""占用"或"利用"来服务新的民主秩序。[②]《希珀吕托斯》的证据表明了一种完全不同的语言挪用：毕恭毕敬、小心翼翼地借用神话的范式。

到了公元前5世纪，希腊最重要的一种德性 sōphrosynē［节制］，已经带上了寡头甚至斯巴达色彩。在《希珀吕托斯》中，欧里庇得斯批判性地探究了节制德性及围绕这一观念的其他价值。欧里庇得斯把节制的希珀吕托斯刻画为年轻的寡头，对手斐德拉的行事标准则是羞耻和好名声（同样是贵族标准）。乳母完全相反，其恶劣的道德感令她朝三暮四、变化无常。按照勿过度这则谚语的精神（成了

---

① Arnheim 1977，页131；Laroux 1986，页334。Ober 1989，页290，注释74援引了 Arnheim 和 Laroux，我受益于 Ober 的讨论。

② 第一个解释，参见 Arnheim 1977 和 Laroux 1986。第二个解释，参见 Ober 1989，页289–291 和页339。

此剧的象征），欧里庇得斯调和了这两个极端。最后，他提出了一种经过修正的节制标准，既适用于个体，也适用于城邦。如歌队所言，

不死板，也无误。（《希珀吕托斯》，行1115）

雅典对内施行民主制，对外（雅典首领就常这样提醒邦民）却推行某种依强力统治的僭政。[①]就算没有这些提醒，雅典行霸权的七十余年间属邦暴动不断，也早已让人深信雅典的统治有问题。在《赫卡柏》中，欧里庇得斯把关注点转向了权力的道德意蕴，提醒雅典人不要过分依靠强力。欧里庇得斯提醒观众，拥有强力 [187] 证明不了滥用强力合理。弱者也享有某些权利和资源，仗势欺人者最后要受被压迫者（而非诸神）审判。

高贵的观念从过去流传下来，充满了贵族魅力，但需经过修正后才能匹配民主制社会结构的情况。欧里庇得斯笔下的赫拉克勒斯既有传统一面，也有创新一面。当他从冥府回来解救家人时，赫拉克勒斯就像一位传统模式的英雄。但到了剧末，他否弃了自己的神圣出身和英雄志向，选择了一种以耐心、坚忍、仰靠人类共同体为特征的生活方式。赫拉克勒斯认定，自杀是怯懦，他的余生将屈从机运而非欧律斯忒俄斯，这时他便暗中与索福克勒斯笔下埃阿斯这类传统贵族代表的英雄传统分道扬镳了。赫拉克勒斯体现的那种高贵的定义，能为看戏的普通雅典人接受。

雅典人尤其看重言辞，因为演说和论辩在他们的城邦生活中扮演了极为重要的角色。《特洛亚女子》在这种背景下上演，表明了言辞维持个体和共同体的作用。欧里庇得斯本人是剧作家，

[①] 参见修昔底德，《伯罗奔尼撒战争史》，2.63.2 和 3.37.1。关于这个隐喻的含义和演变，参见 Raaflaub 1979。

因此本质上是文人，他很可能是在评价诗人能为城邦尽的义务。特洛亚女子通过语言让她们的世界获得秩序，诗人欧里庇得斯则描述了一个世界：在其中，诗人以神话的方式清楚地提出了种种现实生活中不可能发生、结果也往往悬而未决的问题。观众选择如何领悟行事是他们自己的事，欧里庇得斯只能阐明自己的教诲，让所有人去观看，去聆听。

欧里庇得斯与雅典人

本研究就欧里庇得斯本人得出了一些结论。由于本书仅探讨了五部剧，这些结论无疑不全面，但我认为这些结论不会与他的其他传世剧作互生龃龉。欧里庇得斯成为剧作家，与同行和社会的关系比通常认为的和谐。尽管在基调上，欧里庇得斯的剧作与埃斯库罗斯和索福克勒斯的剧作大相径庭，他们的意图却没有分别。欧里庇得斯［188］与埃斯库罗斯和索福克勒斯一样真切热爱神话传统，同样对肃剧这种文类忠心耿耿，同样充满伦理关切。①

自古以来，人们就惯于诉诸欧里庇得斯的宗教观证明他离经叛道。②本书对这五部剧的研究并非要表明，欧里庇得斯是无神论者，而是要表明诸神的道德问题在他的剧作中相对次要。欧里庇得斯笔下的人物在谴责上天给他们带来不幸时要么理解不当，要么试图推卸自己的责任。诸神是必然性的一个方面，本书开篇就指出，必然

---

① 参见 Kovacs 1987，页 117–121，以及 Kamerbeek 1960，页 7：

> 关于欧里庇得斯笔下神话的作用，我们至少可以说，他无疑自小就对神话的魅力着迷，至死未摆脱其魔力。

② 对无神论指控的详析和反驳，参见 Lefkowitz 1989。

性只是欧里庇得斯戏剧的起点。剧作家最关心的是人类对必然性的反应，而他对这些反应的戏剧性刻画，均表明了他本人的自由主义和理想主义心性。欧里庇得斯关注个体的责任，坚称品性（而非出身或地位）决定一个人是高贵者还是奴隶，反对滥用权力，捍卫弱者的权力——这些主题在一个又一个剧本里得以凸显，不只有只言片语，而是融入了全剧肌理。这些主题证明，欧里庇得斯持续关注社会正义，而社会正义的起点就是平等与自由的民主原则。

我们在此勾勒出轮廓的欧里庇得斯，与传记传统中的诗人相去甚远。在传记传统中，欧里庇得斯与索福克勒斯对比鲜明，没有担任公职，离群索居，喜欢在萨拉米斯（Salamis）岛附近的一个山洞里打发时间，晚年还离开雅典，前往马其顿。不过，就算我们认为这些轶闻确有其事，我们还是不能认定，欧里庇得斯在雅典过得不愉快，对雅典政治事务漠不关心。一个选择在雅典度过一生的人，不可能会觉得自己与母邦格格不入。[①]一位二十二次入选狄俄尼西亚城邦（City Dionysia）竞技的诗人，不可能为邦民同胞不齿（参见 Stevens 1956，页91–94）。欧里庇得斯绝非修昔底德笔下伯里克勒斯（2.40.2）严斥的那种无能之辈（achreoi），他的剧作强烈呼吁也时常猛烈批评人们参与民主城邦（这也是 Carter 1986 的结论，页150）。欧里庇得斯的政治贡献可用他笔下安斐翁（Amphion）的话来概括。安斐翁在兄弟泽托斯（Zethos）的责难面前如是为他的爱国心辩护：

> 我若善思，这要好过拥有强有力的右手。（*Antiope*, fr. 18 Kambitsis=199 N2）

[①] 参见柏拉图的《克里同》（*Crito*）521e，在那里，法律（Laws）表示，苏格拉底长居雅典暗示了他满意雅典的生活方式和雅典法。

缩 写

A&A	*Antike und Abendland*
AJP	*American Journal of Philology*
AJAH	*American Journal of Ancient History*
ASNP	*Annali della Scuola Normale Superiore di Pisa*
BICS	*Bulletin of the Institute of Classical Studies*
CA	*Classical Antiquity*
CJ	*Classical Jounal*
CP	*Classical Quarterly*
CQ	*Classical Quarterly*
CRAI	*Comptes rendus de l'Académie des Inscription et Belles-Lettres*
Diels-Kranz	H. Diels and W. Kranz, eds., *Die Fragmente der Vorsokratiker*
FGH	F. Jacoby, ed. *Die Fragmente der griechischen Historiker*
G&R	*Greece and Rome*
GRBS	*Greece, Rome and Byzantine Studies*
JHS	*Journal of Hellenic Studies*
HSCP	*Harvard Studies in Classical Philology*
Page	D. L. Page, ed., *Poetae Melici Graeci*

PCPhS	*Processing of the Cambridge Philological Society*
REG	*Revue des Études Grecques*
RFIC	*Rivista di Filologia e di Istruzione Classica*
SO	*Symbol Osloenses*
TAPA	*Transaction of the American Philological Association*
West	M. L. West, ed. *Iambi et Elegi Graeci*
YCS	*Yale Classical Studies*

参考书目

Adkins, A. W. H. 1960. *Merit and Responsibility*. Oxford.
———. 1963. " 'Friendship' and 'Self-Sufficiency' in Homer and Aristotle." *CQ* 13:30–45.
———. 1966. "Basic Greek Values in Euripides' *Hecuba* and *Hercules*." *CQ* 16:193–219.
———. 1970. *From the Many to the One*. Ithaca.
———. 1972. *Moral Values and Political Behaviour in Ancient Greece: From Homer to the End of the Fifth Century*. New York.
———. 1976. "*Polypragmosyne* and 'Minding One's Own Business': A Study in Greek Social and Political Values." *CP* 71:301–27.
Aélion, R. 1983. *Euripide héritier d'Eschyle*. Paris.
Alexiou, M. 1974. *The Ritual Lament in Greek Tradition*. Cambridge.
Allison, J. W. 1979. "Thucydides and *Polypragmosyne*." *AJAH* 4:10–22, 157–58.
Arnheim, M. T. W. 1977. *Aristocracy in Greek Society*. London.
Arrowsmith, W. 1959. "The Criticism of Greek Tragedy." *Tulane Drama Review* 3, 3:30–57.
———. 1968. "Euripides' Theater of Ideas." In *Euripides: A Collection of Critical Essays*, edited by E. Segal, 13–33. Englewood Cliffs, N.J.
Barlow, S., trans. and comm. 1986. *Euripides: Trojan Women*. Warminster, Wiltshire.
Barrett, W. S., ed. 1964. *Euripides: Hippolytos*. Oxford.
Becker, O. 1937. *Das Bild des Weges und verwandte Vorstellungen im frühgriechischen Denken*. Hermes Einzelschriften 4. Berlin.
Behler, E. 1986. "A. W. Schlegel and the Nineteenth-Century *Damnatio* of Euripides." *GRBS* 27, 4:335–67.
Benedetto, V. di. 1971. *Euripide: teatro e società*. Turin.
Bers, V. 1985. "Dikastic Thorubos." In *Crux: Essays Presented to G.E.M. de Ste Croix on his 75th Birthday*, edited by P. A. Cartledge and F. D. Harvey, 1–15. London.
Biehl, W., ed. 1970. *Euripidis Troades*. Leipzig.
Blumenthal, H. J. 1974. "Euripides' *Alcestis* 282 ff. and the Authenticity of *An-*

tigone 905 ff." *CR* 24:174–75.

Blundell, M. W. 1989. *Helping Friends and Harming Enemies: A Study in Sophocles and Greek Ethics*. Cambridge.

Boegehold, A. L. 1982. "A Dissent at Athens ca. 424–421 B.C." *GRBS* 23, 2:147–56.

Bond, G., ed. 1981. *Euripides: Heracles*. Oxford.

Bowersock, G. W., ed. and trans. 1968. *Constitution of the Athenians*. In: *Xenophon VII: Scripta Minora*, translated by E. C. Marchant. The Loeb Classical Library. Cambridge, Mass.

Bradeen, D. W. 1969. "The Athenian Casualty Lists." *CQ* 19:145–59.

Bremer, J. M. 1975. "The Meadow of Love and Two Passages in Euripides' *Hippolytus*." *Mnemosyne* 28:268–80.

Brommer, F. 1953. *Herakles: Die zwölf Taten des Helden in antiker Kunst und Literatur*. Münster.

Burian, P. 1977. "Euripides' *Heraclidae*: An Interpretation." *CP* 72:1–21.

———. 1985. "Logos and Pathos: The Politics of the *Suppliant Women*." In *Directions in Euripidean Criticism: A Collection of Essays*, edited by P. Burian, 129–55. Durham.

Burkert, W. 1955. *Zum altgriechischen Mitleidsbegriff*. Diss. Erlangen, 1955.

———. 1966. "Greek Tragedy and Sacrificial Ritual." *GRBS* 7:87–121.

———. 1985. *Greek Religion*. Translated by J. Raffan. Cambridge, Mass.

Burnett, A. P. 1965. "The Virtues of Admetus." *CP* 60:240–55.

———. 1971. *Catastrophe Survived: Euripides' Plays of Mixed Reversal*. Oxford.

———. 1977. "*Trojan Women* and the Ganymede Ode." *YCS* 25:291–316.

Butts, H. R. 1947. *The Glorification of Athens in Greek Drama*. Iowa Studies in Classical Philology XI.

Buxton, R. G. A. 1982. *Persuasion in Greek Tragedy: A Study of Peitho*. Cambridge.

Carter, L. B. 1986. *The Quiet Athenian*. Oxford.

Cartledge, P. 1985. "The Greek Religious Festivals." In *Greek Religion and Society*, edited by P. E. Easterling and J. V. Muir, 98–127. Cambridge.

Chalk, H. H. O. 1962. "*Aretē* and *Bia* in Euripides' *Herakles*." *JHS* 82:7–18.

Classen, J. 1976. "The Study of Language amongst Socrates' Contemporaries." In *Sophistik*, edited by J. Classen, 215–47. Darmstadt.

Claus, D. 1972. "Phaedra and the Socratic Paradox." *YCS* 22:223–38.

———. 1975. "*Aidōs* in the Language of Achilles." *TAPA* 105:13–28.

Collard, C., ed. 1975A. *Euripides: Supplices*. 2 vols. Groningen.

———. 1975B. "Formal Debates in Euripides' Drama." *G&R* 22:58–71.

onacher, D. J. 1967. *Euripidean Drama*. Toronto.

———. 1980. *Aeschylus' "Prometheus Bound": A Literary Commentary*. Toronto.

Connor, W. R. 1971. *The New Politicians of Fifth-Century Athens*. Princeton.

Cropp, M. and G. Fick. 1985. *Resolutions and Chronology in Euripides: The Frag-*

mentary Tragedies. BICS Supplement 43. London.
Daitz, S. 1971. "Concepts of Freedom and Slavery in Euripides' Hecuba." Hermes 99:217-26.
———, ed. 1973. Euripides: Hecuba. Leipzig.
Dale, A. M., ed. 1954. Euripides: Alcestis. Oxford.
Davies, J. K. 1981. Wealth and the Power of Wealth in Classical Athens. Salem, N.H.
Delebecque, E. 1951. Euripide et la guerre du Péloponnèse. Paris.
Denniston, J. D. 1929. "Epexegetic ge." CR 43:59-60.
———, ed. 1939. Euripides: Electra. Oxford.
Détienne, M. 1974. "Orphée au miel." In Faire de l'histoire, edited by J. Le Goff and P. Nora, vol. 3, 56-75. Paris.
Devereux, G. 1985. The Character of the Euripidean Hippolytus: An Ethno-Psychoanalytical Study. Chico, Calif.
Diels, H. and W. Kranz, eds. 1951-52^6. Die Fragmente der Vorsokratiker. 3 vols. Berlin.
Diggle, J., ed. 1986^2. Euripidis Fabulae, vol. 2. Oxford.
———. 1987^2. Euripidis Fabulae, vol. 1. Oxford.
Dimock, G. E. 1977. "Euripides' Hippolytus, or Virtue Rewarded." YCS 25:239-58.
Dodds, E. R. 1925. "The Aidōs of Phaedra and the Meaning of the Hippolytus." CR 39:102-4.
———. 1929. "Euripides the Irrationalist." CR 43:97-104.
———. 1960^2. Euripides: Bacchae. Oxford.
———. 1973. "The Ancient Theory of Progress." In The Ancient Theory of Progress and Other Essays in Greek Literature and Belief, 1-25. Oxford.
Donlan, W. 1973. "The Role of Eugenia in the Aristocratic Self-Image During the Fifth Century B.C." In Classics and the Classical Tradition: Essays Presented to Robert C. Dengler on the Occasion of his Eightieth Birthday, edited by E. N. Borza and R. W. Carubba, 63-78. University Park, Pa.
———. 1980. The Aristocratic Ideal in Ancient Greece: Attitudes of Superiority from Homer to the End of the Fifth Century B.C. Lawrence, Kans.
Dover, K. J. 1973. "Classical Greek Attitudes Toward Sexual Behavior." Arethusa 6:59-73.
———. 1974. Greek Popular Morality in the Time of Plato and Aristotle. Berkeley and Los Angeles.
———. 1983. "The Portrayal of Moral Evaluation in Greek Poetry." JHS 103:35-48.
Drew-Bear, T. 1968. "The Trochaic Tetrameter in Greek Tragedy." AJP 89:385-405.
Easterling, P. E. 1973. "Presentation of Character in Aeschylus." G&R 20:3-19.
———. 1977. "Character in Sophocles." G&R 24:121-29.

———. 1984. "The Tragic Homer." *BICS* 31:1–8.

———. 1985. "Anachronism in Greek Tragedy." *JHS* 105:1–10.

Ebener, D. 1954. "Die Helenaszene der Troerinnen." *Wissenschaftliche Zeitschrift der Martin-Luther-Universität Halle-Wittenberg* 3, Heft 4:691–722.

Edmunds, L. 1975. *Chance and Intelligence in Thucydides*. Cambridge.

Ehrenberg, V. 1947. "Polypragmosynē." *JHS* 67:44–67.

Else, G. F. 1957. *Aristotle's Poetics: The Argument*. Cambridge, Mass.

Erffa, C. E. von. 1937. *Aidōs und verwandte Begriffe in der Entwicklung von Homer bis Demokrit*. *Philologus* Supplementband 30, 2. Leipzig.

Erp, M. A. Taalman Kip. 1987. "Euripides and Melos." *Mnemosyne* 15:3–4.

Euben, P. 1986. "Political Corruption in Euripides' *Orestes*." In *Greek Tragedy and Political Theory*, edited by P. Euben, 222–51. Berkeley and Los Angeles.

Farrar, C. 1988. *The Origins of Democratic Thinking*. Cambridge.

Figueira, T. J. 1985. "The Theognidea and Megarian Society." In *Poetry and the Polis*, edited by T. J. Figueira and G. Nagy, 112–58. Baltimore.

Finley, J. H. 1938. "Euripides and Thucydides." *HSCP* 49:23–66.

———. 1942. *Thucydides*. Cambridge, Mass.

———. 1966. "Politics and Early Attic Tragedy." *HSCP* 71:1–13.

Finley, M. I. 1981. "Politics." In *The Legacy of Greece*, edited by M. I. Finley, 22–36. New York.

Fisher, N. R. E. 1976. *Social Values in Classical Athens*. London and Toronto.

Foley, H. 1985. *Ritual Irony: Poetry and Sacrifice in Euripides*. Ithaca.

Forrest, W. G. 1975. "An Athenian Generation Gap." *YCS* 24:37–52.

———. 1986. "The Stage and Politics." In *Greek Tragedy and its Legacy: Essays Presented to D. J. Conacher*, edited by M. Cropp, E. Fantham, and S. Scully, 229–39. Calgary.

Fraenkel, H. 1946. "Man's 'Ephemeros' Nature According to Pindar and Others." *TAPA* 77:131–45.

———. 1975. *Early Greek Poetry and Philosophy*. Translated by M. Hadas and J. Willis. New York.

Frischer, B. 1970. "*Concordia Discors* and Euripides' *Hippolytus*." *GRBS* 11, 2:85–100.

Fritz, K. von. 1962. "Euripides' Alkestis und ihre modernen Nachahmen und Kritiker." In *Antike und moderne Tragödie*, 256–321. (= *A&A* 5:27–70.) Berlin.

Galinsky, K. 1972. *The Herakles Theme: The Adaptations of the Hero from Homer to the Twentieth Century*. Oxford.

Garland, R. 1985. *The Greek Way of Death*. Ithaca.

Garner, R. 1987. *Law and Society in Classical Athens*. New York.

———. 1990. *From Homer to Tragedy: The Art of Allusion in Greek Poetry*. London and New York.

arton, C. 1957. "Characterisation in Greek Tragedy." *JHS* 77:247–54.

Gellie, G. H. 1980. "Hecuba and Tragedy." *Antichthon* 14:30-44.
Gill, C. 1990. "The Character-Personality Distinction." In *Characterization and Individuality in Greek Literature*, edited by C. Pelling, 32-59. Oxford.
Girard, R. 1977. *Violence and the Sacred*. Translated by P. Gregory. Baltimore.
Goldhill, S. 1986. *Reading Greek Tragedy*. Cambridge.
———. 1987. "The Great Dionysia and Civic Ideology." *JHS* 107:58-76.
Goossens, R. 1962. *Euripides et Athènes*. Brussels.
Gould, J. 1978. "Dramatic Character and 'Human Intelligibility' in Greek Tragedy." *PC* 24:43-67.
———. 1985. "On Making Sense of Greek Religion." In *Greek Religion and Society*, edited by P. E. Easterling and J. V. Muir, 1-33. Cambridge.
Graham, A. J. and G. Forsythe. 1984. "A New Slogan for Oligarchy in Thucydides III.82.8." *HSCP* 88:25-45.
Greenhalgh, P. A. C. 1972. "Aristocracy and its Advocates in Archaic Greece." *G&R* 19:190-207.
Gregory, J. 1977. "Euripides' *Heracles*." *YCS* 25:259-75. Rewritten here as Chapter 4.
———. 1979. "Euripides' *Alcestis*." *Hermes* 107:259-70. Rewritten here as Chapter 1.
———. 1985. "The Power of Language in Euripides' *Troades*." *Eranos* 84:1-9. Rewritten here as Chapter 5.
Griffin, J. 1990. "Characterization in Euripides: *Hippolytus* and *Iphigeneia in Aulis*." In *Characterization and Individuality in Greek Literature*, edited by C. Pelling, 128-49. Oxford.
Griffith, M. 1977. *The Authenticity of the Prometheus Bound*. Cambridge.
Grossmann, G. 1950. *Politische Schlagwörter aus der Zeit des Peloponnesischen Krieges*. Zürich.
Grube, G. M. A. 1961^2. *The Drama of Euripides*. New York.
Guthrie, W. K. C. 1971. *The Sophists*. Cambridge. (= Volume 3, Part 1 of *A History of Greek Philosophy*. Cambridge, 1969.)
Halleran, M. R. 1985. *Stagecraft in Euripides*. Totowa, N.J.
———. 1986. "Rhetoric, Irony and the Ending of Euripides' *Heracles*." *CA* 5, 2:171-81.
Halliwell, S. 1986. *Aristotle's Poetics*. Chapel Hill.
———. 1987. *The Poetics of Aristotle*. Chapel Hill.
Hamilton, R. 1978. "Prologue Prophecy and Plot in Four Plays of Euripides." *AJP* 99:277-302.
———. 1985. "Slings and Arrows: The Debate with Lycus in the *Heracles*." *TAPA* 115:1-25.
Hangard, J. 1976. "Remarques sur quelques motifs repétés dans l'Héraclès d'Euripide." In *Miscellanea tragica in honorem J. C. Kamerbeek*, edited by J. M.

Bremer, S. L. Radt, and C. J. Ruijh, 125-46. Amsterdam.
Havelock, E. A. 1968. "Watching the *Trojan Women*." In *Euripides*, edited by E. Segal, 115-27. Englewood Cliffs, N.J.
Heath, M. 1987. *The Poetics of Greek Tragedy*. Stanford.
Heinimann, F. 1945. *Nomos und Physis*. Reprinted 1960. Basel.
Henderson, J. 1990. "The *Dēmos* and the Comic Competition." In *Nothing to Do with Dionysos? Athenian Drama in its Social Context*, edited by J. J. Winkler and F. I. Zeitlin, 271-313. Princeton.
Henrichs, A. 1986. "The Last of the Detractors: Friedrich Nietzsche's Condemnation of Euripides." *GRBS* 27, 4:369-97.
Herington, C. J. 1955. *Athena Parthenos and Athena Polias*. Manchester.
———. 1986. *Aeschylus*. New Haven.
Hermassi, K. 1977. *Polity and Theater in Historical Perspective*. Berkeley and Los Angeles.
Hogan, J. C. 1972. "Thucydides 3.52-68 and Euripides' *Hecuba*." *Phoenix* 26:241-57.
Humphrey, S. 1983. *The Family, Women and Death: Comparative Studies*. Boston and London.
Hutter, H. 1978. *Politics and Friendship*. Waterloo, Ontario.
Jacoby, F. 1923–. *Die Fragmente der griechischen Historiker*. Berlin and Leiden.
Jones, A. H. M. 1957. *Athenian Democracy*. London.
Jones, J. 1962. *On Aristotle and Greek Tragedy*. Oxford.
Kambitsis, J., ed. 1972. *L'Antiope d'Euripide*. Athens.
Kamerbeek, J. C. 1960. "Mythe et réalité dans l'oeuvre d'Euripide." In *Euripide: Entretiens sur l'antiquité classique* VI, 1-25. Vandoeuvres-Genève.
———. 1966. "The Unity and Meaning of Euripides' *Heracles*." *Mnemosyne* 19:1-16.
Kerferd, G. B. 1981. *The Sophistic Movement*. Cambridge.
King, K. C. 1985. "The Politics of Imitation: Euripides' *Hekabe*." *Arethusa* 18:47-64.
Kirkwood, G. 1947. "Hecuba and Nomos." *TAPA* 78:61-68.
Kleve, K. 1964. "*Apragmosyne* and *Polypragmosyne*: Two Slogans in Athenian Politics." *SO* 39:83-88.
Knox, B. 1952. "The *Hippolytus* of Euripides." *YCS* 13:1-31 (= *Word and Action*, 205-30. Baltimore, 1971).
———. 1957. *Oedipu at Thebes*. New Haven.
———. 1977. "The *Me a* of Euripides." *YCS* 25:193-225.
———. 1983. "Sophocles and the Polis." In *Sophocle: Entretiens sur l'antiquité classique* XXIX, 1-27. Vandoeuvres-Genève.
Konstan, D. 1985. "*Philia* in Euripides' *Electra*." *Philologus* 129:176-85.
Kovacs, D. 1980A. "Shame, Pleasure and Honor in Phaedra's Great Speech

(Euripides, *Hippolytus* 375–387)." *AJP* 101:287–303.
———. 1980B. "Euripides' *Hippolytus* 100 and the Meaning of the Prologue." *CP* 75:130–37.
———. 1987. *The Heroic Muse*. Baltimore and London.
Kuch, H. 1983. "Individuum und Gesellschaft in der tragischen Dichtung der Griechen." In *Die griechische Tragödie in ihrer gesellschaftlichen Funktion*, edited by H. Kuch, 61–84. Berlin.
Kullmann, W. 1967. "Zum Sinngehalt der euripideischen Alkestis." *A&A* 13:127–49.
Kurtz, D. and J. Boardman. 1971. *Greek Burial Customs*. London.
Kurtz, E. 1985. *Die bildliche Ausdrucksweisen in den Tragödien des Euripides*. Amsterdam.
Lanza, D. 1963. "*Nomos* et *Ison* in Euripide." *RFIC* 41:416–39.
Lattimore, R. 1939. "The Wise Adviser in Herodotus." *CP* 34:24–35.
———, trans. 1951. *The Iliad of Homer*. Chicago.
———, trans. 1955. *Greek Lyrics*. Chicago.
Lee, K. H., ed. 1976. *Euripides: Troades*. Basingstoke.
Lefkowitz, M. 1979. "The Euripides *Vita*." *GRBS* 20, 2:187–210.
———. 1989. " 'Impiety' and 'Atheism' in Euripides' Dramas." *CQ* 39:70–82.
Lennep, D. F. W. van, ed. 1949. *Alcestis*. Leiden.
Lesky, A. 1925. "Alkestis, der Mythus und das Drama." *Sitzungsber. Akad. Wien*. 203, 2:1–86.
———. 1966. "Der angeklagte Admet." In *Gesammelte Schriften*, 281–94. Bern and Munich. (= *Maske u. Kothurn* 10 [1964]:203–16.)
Lilja, S. 1976. *Dogs in Ancient Greek Poetry*. Helsinki.
loyd, G. E. R., 1966. *Polarity and Analogy*. Cambridge.
loyd, M. 1984. "The Helen Scene in Euripides' *Trojan Women*." *CQ* 34:303–13.
———. 1985. "Euripides' *Alcestis*." *G&R* 32, 2:119–31.
Long, A. A. 1970. "Morals and Values in Homer." *JHS* 90:121–39.
Longo, O. 1990. "The Theater of the *Polis*." In *Nothing to Do with Dionysos? Athenian Drama in its Social Context*, edited by J. J. Winkler and F. I. Zeitlin, 12–19. Princeton.
Loraux, N. 1978. "Sur la race des femmes et quelques-uns de ses tribus." *Arethusa* 11:43–87.
———. 1981A. "Le lit, la guerre." *L'Homme* 21:37–67.
———. 1981B. *Les enfants d'Athéna*. Paris.
———. 1985. *Façons tragiques de tuer une femme*. Paris.
———. 1986. *The Invention of Athens: The Funeral Oration and the Classical City*. Translated by A. Sheridan. Cambridge, Mass.
Lovejoy, A. O. and G. Boas. 1935. *Primitivism and Related Ideas in Antiquity*. Baltimore.

Lucas, D. W., ed. 1968. *Aristotle: Poetics.* Oxford.
Luschnig, C. A. E. 1976. "Euripides' *Hecabe*: The Time is Out of Joint." *CJ* 71:227-34.
MacDowell, D. M., ed. and trans. 1982. *Gorgias: Encomium of Helen.* Bristol.
Macleod, C. W. 1982. "Politics and the *Oresteia.*" *JHS* 102:124-44.
Martin, R. P. 1990. *The Language of Heroes: Speech and Performance in the Iliad.* Ithaca.
Mason, P. G. 1959. "Kassandra." *JHS* 79:80-93.
Mattes, J. 1970. *Der Wahnsinn im griechischen Mythos und in der Dichtung bis zum Drama des fünften Jahrhunderts.* Heidelberg.
Matthaei, L. 1918. *Studies in Greek Tragedy.* Cambridge.
Maxwell-Stuart, P. G. 1973. "The Dramatic Poets and the Expedition to Sicily." *Historia* 22:397-404.
Meier, C. 1983². *Die Entstehung des Politischen bei den Griechen.* Frankfurt.
———. 1988. *Die politische Kunst der griechischen Tragödie.* Munich.
Meiggs, R. 1972. *The Athenian Empire.* Oxford.
Meiggs, R. and D. Lewis, eds. 1969. *A Selection of Greek Historical Inscriptions to the End of the Fifth Century.* Oxford.
Meridier, L., ed. and trans. 1926. *Euripide,* vol. 1. (Collection Budé.) Paris.
———. 1927. *Euripide,* vol. 2. (Collection Budé.) Paris.
eridor, R. 1978. "Hecuba's Revenge." *AJP* 99:28-35.
———. 1983. "The Function of Polymestor's Crime in the *Hecuba* of Euripides." *Eranos* 81:13-20.
———. 1984. "Plot and Myth in Euripides' *Hecuba* and *Troades.*" *Phoenix* 38:205-15.
———. 1989. "Euripides' *Troades* and the Andromache Scene." *AJP* 110:17-35.
Mette, H. J. 1933. *MĒDEN AGAN: Ein Vortrag.* Munich.
Michelini, A. 1987. *Euripides and the Tragic Tradition.* Madison.
Moore, J., trans. 1957. *Ajax.* In *Sophocles II,* edited by D. Grene and R. Lattimore, 7-62. Chicago.
Morris, J. 1989. "Attitudes toward Death in Archaic Greece." *CA* 8, 2:296-320.
Motte, A. 1973. *Prairies et jardins de la Grèce antique. De la religion à la philosophie.* Brussels.
Murray, G. 1946. "Euripides' Tragedies of 415 B.C.: The Deceitfulness of Life." In *Greek Studies,* 127-46. Oxford.
Murray, O. 1980. *Early Greece.* Stanford.
Nagy, G. 1979. *The Best of the Achaeans.* Baltimore and London.
———. 1985. "Theognis of Megara: A Poet's Vision of His City." In *Theognis of Megara: Poetry and The Polis,* edited by J. Figueira and G. Nagy, 22-81. Baltimore and London.
Nauck, A., ed. 1889². *Tragicorum Graecorum Fragmenta.* Leipzig.

Nielson, R. 1976. "Alcestis: A Paradox in Dying." *Ramus* 5:92–102.
North, H. 1966. *Sōphrosynē: Self-Knowledge and Self-Restraint in Greek Literature*. Ithaca.
Norwood, G. 1930. " e *Babylonians* of Aristophanes." *CP* 25:1–10.
Nussbaum, M. 1986. *The Fragility of Goodness: Luck and Ethics in Greek Tragedy and Philosophy*. Cambridge.
Ober, J. 1989. *Mass and Elite in Democratic Athens: Rhetoric, Ideology and the Power of the People*. Princeton.
Ober, J. and B. Strauss. 1990. "Drama, Political Rhetoric and the Discourse of Athenian Democracy." In *Nothing to Do with Dionysos? Athenian Drama in its Social Context*, edited by J. J. Winkler and F. I. Zeitlin, 237–70. Princeton.
O'Conner-Visser, E. A. M. E. 1987. *Aspects of Human Sacrifice in the Tragedies of Euripides*. Amsterdam.
Ostwald, M. 1969. *Nomos and the Beginnings of the Athenian Democracy*. Oxford.
———. 1986. *From Popular Sovereignty to the Sovereignty of Law*. Berkeley and Los Angeles.
———. 1988. *Anankē in Thucydides*. Atlanta. (American Classical Studies.)
Page, D. L., ed. 1962. *Poetae Melici Graeci*. Oxford.
———. 1964^5. *Euripides: Medea*. Oxford.
Parke, H. W. 1977. *Festivals of the Athenians*. London.
Parke, H. W. and D. E. W. Wormell. 1956. *The Delphic Oracle*. 2 vols. Oxford.
Parmentier, L. and H. Grégoire, ed. and trans. 1923. *Euripide*, vol. 3. (Collection Budé.) Paris.
———. 1925. *Euripide*, vol. 4. (Collection Budé.) Paris.
Parry, A. 1956. "The Language of Achilles." *TAPA* 87:1–7.
———. 1971. *Logos and Ergon in Thucydides*. New York. Diss. Harvard, 1957.
Pickard-Cambridge, A. W. 1968^2. *The Dramatic Festivals of Athens*. Revised by J. Gould and D. M. Lewis. Oxford.
Podlecki, A. J. 1986. "Polis and Monarch in Early Greek Tragedy." In *Greek Tragedy and Political Theory*, edited by P. Euben, 76–100. Berkeley and Los Angeles.
Pohlenz, M. 1954. *Die Griechische Tragödie*. 2 vols. Göttingen.
Poole, A. 1976. "Total Disaster: Euripides' *The Trojan Women*." *Arion* n.s. 3, 3:257–87.
Pötscher, W. 1971. "Der Name des Herakles." *Emerita* 39:169–84.
Pucci, P. 1980. *The Violence of Pity in Euripides' Medea*. Ithaca and London.

Raaflaub, K. 1979. "Polis Tyrannos: Zur Entstehung einer politischen Metapher." In *Arktouros: Hellenic Studies Presented to Bernard M. W. Knox*, edited by G. W. Bowersock, W. Burkert, and M. C. J. Putnam, 237–52. Berlin and New York.
Race, W. H. 1981. "The Word *Kairos* in Greek Drama." *TAPA* 111:197–213.

Radt, S. 1983. "Sophokles in seinem Fragmenten." In *Sophocle: Entretiens sur l'antiquité classique* XXIX, 185-231. Vandoeuvres-Genève.

Reckford, K. 1985. "Concepts of Demoralization in the *Hecuba*." In *Directions in Euripidean Criticism: A Collection of Essays*, edited by P. Burian, 112-28. Durham.

Redfield, J. 1975. *Nature and Culture in the Iliad*. Chicago.

Reinhardt, K. 1957. "Die Sinneskrise bei Euripides." *Die Neue Rundschau* 68:615-46.

———. 1960. *Tradition und Geist*. Göttingen.

Renehan, R. 1987. "The 'Heldentod' in Homer." *CP* 82:99-116.

Rhodes, P. J. 1972. *The Athenian Boule*. Oxford.

Rickert, G. A. 1985. *Hekōn and Akōn in Early Greek Thought*. Ann Arbor. Diss. Harvard, 1985.

Rivier, A. 1968A. "Remarques sur le 'nécessaire' et la 'nécessité' chez Eschyle." *REG* 81:5-39.

———. 1968B. "Sur un motif de l'Alceste d'Euripide." *Actas del III Congreso Español de Estudios Clásicos*, 286-95.

———. 1972. "En marge d'Alceste et de quelques interprétations recentes." *Museum Helveticum* 29:124-43.

Romilly, J. de. 1961. *L'évolution du pathétique d'Eschyle à Euripide*. Paris.

———. 1966. "Thucydide et l'idée de progrès." *ASNP* 35:143-91.

———. 1971. *La loi dans la pensée grecque*. Paris.

———. 1975. *Magic and Rhetoric in Ancient Greece*. Cambridge, Mass.

———. 1976. "L'excuse de l'invincible amour dans la tragédie grecque." In *Miscellanea Tragica in honorem J. C. Kamerbeek*, edited by J. M. Bremer, S. L. Radt, and C. J. Ruijh, 309-21. Amsterdam.

———. 1979. *La douceur dans la pensée grecque*. Paris.

———. 1980. "Le refus du suicide dans l'Héraclès d'Euripide." *Archaiognosia* I, 1:1-9.

———. 1983. "Les réflexions générales d'Euripide: analyse litteraire et critique textuelle." *CRAI* 405-18.

———. 1986. *La Modernité d'Euripide*. Paris.

Rosenmeyer, T. 1963. *The Masks of Tragedy: Essays on Six Great Dramas*. Austin, Tex.

Rösler, W. 1980. *Polis und Tragödie: Funktionsgeschichtliche Betrachtungen zu einer antiken Literaturgattung*. Konstanz.

Saïd, S. 1978. *La faute tragique*. Paris.

———. 1985. *Sophiste et tyran: le problème du Prométhée enchaîné*. Paris.

Ste Croix, G. E. M. de. 1972. *The Origins of the Peloponnesian War*. Ithaca.

———. 1981. *The Class Struggle in the Ancient Greek World from the Archaic Age to the Arabic Conquests*. Ithaca.

Scodel, R. 1979. "ADMĒTOU LOGOS." *HSCP* 83:51-62.
——. 1980. *The Trojan Trilogy of Euripides*. Göttingen.
Schreckenberg, H. 1964. *Anankē: Untersuchungen zur Geschichte des Wortgebrauchs*. Zetemata Heft 36. Munich.
Schwinge, E. R. 1962. *Die Stellung der Trachinierinnen im Werk des Sophocles*. Göttingen.
——. 1968. *Die Verwendung der Stichomythie in den Dramen des Euripides*. Heidelberg.
——. 1970. "Zwei sprachliche Bermerkungen zu Euripides' *Alkestis*." *Glotta* 48:36-39.
Seeck, G. A. 1985. *Unaristotelische Untersuchungen zu Euripides: ein motivanalytischer Kommentar zur 'Alkestis'*. Heidelberg.
Segal, C. 1962. "Gorgias and the Psychology of the *Logos*." *HSCP* 66:99-155.
——. 1965. "The Tragedy of the *Hippolytus*. The Waters of Ocean and the Untouched Meadow." *HSCP* 70:117-69.
——. 1970. "Shame and Purity in Euripides' *Hippolytus*." *Hermes* 98:278-99.
Sheppard, J. T. 1916. "The Formal Beauty of the *Hercules Furens*." *CQ* 10:72-79.
Šičalin, J. 1983. "Die Krise der traditionellen Weltanschaung in den trojanischen Tragödien des Euripides." In *Die griechische Tragödie in ihrer gesellschaftlichen Funktion*, edited by H. Kuch, 103-14. Berlin.
Sinclair, R. K. 1988. *Democracy and Participation in Athens*. Cambridge.
Smith, W. 1960A. "The Ironic Structure of the *Alcestis*." *Phoenix* 14:127-45
——. 1960B. "Staging in the Central Scene of the *Hippolytus*." *TAPA* 91:162-77.
Snodgrass, A. M. 1965. "The Hoplite Reform and History." *JHS* 85:110-22.
Solmsen, F. 1975. *Intellectual Experiments of the Greek Enlightenment*. Princeton.
Sourvinou-Inwood, C. 1981. "To Die and Enter the House of Hades." In *Mirrors of Mortality*, edited by J. Whaley, 15-39. New York.
Stanford, W. B., ed. 1958. *Aristophanes: Frogs*. London.
——. 1963. *Sophocles: Ajax*. New York.
Starr, C. G. 1986. *Individual and Community: The Rise of the Polis, 800-500 B.C.* New York and Oxford.
Steidle, W. 1968. *Studien zum antiken Drama*. Munich.
Stevens, P. T. 1956. "Euripides and the Athenians." *JHS* 76:87-94.
Stinton, T. C. W. 1986. "The Scope and Limits of Allusion in Greek Tragedy." In *Greek Tragedy and its Legacy: Essays Presented to D. J. Conacher*, edited by M. Cropp, E. Fantham, and S. E. Scully, 67-102. Calgary.
Straten, F. T. Van. 1981. "Gifts for the Gods." In *Faith, Hope and Worship: Aspects of Religious Mentality in the Ancient World*, edited by H. S. Versnel, 65-151. Leiden.
Sutton, D. 1980. *The Greek Satyr Play*. Meisenheim am Glan. (Beiträge zur klas-

sischen Philologie, 90.)
Synodinou, K. 1978. "Some Cases of 'Oxymoron' in Euripides." *Dodone* 7:351–58.
Taplin, O. 1977. *The Stagecraft of Aeschylus*. Oxford.
———. 1978. *Greek Tragedy in Action*. Berkeley.
———. 1983. "Tragedy and Trugedy." *CQ* 33:331–33.
———. 1986. "Fifth-Century Tragedy and Comedy: A *Synkrisis*." *JHS* 106:163–74.
Tarkow, T. 1977. "The Glorification of Athens in Euripides' *Heracles*." *Helios* 5:27–35.
Verdenius, W. J. 1970. "Homer, the Educator of the Greeks." *Mededelingen der Koninklijke Nederlandse Akademie van Wetenschappen* 33.5:207–31.
Vermeule, E. 1979. *Aspects of Death in Early Greek Art and Poetry*. Berkeley and Los Angeles.
Vernant, J.-P. 1970. "Greek Tragedy: Problems of Interpretation." In *The Languages of Criticism and the Sciences of Man: The Structuralist Controversy*, edited by R. Macksey and E. Donato, 273–95. Baltimore.
———. 1980. *Myth and Society in Ancient Greece*. Translated by J. Lloyd. Atlantic Highlands, N.J.
Vernant, J.-P. and P. Vidal-Naquet. 1981. *Tragedy and Myth in Ancient Greece*. Translated by J. Lloyd. Atlantic Highlands, N.J.
Vickers, B. 1973. *Towards Greek Tragedy*. London.
Vlastos, G. 1953. "Isonomia." *AJP* 74:337–66.
Walsh, G. 1978. "The Rhetoric of Birthright and Race in Euripides' *Ion*." *Hermes* 106:301–15.
Warner, R., trans. 1954. *Thucydides: History of the Peloponnesian War*. Harmondsworth and Baltimore.
Waterfield, R. A. H. 1982. "Double Standards in Euripides' *Troades*." *Maia* 34:139–42.
Webster, T. B. L. 1967. *The Tragedies of Euripides*. London.
West, M. L., ed. 1971. *Iambi et Elegi Graeci*. 2 vols. Oxford.
Whitman, C. 1974. *Euripides and the Full Circle of Myth*. Cambridge, Mass.
Wilamowitz-Moellendorf, U. von, ed., trans., and comm. 1895^2. *Euripides: Herakles*. 3 vols. Reprinted 1969. Darmstadt.
———. 1904–6. *Griechische Tragödien*. 3 vols. Berlin.
Wilkins, E. G. 1917. *'Know Thyself' in Greek and Latin Literature*. Chicago.
———. 1926. "*Mēden Agan* in Greek and Latin Literature." *CP* 21:132–48.
Will, E. 1978. "Un nouvel essai d'interprétation de *l'Athenaiōn politeia* pseudo-xénophontique." *REG* 91:77–92.
Willink, C. W. 1968. "Some Problems of Text and Interpretation in the *Hippolytus*." *CQ* 18:11–43.
Wilson, J. R. 1980. "*Kairos* as 'Due Measure.'" *Glotta* 58:177–204.

Wilson, N. 1982. "Observations on Aristophanes' *Lysistrata.*" *GRBS* 23, 2:157–63.
Winkler, J. J. 1985. "The Ephebe's Song: *Tragoidia* and *Polis.*" *Representations* 11:26–62.
Winnington-Ingram, R. P. 1960. "Hippolytus: A Study in Causation." In *Euripide: Entretiens sur l'antiquité classique* VI, 170–91. Vandoeuvres-Genève.
Winton, R. I. and P. Garnsey. 1981. "Politics and Political Theory." In *The Legacy of Greece,* edited by M. I. Finley, 37–64. New York.
Woodbury, L. 1986. "The Judgment of Dionysus: Books, Taste and Teaching in the *Frogs.*" In *Greek Tragedy and its Legacy: Essays Presented to D. J. Conacher,* edited by M. Cropp, E. Fantham, and S. E. Scully, 241–57. Calgary.
Wolff, C. 1982. "Euripides." In *Ancient Writers: Greece and Rome,* edited by T. J. Luce, vol. 1, 236–66. New York.
Wyckoff, E., trans. 1954. *Antigone.* In *Sophocles I,* edited by D. Grene and R. Lattimore, 161–209. Chicago.
Zeitlin, F. 1985. "The Power of Aphrodite: Eros and the Boundaries of the Self in the *Hippolytus.*" In *Directions in Euripidean Criticism: A Collection of Essays,* edited by P. Burian, 52–111. Durham.
Zuntz, G. 1955. *The Political Plays of Euripides.* Manchester.
———. 1965. *An Inquiry into the Transmission of the Plays of Euripides.* Cambridge.

图书在版编目（CIP）数据

欧里庇得斯及其对雅典人的教诲／（美）格里高利（Justina Gregory）著；罗峰译. — 北京：华夏出版社有限公司，2024.6
（西方传统：经典与解释）
书名原文：Euripides and the Instruction of the Athenians
ISBN 978-7-5222-0693-6

Ⅰ.①欧⋯　Ⅱ.①格⋯②罗⋯　Ⅲ.①欧里庇得斯（Euripides 约前480－约前406）-哲学思想-研究　Ⅳ.①B502.29

中国国家版本馆CIP数据核字（2024）第092261号

Copyright© 1991 by The University of Michigan.
All rights reserved.

版权所有　翻印必究
北京市版权局著作权合同登记号图字01-2023-2167号

欧里庇得斯及其对雅典人的教诲

作　　者	［美］格里高利
译　　者	罗　峰
责任编辑	马涛红
美术编辑	殷丽云
责任印制	刘　洋
出版发行	华夏出版社有限公司
经　　销	新华书店
印　　装	三河市少明印务有限公司
版　　次	2024年6月北京第1版 2024年6月北京第1次印刷
开　　本	880×1230　1/32
印　　张	9.25
字　　数	232千字
定　　价	75.00元

华夏出版社有限公司　地址：北京市东直门外香河园北里4号　邮编：100028
网址：www.hxph.com.cn　电话：（010）64663331（转）
若发现本版图书有印装质量问题，请与我社营销中心联系调换。

西方传统：经典与解释
Classici et Commentarii
HERMES
刘小枫◎主编

古今丛编

欧洲中世纪诗学选译　宋旭红 编译
克尔凯郭尔　[美]江思图 著
货币哲学　[德]西美尔 著
孟德斯鸠的自由主义哲学　[美]潘戈 著
莫尔及其乌托邦　[德]考茨基 著
试论古今革命　[法]夏多布里昂 著
但丁：皈依的诗学　[美]弗里切罗 著
在西方的目光下　[英]康拉德 著
大学与博雅教育　董成龙 编
探究哲学与信仰　[美]郝岚 著
民主的本性　[法]马南 著
梅尔维尔的政治哲学　李小均 编/译
席勒美学的哲学背景　[美]维塞尔 著
果戈里与鬼　[俄]梅列日科夫斯基 著
自传性反思　[美]沃格林 著
黑格尔与普世秩序　[美]希克斯 等著
新的方式与制度　[美]曼斯菲尔德 著
科耶夫的新拉丁帝国　[法]科耶夫 等著
《利维坦》附录　[英]霍布斯 著
或此或彼（上、下）　[丹麦]基尔克果 著
海德格尔式的现代神学　刘小枫 选编
双重束缚　[法]基拉尔 著
古今之争中的核心问题　[德]迈尔 著
论永恒的智慧　[德]苏索 著
宗教经验种种　[美]詹姆斯 著
尼采反卢梭　[美]凯斯·安塞尔-皮尔逊 著
舍勒思想评述　[美]弗林斯 著
诗与哲学之争　[美]罗森 著

神圣与世俗　[罗]伊利亚德 著
但丁的圣约书　[美]霍金斯 著

古典学丛编

荷马笔下的诸神与人类德行　[美]阿伦斯多夫 著
赫西俄德的宇宙　[美]珍妮·施特劳斯·克莱 著
论王政　[古罗马]金嘴狄翁 著
论希罗多德　[古罗马]卢里叶 著
探究希腊人的灵魂　[美]戴维斯 著
尤利安文选　马勇 编/译
论月面　[古罗马]普鲁塔克 著
雅典谐剧与逻各斯　[美]奥里根 著
菜园哲人伊壁鸠鲁　罗晓颖 选编
劳作与时日（笺注本）　[古希腊]赫西俄德 著
神谱（笺注本）　[古希腊]赫西俄德 著
赫西俄德：神话之艺　[法]居代·德拉孔波 编
希腊古风时期的真理大师　[法]德蒂安 著
古罗马的教育　[英]葛怀恩 著
古典学与现代性　刘小枫 编
表演文化与雅典民主政制
　[英]戈尔德希尔、奥斯本 编
西方古典文献学发凡　刘小枫 编
古典语文学常谈　[德]克拉夫特 著
古希腊文学常谈　[英]多佛 等著
撒路斯特与政治史学　刘小枫 编
希罗多德的王霸之辨　吴小锋 编/译
第二代智术师　[英]安德森 著
英雄诗系笺释　[古希腊]荷马 著
统治的热望　[美]福特 著
论埃及神学与哲学　[古希腊]普鲁塔克 著
凯撒的剑与笔　李世祥 编/译
伊壁鸠鲁主义的政治哲学　[意]詹姆斯·尼古拉斯 著
修昔底德笔下的人性　[美]欧文 著
修昔底德笔下的演说　[美]斯塔特 著
古希腊政治理论　[美]格雷纳 著

赫拉克勒斯之盾笺释　罗逍然 译笺
《埃涅阿斯纪》章义　王承教 选编
维吉尔的帝国　[美]阿德勒 著
塔西佗的政治史学　曾维术 编

古希腊诗歌丛编
古希腊早期诉歌诗人　[英]鲍勒 著
诗歌与城邦　[美]费拉格、纳吉 主编
阿尔戈英雄纪（上、下）
[古希腊]阿波罗尼俄斯 著
俄耳甫斯教祷歌　吴雅凌 编译
俄耳甫斯教辑语　吴雅凌 编译

古希腊肃剧注疏
欧里庇得斯与智术师　[加]科纳彻 著
欧里庇得斯的现代性　[法]德·罗米伊 著
自由与僭越　罗峰 编译
希腊肃剧与政治哲学　[美]阿伦斯多夫 著

古希腊礼法研究
宙斯的正义　[英]劳埃德-琼斯 著
希腊人的正义观　[英]哈夫洛克 著

廊下派集
剑桥廊下派指南　[加]英伍德 编
廊下派的苏格拉底　程志敏 徐健 选编
廊下派的神和宇宙　[墨]里卡多·萨勒斯 编
廊下派的城邦观　[英]斯科菲尔德 著

希伯莱圣经历代注疏
希腊化世界中的犹太人　[英]威廉逊 著
第一亚当和第二亚当　[德]朋霍费尔 著

新约历代经解
属灵的寓意　[古罗马]俄里根 著

基督教与古典传统
保罗与马克安　[德]文森 著
加尔文与现代政治的基础　[美]汉考克 著
无执之道　[德]文森 著

恐惧与战栗　[丹麦]基尔克果 著
托尔斯泰与陀思妥耶夫斯基
[俄]梅列日科夫斯基 著
论宗教大法官的传说　[俄]罗赞诺夫 著
海德格尔与有限性思想（重订版）
刘小枫 选编
上帝国的信息　[德]拉加茨 著
基督教理论与现代　[德]特洛尔奇 著
亚历山大的克雷芒　[意]塞尔瓦托·利拉 著
中世纪的心灵之旅　[意]圣·波纳文图拉 著

德意志古典传统丛编
黑格尔论自我意识　[美]皮平 著
克劳塞维茨论现代战争　[澳]休·史密斯 著
《浮士德》发微　谷裕 选编
尼伯龙人　[德]黑贝尔 著
论荷尔德林　[德]沃尔夫冈·宾德尔 著
彭忒西勒亚　[德]克莱斯特 著
穆佐书简　[奥]里尔克 著
纪念苏格拉底——哈曼文选　刘新利 选编
夜颂中的革命和宗教　[德]诺瓦利斯 著
大革命与诗化小说　[德]诺瓦利斯 著
黑格尔的观念论　[美]皮平 著
浪漫派风格——施勒格尔批评文集　[德]施勒格尔 著

巴洛克戏剧丛编
克里奥帕特拉　[德]罗恩施坦 著
君士坦丁大帝　[德]阿旺西尼 著
被弑的国王　[德]格吕菲乌斯 著

美国宪政与古典传统
美国1787年宪法讲疏　[美]阿纳斯塔普罗 著

启蒙研究丛编
论古今学问　[英]坦普尔 著
历史主义与民族精神　冯庆 编
浪漫的律令　[美]拜泽尔 著
现实与理性　[法]科维纲 著

论古人的智慧　[英]培根 著
托兰德与激进启蒙　刘小枫 编
图书馆里的古今之战　[英]斯威夫特 著

政治史学丛编
驳马基雅维利　[普鲁士]弗里德里希二世 著
现代欧洲的基础　[英]赖希 著
克服历史主义　[德]特洛尔奇 等著
胡克与英国保守主义　姚啸宇 编
古希腊传记的嬗变　[意]莫米利亚诺 著
伊丽莎白时代的世界图景　[英]蒂利亚德 著
西方古代的天下观　刘小枫 编
从普遍历史到历史主义　刘小枫 编
自然科学史与玫瑰　[法]雷比瑟 著

地缘政治学丛编
地缘政治学的起源与拉采尔　[希腊]斯托杨诺斯 著
施米特的国际政治思想　[英]欧迪瑟乌斯/佩蒂托 编
克劳塞维茨之谜　[英]赫伯格-罗特 著
太平洋地缘政治学　[德]卡尔·豪斯霍弗 著

荷马注疏集
不为人知的奥德修斯　[美]诺特维克 著
模仿荷马　[美]丹尼斯·麦克唐纳 著

品达注疏集
幽暗的诱惑　[美]汉密尔顿 著

阿里斯托芬集
《阿卡奈人》笺释　[古希腊]阿里斯托芬 著

色诺芬注疏集
居鲁士的教育　[古希腊]色诺芬 著
色诺芬的《会饮》　[古希腊]色诺芬 著

柏拉图注疏集
挑战戈尔戈　李致远 选编
论柏拉图《高尔吉亚》的统一性　[美]斯托弗 著
立法与德性——柏拉图《法义》发微　林志猛 编
柏拉图的灵魂学　[加]罗宾逊 著

柏拉图书简　彭磊 译注
克力同章句　程志敏 郑兴凤 撰
哲学的奥德赛——《王制》引论　[美]郝兰 著
爱欲与启蒙的迷醉　[美]贝尔格 著
为哲学的写作技艺一辩　[美]伯格 著
柏拉图式的迷宫——《斐多》义疏　[美]伯格 著
苏格拉底与希琵阿斯　王江涛 编译
理想国　[古希腊]柏拉图 著
谁来教育老师　刘小枫 编
立法者的神学　林志猛 编
柏拉图对话中的神　[法]薇依 著
厄庇诺米斯　[古希腊]柏拉图 著
智慧与幸福　程志敏 选编
论柏拉图对话　[德]施莱尔马赫 著
柏拉图《美诺》疏证　[美]克莱因 著
政治哲学的悖论　[美]郝岚 著
神话诗人柏拉图　张文涛 选编
阿尔喀比亚德　[古希腊]柏拉图 著
叙拉古的雅典异乡人　彭磊 选编
阿威罗伊论《王制》　[阿拉伯]阿威罗伊 著
《王制》要义　刘小枫 选编
柏拉图的《会饮》　[古希腊]柏拉图 等著
苏格拉底的申辩（修订版）　[古希腊]柏拉图 著
苏格拉底与政治共同体　[美]尼柯尔斯 著
政制与美德——柏拉图《法义》疏解　[美]潘戈 著
《法义》导读　[法]卡斯代尔·布舒奇 著
论真理的本质　[德]海德格尔 著
哲人的无知　[德]费勃 著
米诺斯　[古希腊]柏拉图 著
情敌　[古希腊]柏拉图 著

亚里士多德注疏集
《诗术》译笺与通绎　陈明珠 撰
亚里士多德《政治学》中的教诲　[美]潘戈 著
品格的技艺　[美]加佛 著

亚里士多德哲学的基本概念 [德]海德格尔 著
《政治学》疏证 [意]托马斯·阿奎那 著
尼各马可伦理学义疏 [美]伯格 著
哲学之诗 [美]戴维斯 著
对亚里士多德的现象学解释 [德]海德格尔 著
城邦与自然——亚里士多德与现代性 刘小枫 编
论诗术中篇义疏 [阿拉伯]阿威罗伊 著
哲学的政治 [美]戴维斯 著

普鲁塔克集
普鲁塔克的《对比列传》 [英]达夫 著
普鲁塔克的实践伦理学 [比利时]胡芙 著

阿尔法拉比集
政治制度与政治箴言 阿尔法拉比 著

马基雅维利集
解读马基雅维利 [美]麦考米克 著
君主及其战争技艺 娄林 选编

莎士比亚绎读
莎士比亚的罗马 [美]坎托 著
莎士比亚的政治智慧 [美]伯恩斯 著
脱节的时代 [匈]阿格尼斯·赫勒 著
莎士比亚的历史剧 [英]蒂利亚德 著
莎士比亚戏剧与政治哲学 彭磊 选编
莎士比亚的政治盛典 [美]阿鲁里斯/苏利文 编
丹麦王子与马基雅维利 罗峰 选编

洛克集
上帝、洛克与平等 [美]沃尔德伦 著

卢梭集
致博蒙书 [法]卢梭 著
政治制度论 [法]卢梭 著
哲学的自传 [美]戴维斯 著
文学与道德杂篇 [法]卢梭 著
设计论证 [美]吉尔丁 著
卢梭的自然状态 [美]普拉特纳 等著

卢梭的榜样人生 [美]凯利 著

莱辛注疏集
汉堡剧评 [德]莱辛 著
关于悲剧的通信 [德]莱辛 著
智者纳坦（研究版） [德]莱辛 等著
启蒙运动的内在问题 [美]维塞尔 著
莱辛剧作七种 [德]莱辛 著
历史与启示——莱辛神学文选 [德]莱辛 著
论人类的教育 [德]莱辛 著

尼采注疏集
尼采引论 [德]施特格迈尔 著
尼采与基督教 刘小枫 编
尼采眼中的苏格拉底 [美]丹豪瑟 著
动物与超人之间的绳索 [德]A.彼珀 著

施特劳斯集
苏格拉底与阿里斯托芬
论僭政（重订本） [美]施特劳斯 [法]科耶夫 著
苏格拉底问题与现代性（第三版）
犹太哲人与启蒙（增订本）
霍布斯的宗教批判
斯宾诺莎的宗教批判
门德尔松与莱辛
哲学与律法——论迈蒙尼德及其先驱
迫害与写作艺术
柏拉图式政治哲学研究
论柏拉图的《会饮》
柏拉图《法义》的论辩与情节
什么是政治哲学
古典政治理性主义的重生（重订本）
回归古典政治哲学——施特劳斯通信集
　　　＊＊＊
追忆施特劳斯 张培均 编
施特劳斯学述 [德]考夫曼 著

论源初遗忘 [美]维克利 著
阅读施特劳斯 [美]斯密什 著
施特劳斯与流亡政治学 [美]谢帕德 著
驯服欲望 [法]科耶夫 等著

政治哲学与启示宗教的挑战
隐匿的对话
论哲学生活的幸福

施特劳斯讲学录
追求高贵的修辞术
——柏拉图《高尔吉亚》讲疏（1957）
斯宾诺莎的政治哲学

大学素质教育读本
古典诗文绎读 西学卷·古代编（上、下）
古典诗文绎读 西学卷·现代编（上、下）

施米特集
宪法专政 [美]罗斯托 著
施米特对自由主义的批判 [美]约翰·麦考米克 著

伯纳德特集
古典诗学之路（第二版） [美]伯格 编
弓与琴（重订本） [美]伯纳德特 著
神圣的罪业 [美]伯纳德特 著

布鲁姆集
巨人与侏儒（1960-1990）
人应该如何生活——柏拉图《王制》释义
爱的设计——卢梭与浪漫派
爱的戏剧——莎士比亚与自然
爱的阶梯——柏拉图的《会饮》
伊索克拉底的政治哲学

沃格林集
自传体反思录

朗佩特集
哲学与哲学之诗
尼采与现时代
尼采的使命
哲学如何成为苏格拉底式的
施特劳斯的持久重要性

迈尔集
施米特的教训
何为尼采的扎拉图斯特拉